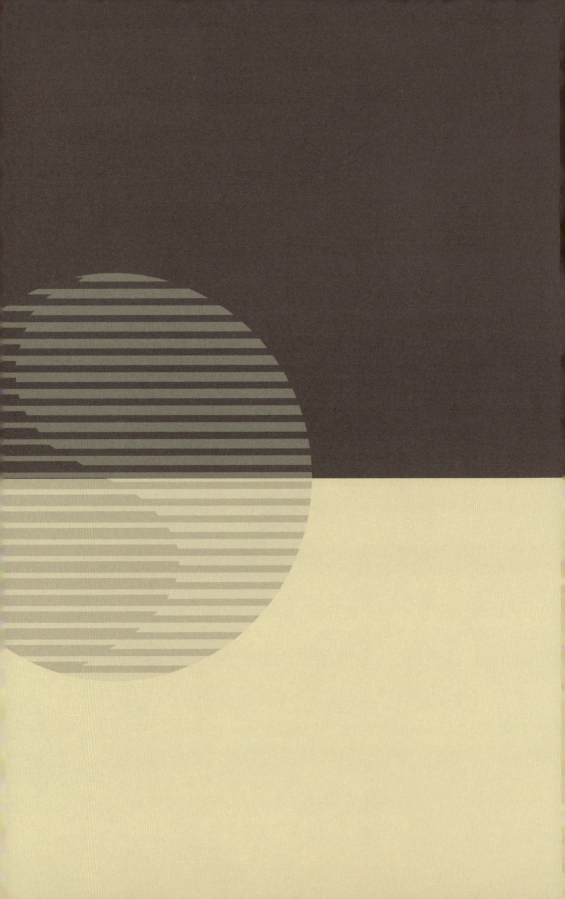

国家信息中心数字中国研究院

大数据发展丛书

宏观经济大数据分析

Macroeconomic Analysis with Big Data

于施洋 王建冬 易成岐 著

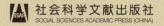

社会科学文献出版社

SOCIAL SCIENCES ACADEMIC PRESS (CHINA)

前　言

近年来，运用大数据强化宏观经济分析和形势研判，已经成为国家战略。习近平总书记指出，要建立健全大数据辅助科学决策和社会治理的机制。"十四五"规划明确提出，要加强宏观经济治理数据库等建设，健全宏观经济政策评估评价制度和重大风险识别预警机制。国家发展改革委作为宏观经济综合协调部门，一直积极探索运用大数据手段开展宏观经济分析研判。国家信息中心是国家发展改革委直属事业单位，自成立起的三十年间，一直致力于探索利用先进信息技术和数据资源支撑国家宏观经济监测预测研究。

早在 2011 年 5 月，笔者所带领的团队从过去主要关注的电子政务规划研究领域"毅然转身"，以事企合作创新方式成立国家信息中心网络政府研究中心，开始专注于政务服务大数据分析。我们当时发现，网络的快速普及，使得我国社会发展的微观基础正发生根本性变化。正是基于这一认知，我们迈出大数据分析工作的第一步，从政府内部数据与互联网数据的交界处，即政府网站网民访问行为大数据分析着手切入，并逐步拓展至对互联网全域数据的大规模应用。自 2014 年起，开始基于互联网和政府网站融合数据，围绕大数据决策支持为上级部门提供系列大数据分析报告。

2015 年 2 月，国家发展改革委主要负责同志批示成立国家发展改革委互联网大数据分析中心，其定位是构建基于大数据（非统计数据）的国民经济监测预测和决策支持体系，并正式启动国家发展改革委互联网大数据分析系统专项建设。我们在已有工作的基础上组建了该业务平台，这是笔者职业生涯的又一次重大转变。从一开始我们就坚持认为，运用互联网、大数据等手段支撑国家宏观经济决策，同样需要坚持"互联网思维"。一方面，强调用开放、合作、创新、共享的思路来建设大数据中心，不是上来就埋头于政府内部数据集中，而是尝试从外围互联网数据着手切入，与政府内部数据结合，逐步深入政府业务中，实现"农村包围城市"的突破；另一方面，强调真正做到问题导向、应用为先、机制创新，坚持迭代研发模式，有效应对技术和需求的瞬息万变。自 2015 年起，我们探索性研发了网民经济信心指数、重点消费领域需求指数等数十个宏观经济大数据指数，编写完成百余期大数据分析报告，处理数据超 3000 亿条，探索出了一条利用互联网大数据支撑宏观决策的全新路径。

2017 年，国家发展改革委正式印发《"智慧发改"建设规划》，提出打造智慧决策大脑设想，进一步强化了大数据在宏观决策中的应用，并将原国家发展改革委互联网大数据分析中心改名为国家发展改革委大数据中心。同年 8 月，国家信息中心正式组建大数据发展部（正局级部门），笔者担任该部门主任，在中央各部委中率先组建了一支主要由事业单位人员组成的大数据分析专业队伍。目前该部门已经面向上级部门报送了数百期大数据分析报告，全面深化新型指标体系、关键共性技术、核心算法模型等基础理论研究和应用实践创新，在业内取得了较大影响力。特别是新冠肺炎疫情期间，我们围绕实际感染人数测算、防疫物资保障等方面开展诸多探索性研究并报送了数十篇分析报告，为疫情防控发挥重要作用。

在研究过程中，我们深深感到，主流经济学界对于大数据的意义、作用和价值的观点尚未完全统一，很多学者认为其"在某种程度上仍然是较新的、非主流的领域"。但从实践进展来看，以美国经济研究局等为代表的欧美国家宏观经济部门，近两年明显强化了宏观经济大数据方向的研究和应用。Google、Facebook 等一批全球顶尖科技企业也在利用大数据开展宏观经济监测预测，尤其是在现时预测方面开展了大量探索性工作。在实践牵引下，以微观经济学权威瓦里安教授等为代表的一批顶级科学家正在探索机器学习、深度学习、复杂网络等技术对经济学研究范式的深刻影响。全球最权威的学术期刊 *Science*、*Nature*、*PNAS* 等都刊登过利用大数据在强化经济预测方向上的探索成果。全球经济学界对于大数据的关注无疑已经进入一个全新高度。相比之下，我国在该领域实践尚处起步阶段，缺乏更为系统深入的实证研究成果，在这些核心领域中，我国相对于美国等发达国家仍然处在跟随地位，自主创新的技术、产品、方法仍然较少。

大数据之"大"，不仅仅在于其容量之大、类型之多，更重要的意义在于用数据为国家、为人民、为社会创造出更大的公共价值。我们撰写此书的目的一方面是对我们这十年工作特别是宏观经济大数据分析工作的一次小结，另一方面也是期望能够为政府决策者、学术研究者和应用实践者提供有益参考，分享我们这十年的所见、所知、所想。虽然宏观经济大数据分析前方之路仍然坎坷多险，但我们仍将坚守初心、不负韶华，为宏观经济大数据分析长远发展做出贡献。大厦之成，非一木之材也；大海之阔，非一流之归也。我们期盼更多业界同仁加入合作，共同推动宏观经济大数据分析研究和实践发展。

摘　要

　　大数据是近十年来学术界和产业界高度关注的新兴研究领域。1995 年，Fayyad 等学者在国际数据挖掘领域的顶级峰会——知识发现会议（KDD）上首次提出大数据的概念，并将其基本目标概括为两个方面：监测与预测。其中，前者是针对海量数据背后所隐藏的各种关联模式展开挖掘。维克托·迈尔·舍恩伯格等学者认为，由于大数据突破了传统样本采集方式的数据规模局限，而得以在很大程度上采用全样本海量数据展开分析，因此其可以大量使用相关性挖掘的方法，发现隐藏在海量数据背后的线索性信息。此外，后者则是根据数据中潜在的模式进行预测。不同于传统统计学主要基于有限统计样本数据的预测方法，大数据可以帮助人们突破样本采集方法的局限，实现对全样本、全天候、全场景、全方位数据的采集，从而有助于提升对经济社会运行主体的预测能力。随着全社会范围内万物互联化、数据泛在化趋势不断兴起，大数据已经成为支撑宏观经济运行分析的重要手段。

　　近年来，党中央、国务院高度重视运用大数据手段提高宏观经济分析研判水平。2015 年 8 月，国务院印发的《促进大数据发展行动纲要》（国发〔2015〕50 号）首次提出："要建立运行平稳、安全高效的经济运行新机制，实现对经济运行更为准确的监测、分析、预测、预警，提高决策的针对性、科学性和时效性。"2018 年 2 月，党的十九届三中全会再次指出："综合运用大数据、云计算等技术手段，增强宏观调控前瞻性、针对性、协同性。"2020 年 5 月，中共中央、国务院正式印发的《关于新时代加快完善社会主义市场经济体制的意见》对强化经济监测预测预警能力提出明确要求："优化经济治理基础数据库。强化经济监测预测预警能力，充分利用大数据、人工智能等新技术，建立重大风险识别和预警机制，加强社会预期管理。"在党中央、国务院的高度重视和坚强领导下，在各地区和各有关部门的大力推动下，在社会各界的广泛参与下，利用大数据提升政府治理、宏观决策和产业转型水平，已经成为社会各界广泛共识。目前，国内外政府、学术界、产业界均广泛关注运用大数据、人工智能等新技术优化改进宏观经济监测预测的理论和实践。

宏观经济大数据分析是一个典型的多学科交叉研究领域。随着大数据的兴起，运用各种非传统统计数据开展宏观经济分析研判不仅成为经济学研究者关注的焦点问题，同时还吸引了信息科学、生物学、物理学、社会学等多学科研究者的共同关注。从该领域较为活跃的研究团队的学科背景看，具有经济学背景的研究者在其中占有很高比例，但经济学并不是关注这一领域的唯一学科群体。近年来，来自信息科学、生命科学、物理学、复杂科学等其他领域的研究者也开始大量关注宏观经济运行中的大数据分析。特别是从国外有关研究可以发现，近年来美国经济研究局、经济分析局、劳工统计局、人口普查局等多个宏观经济部门均已探索深度利用大数据手段支撑辅助宏观经济分析。相比之下，我国在该领域的实践尚处起步阶段，缺乏更为系统深入的实证研究成果。本书从大数据概念、经济史学、大数据经济学等多角度入手，期望通过进一步阐释宏观经济大数据分析的理论溯源、范式演进与实践探索，为宏观经济大数据分析研究提供新思路、新理念和新探索。

全书分为上下两篇，上篇主要关注宏观经济大数据分析的理论构建、应用进展、范式演进和哲学思考等有关问题，从经济学史和社会科学哲学两个角度，重新思考和审视大数据对于经济学的本体论、认识论和方法论的影响，在理论层面为大数据经济学的基本理论框架设定一个历史锚点。下篇主要基于笔者所在团队围绕若干重点方向上的探索实践，系统介绍宏观经济大数据分析的方法体系和相关实践案例，并提出构建国家经济大脑的初步设想。

Contents

目　录

上篇：理论篇

下篇：实践篇

上篇：理论篇

大数据时代的到来，使得人们相比历史上任何一个时期都能够更加方便快捷地采集、监测企业和个人的社会经济行为数据，这对现有的社会科学研究方法和范式造成了巨大冲击。近年来，以归集和分析微观主体海量行为数据为基础的计算社会科学（Computational Social Science）开始蓬勃兴起，很多学者开始关注大数据技术对包括经济学在内的社会科学研究方式造成的颠覆式变革。徐晋将这种新场景归纳为"有限的绝对理性"的数据表达，或者说"数据理性"，是指在现代经济背景下，个人理性决策依赖于数据技术，并且个人理性可以通过数据进行模拟与表达[①]。激进者认为，大数据技术的发展突破以往理论驱动的科学范式，使"面对大量数据的假说、模型、检验的科学方法变得毫无意义"，因为"海量数据以及处理这些数字统计工具的新使用，提供了理解世界的新方法。关联关系替代了因果关系，科学甚至可以在没有明确模型、统一理论或任何机械解释的情况下前进"[②]，"数据成为新范式的中心，并且它和经验、理论以及模拟相并列，它们共同形成我们所谓的现代科学方法论的连续统一体"[③]。克里斯·安德森（Chris Anderson）甚至提出"理论的终结"的口号，断言"数据的泛滥导致科学方法论失效了"。正如国内信息经济学创始人乌家培教授曾指出的，数字经济对经济学理论的影响主要是"通过两个途径实现的：一个途径是以新的视野或新的方法来解释原有的理论，使其有新发展；另一个途径是从新的经

① 徐晋. 大数据经济学［M］. 上海：上海交通大学出版社，2014.

② Anderson C. The end of theory：The data deluge makes the scientific method obsolete［J］. Wired magazine，2008，16（7）：16.

③ Tansley S, Tolle K M. The fourth paradigm：data-intensive scientific discovery［M］. Redmond, WA：Microsoft research，2009.

济现象出发，研究和确立新的经济理论"①。

本书上篇主要关注宏观经济大数据分析的理论构建问题，并从经济学史和社会科学哲学两个角度，重新思考大数据对于经济学的本体论、认识论和方法论的影响，从而在理论层面为大数据经济学的基本理论框架设定一个历史锚点。

---

① 信息化与网络经济——访中国信息协会副会长乌家培教授 ［EB/OL］. http://theory. people. com. cn/n/2013/0726/c367103 – 22341429. html.

第一章

研究背景

近年来，党和国家高度重视运用大数据手段提高宏观经济分析研判水平。2015 年发布的《促进大数据发展行动纲要》（国发〔2015〕50 号）特别指出，要建立运行平稳、安全高效的经济运行新机制，实现对经济运行更为准确的监测、分析、预测、预警，提高决策的针对性、科学性和时效性[1]。党的十九届三中全会提出要"综合运用大数据、云计算等技术手段，增强宏观调控前瞻性、针对性、协同性"[2]；四中全会再次提出要"优化经济治理基础数据库"[3]。在党和政府的高度重视和大力推动下，社会各界对大数据高度重视，促进大数据发展，以大数据提升政府治理、宏观决策和产业转型水平，有效释放数据红利，已经成为社会各界广泛共识。从全球范围来看，全球政府治理模式正在从传统的韦伯模式和新公共管理（NPM）模式过渡到数字治理（DEG）模式，其基本特征就是将大数据和数字化技术置于机构层级的核心位置，推动数字化的整体性政府建设，在决策模式上高度强调"使用数据来理解公民，并为政策制定提供依据"[4]。充分发挥大数据技术优势，助力提升国家经济监测预测和宏观调控水平，已经成为大势所趋。本书主要关注在大数据时代，经济学研究和实践所面临的机遇和挑

---

① 国务院关于印发促进大数据发展行动纲要的通知 [EB/OL] . http：//www. gov. cn/zhengce/content/2015 – 09/05/content_ 10137. htm.

② 中共中央关于深化党和国家机构改革的决定 [EB/OL] . http：//www. gov. cn/xinwen/2018 – 03/04/content_ 5270704. htm.

③ 中共中央关于坚持和完善中国特色社会主义制度 推进国家治理体系和治理能力现代化若干重大问题的决定 [EB/OL] . http：//www. gov. cn/zhengce/2019 – 11/05/content_ 5449023. htm.

④ Clarke A, Margetts H. Governments and citizens getting to know each other? Open, closed, and big data in public management reform [J] . Policy & Internet, 2014, 6 (4)：393 – 417.

战，并从理论建构和实践探索两方面展开论述，主要研究背景包括以下三方面。

第一节　时代背景：数字经济时代的到来及其影响

进入 21 世纪以来，随着以互联网、物联网、移动通信、移动计算等为代表的新一代信息技术在全球范围内的蓬勃发展，人类社会正在进入以数字化生产力为主要标志的全新历史阶段。2017 年 7 月，习总书记在二十国集团领导人汉堡峰会就世界经济形势发表讲话时指出："研究表明，全球 95% 的工商业同互联网密切相关，世界经济正在向数字化转型。"① 所谓数字经济，是以数据作为关键生产要素，以网络通信技术作为核心驱动力，以现代信息网络作为重要载体，重塑经济社会发展与治理模式的新型经济形态，主要包括数字产业化（数字经济基础部分）和产业数字化（数字经济融合部分）两个方面。数字经济是继农业经济、工业经济之后新的经济社会发展形态，对于国民经济各部门具有十分广泛的辐射带动效应，对提高我国经济效率、促进经济结构加速转变具有强大的驱动作用。从数字经济发展总体情况来看，据中国信息通信研究院《中国数字经济发展白皮书（2020 年）》统计，2019 年我国数字经济增加值规模达到 35.8 万亿元，占 GDP 比重达到 36.2%。自 2012 年以来，我国数字经济增速一直高于 GDP 增速，对 GDP 增长的贡献率不断攀升。随着数字技术的持续发展与深化应用，数字经济已成为我国社会经济发展提质增效的新动能。

近年来，我国坚持以供给侧结构性改革为主线的产业转型升级战略，有力地推进了重点行业数字化升级改造进程。随着互联网、大数据、人工智能等新一代信息技术与实体经济持续融合渗透，从 2013 年起，我国以产业数

---

① 习近平. 坚持开放包容 推动联动增长——在二十国集团领导人汉堡峰会上关于世界经济形势的讲话［EB/OL］. http://jhsjk.people.cn/article/29391615.

字化转型为主要特征的融合型数字经济常年保持 20% 以上的高速增长态势。2019 年我国产业数字化增加值约为 28.8 万亿元，占 GDP 比重为 29.0%，其中服务业、工业、农业数字经济渗透率分别为 37.8%、19.5% 和 8.2%。面向制造业的数字经济蓬勃发展，以数字化研发工具的创新应用为突破口发展数字经济，是各行业中数字经济发展最具潜力的领域。以装备行业为例，行业数字化研发设计工具普及率达到 79.8%，其中交通设备制造行业超过 80%。以石化行业为代表的原材料行业以强化制造环节的智能化水平为着力点，在生产设备数字化率、数字化生产设备联网率和智能制造就绪率方面位于各行业领先水平。消费品行业基于互联网构建用户需求的精准采集、快速传导和实时响应的新能力，促进"互联网＋"在消费品行业中的不断渗透和深化应用。重点行业的数字化转型取得突破性进展，逐渐成为驱动我国数字经济增长的重要引擎。

随着数字经济飞速发展，万物互联化、数据泛在化的大趋势日益明显。对于经济学而言，大数据不仅仅意味着对数据处理技术和处理能力的提升，更重要的是对散落在全社会各处的实时、交互、海量、离散、非结构化经济运行数据的采集、分析、处理、挖掘能力有了巨大提升，这对经济学研究方法影响深远。一方面，大数据已经对传统经济学研究方法提出了明确挑战，正如谷歌首席经济学家哈尔·瓦里安（Varian H. R.）所言，现代经济学要与数据打交道，而传统分析用的是样本等小数据，随着经济交流的日益频繁和技术水平的提高，数据越来越大，大数据的出现使得传统经济学分析方法在分析时显得捉襟见肘[1]。另一方面，很多经济学家相信，大数据也将对经济学理论进步产生巨大的推动作用。1944 年，冯·诺伊曼和摩根斯坦在《博弈论与经济行为》中指出，17 世纪的物理学大发展，其基础是几千年系统、科学的天文观察，特别是第谷的天文观测所积累的数据和知识。而"在经济科学中，没有任何类似事件发生。在物理学中，设想没有第谷而出

---

① Varian H R. Big data: New tricks for econometrics [J]. Journal of Economic Perspectives, 2014, 28 (2): 3 – 28.

现开普勒和牛顿是荒唐的，我们没有理由希望经济学的发展会比物理学的发展更容易"。① 经济学家陈禹、方美琪则认为，"大数据的出现的确可以和第谷的工作相比拟"。② 因此，经济学抓住大数据发展的机遇，有可能早日迎来自身的"决定性的转折"。从这个意义上说，构建顺应数字经济和大数据时代的经济分析框架势在必行。

第二节　问题导向：大数据时代宏观决策面临的挑战

如前文所提到的，大数据和数字经济时代的到来，使得人们相比历史上任何一个时期都能够更加方便快捷地采集并监测消费、投资、进出口、创新、产业运行等各方面数据及其运行情况，这对现有的宏观决策模式和方法造成了巨大冲击。阿里巴巴集团（以下简称"阿里"）的这种独特判断能力的基础，来自阿里集团遍布全球的销售渠道、供应商网络和物流体系，凭借这些无处不在的产业触角，阿里集团获得了强大的宏观经济分析研判能力。中国人民大学公共管理学院教授刘太刚曾专门撰文指出阿里的大数据资源优势："目前，阿里旗下淘宝的注册用户就接近5亿，从而支撑起阿里的消费者数据、制造业数据和供应商数据。至 2013 年底，阿里旗下的支付宝实名用户已近3亿（其注册账户早在 2012 年底即已突破 8 亿），并成为全球最大的移动支付商；而截止到 2014 年 6 月 30 日，创立仅一年的余额宝用户已超过一亿，差不多是股市开市 20 多年后的中国股民的两倍，支付宝和余额宝共同支撑起阿里的金融数据。"

当前，国内外经济形势日趋复杂多变，全面深化改革已经进入深水区和攻坚区。政府在开展宏观形势研判、公共政策推演和效果评估时，缺乏大数据手段的支撑，只依靠传统的统计指标做决策已经很难胜任实际需求，有人将其称为大数据时代的宏观调控"政府失灵"问题③。这主要体现在四个

---

① 冯·诺伊曼，摩根斯坦. 博弈论与经济行为 [M]. 北京：北京大学出版社，2018.
② 陈禹，方美琪. 复杂性研究视角中的经济系统 [M]. 北京：商务印书馆，2015：52 – 53.
③ 姜疆. 基于大数据的宏观经济预测和分析 [J]. 新经济导刊，2018（09）：62 – 66.

方面。

一是传统统计指标的时滞导致政府决策效率和响应速度受影响。传统观念认为，由于政府部门掌握数据的来源和渠道十分丰富，其对于宏观经济走势判断的及时性、准确性相比社会机构要高一些。但大数据时代，这一观点受到很大挑战。由于现行宏观决策研究大多基于传统统计数据，其往往会受制于统计数据的时效性问题，难以做到与大数据分析相匹配的时效性。清华大学刘涛雄、徐晓飞指出[①]，传统的经济分析主要依靠结构化数据，这些数据最明显的缺陷就是具有很强的时滞性。例如，政府公布的季度 GDP 往往会有 1 个月的滞后期，而反映全面经济社会状况的统计年鉴的滞后期会达到 3 个月左右。再比如，美国劳工统计局的人员每个月公布居民消费价格指数（CPI），联邦政府为了得到相关数据，要雇用很多人向全美 90 个城市的商店、办公室打电话、发传真甚至登门拜访。然而采集到的各种各样的数据信息达 80000 种，政府要采集这些数据每年大概需要花费 2.5 亿美元。这些数据是精确的也是有序的，然而从数据的搜集到到达统计计量经济学者手中再到结果的公布会滞后数周[②]。在应对重大突发事件和经济危机时，这种政府决策部门的"后知后觉"，往往会造成严重后果。

二是统计样本局限性导致分析精度和颗粒度不足。由于传统经济分析方法高度依赖统计样本数据，而统计样本和获取数据成本是成正比的，随着统计样本量的增加，统计成本也会急速增加。因此，基于样本方法的统计数据采集不可能采用海量数据源。以 CPI 为例，其采用抽样调查方法抽选确定调查网点，按照"定人、定点、定时"的原则，直接派人到调查网点采集原始价格，一共涵盖了 8.3 万多家网点的价格数据，但相对于全国整体的市场数量，这个样本量尚不到整体的 1%。尽管 CPI 指标涵盖了食品烟酒、衣着、居住、生活用品及服务、交通和通信、教育文化和娱乐、医疗保健、其

---

① 刘涛雄，徐晓飞. 大数据与宏观经济分析研究综述［J］. 国外理论动态，2015（01）：57 – 64.
② 冯鹏程. 观计量经济学的局限性，望大数据背景下的计量经济学［J］. 经济学家，2015（05）：78 – 86.

他用品和服务等 8 大类 262 个基本分类的商品与服务价格，但是，这样整体性的指标只能作为宏观的面上情况分析，很难为分类行业的经济决策做具体性的指导①。

三是人工采集方法导致样本偏差甚至误填报等问题。传统经济运行数据收集主要依靠人力采集并汇总，这一过程往往环节冗长、过程复杂，统计部门监管采取各种质量管理手段，但也难以对整个数据采集过程的准确性全面把控。很多时候，这种汇总性数据中会存在较大的统计误差，使用这种存在统计误差的数据做预测，会进一步增大预测误差。更重要的是，在开展行业统计时，很多填报对象会出于"图省事"甚至避税等诸多考虑，而选择不填写真实情况。相比之下，大数据手段则是在各种应用系统运行过程中采集用户产生的各种行为数据，在用户"不知不觉"中完成了数据采集任务，其数据采集的频度和准确性反而要有保障得多。

四是随着全球化进程不断加快，国别间宏观经济分析缺乏有效数据支撑的问题。进入 21 世纪以来，世界多极化和经济全球化的大趋势日趋明显。随着世界各类经济组织、经济区域一体化和世界统一市场的迅速发展，商品、技术特别是资本在全球范围的自由流动和配置，都迫切需要全球性数据资源的支持。特别是当前我国正在推进"一带一路"倡议，要想有效推进共建国家政策沟通、设施联通、贸易畅通、资金融通、民心相通，就必然要实现"一带一路"信息和数据的有效互通。相比之下，由于国家竞争和国家安全等诸多因素的限制，跨境数据分析目前主要停留在一些国际组织（如 OECD、世界银行）等推动的跨国统计数据层面，对于宏观经济的跨国深度分析缺乏必要的支撑手段。然而近年来，一些大数据企业运用非传统数据源开展全球性宏观经济分析，取得了很多突破性进展。

---

① 张涛，刘宽斌．"大数据"在宏观经济预测分析中的应用 [J]．社会科学文摘，2018 (08)：47 – 49.

第三节　应用牵引：国内外政府部门的实践探索

一　国外的实践探索

2012 年 3 月 29 日，美国白宫网站发布了《大数据研究和发展倡议》（Big Data Research and Development Initiative）[①]，该倡议书提到，大数据计划的实施，旨在帮助美国获得从海量复杂数据集中萃取知识的能力，借此提高国家应对急迫挑战的能力。这一计划类似于过去美国联邦政府在高性能计算和互联网等领域的战略性投入，旨在从海量数据信息获得、组织和收集知识所必需的工具和技能，提升国家在科学研究、教育和国家安全等领域的能力。该倡议书的发布，标志着大数据已经上升成为美国的国家战略。此后，主要西方发达国家均发布了与大数据相关的宏观政策优化战略，如澳大利亚政府发布的《公共服务大数据战略》、法国政府印发的《数字化路线图》、英国政府发布的《把握数据带来的机遇：英国数据能力战略》等[②]。总体而言，目前西方发达国家政府运用大数据开展宏观经济监测预测的实践尚处在起步阶段，但也形成了一些成熟经验和模式。

一是利用大数据技术丰富传统统计手段。美国国家经济研究局（NBER）2019 年 3 月举办了题为"面向 21 世纪的经济统计大数据"（Big Data for 21st Century Economic Statistics）的专题研讨会。通过此次会议可以发现，美国宏观经济运行的多个相关部门都在积极探索利用大数据等新技术手段改进宏观经济统计分析方法，如美国经济分析局（BEA）[③] 尝试对比机

---

① Big Data is a Big Deal［EB/OL］［2012 - 04 - 20］. http：//www. whitehouse. gov/blog/2012/03/29/big - data - big - deal.

② 张勇进，王璟璇. 主要发达国家大数据政策比较研究［J］. 中国行政管理，2014（12）：114 - 117.

③ Chen J C, Dunn A, Hood K, et al. Off to the races：A comparison of machine learning and alternative data for predicting economic indicators［M］. Big Data for 21st Century Economic Statistics. University of Chicago Press, 2019.

器学习和替代性数据在经济预测中的效果，美国劳工统计局（Bureau of Labor Statistics BLS）① 尝试利用企业数据和网络抓取的零售商 API 数据等第三方数据来优化消费者价格指数的数据采集，美国人口普查局②利用机器学习和公共数据尝试自动化生成北美产业分类系统（NAICS）代码等。

二是利用大数据技术优化宏观经济决策。早在大数据技术诞生的初期，各国政府就十分关注大数据技术在公共政策领域的应用③。如澳大利亚政府通过采集交通系统感应器的海量信息，构建了交通密度指标，并根据该指标观察出经济活动与交通密度之间的高度相关性，以此作为经济政策的评价工具之一④。德国政府利用家庭电表反馈的海量数据制定具有可行性的激励政策以增加对智能电网基础设施的投资，调整传统的补贴方式和规制方式，根据需求优化电力资源配置⑤。英国政府曾组织开展基于社交媒体的政策效果预测研究，通过在一系列社交平台中系统性地抓取数据，针对即将推出的经济政策变动在社交媒体中的反应进行预测性分析⑥。

三是构建全国大集中的政府宏观决策数据中心。在这方面，澳大利亚社会保障服务信息中心（Centrelink）和新加坡的"风险评估和水平扫描"系统（RAHS）是代表案例。Centrelink 是澳大利亚联邦政府的一个机构，是公共事业部（Human Services Portfolio）的六大机构之一，在联邦和各州都设有这一部门，其在堪培拉设有两个大型数据中心，与联邦和各州的税务、金融、警局等部门实现数据的联网共享，并运用大数据分析技术构建了一系列

① Konny C G, Williams B K, Friedman D M. Big Data in the US Consumer Price Index：Experiences and plans ［M］. Big Data for 21st Century Economic Statistics. University of Chicago Press, 2019.

② Cuffe J, Bhattacharjee S, Etudo U, et al. Using public data to generate industrial classification codes ［M］. Big Data for 21st Century Economic Statistics. University of Chicago Press, 2019.

③ 王建冬，童楠楠，易成岐. 大数据时代公共政策评估的变革：理论、方法与实践 ［M］. 北京：社会科学文献出版社，2019：54 – 55.

④ Vintar M. Information polity：The international journal of goverment and democracy in the information age ［M］. IOS Press, 2006.

⑤ Hundt R. From carbon to clean—how to attract investment in smart grid infrastructures ［M］. Broadband Networks, Smart Grids and Climate Change. Springer, New York, NY, 2013：39 – 45.

⑥ Clarke A, Margetts H. Governments and citizens getting to know each other? Open, closed, and big data in public management reform ［J］. Policy & Internet, 2014, 6（4）：393 – 417.

围绕就业、社会福利、医保等领域的风险预测评估模型①。新加坡建设的"风险评估和水平扫描"系统（RAHS）最初目的是应对恐怖主义和传染病，后来逐渐扩展到住房、交通、教育、安全等各个领域，其不仅可以帮助新加坡各级部门监测和识别恐怖袭击等风险事件，还可以帮助政府规划采购周期和预算、预测经济走势、制定移民政策和研究房地产市场。

二 国内的实践探索

大数据同样引起了我国政府的高度关注。2015 年，《国务院关于印发促进大数据发展行动纲要的通知》（国发〔2015〕50 号）正式印发，标志着大数据正式上升为国家战略。党的十九大报告提出，要建设网络强国、数字中国、智慧社会，推动互联网、大数据、人工智能和实体经济深度融合，培育新增长点，形成新动能。2017 年 12 月 8 日，习近平总书记在中共中央政治局就实施国家大数据战略进行第二次集体学习时指出，大数据是信息化发展的新阶段。他指出，随着信息技术和人类生产生活交汇融合，互联网快速普及，全球数据呈现爆发增长、海量集聚的特点，对经济发展、社会治理、国家管理、人民生活都产生了重大影响。在党和政府的高度重视和大力推动下，社会各界对大数据高度重视。据笔者不完全统计，近年来全国已经有25 个省、自治区、直辖市设立了大数据管理局或大数据管理中心等职能部门。促进大数据发展，以大数据提升政府治理、宏观决策和产业转型水平，有效释放数据红利，已经成为社会各界广泛共识。据笔者不完全统计，国家发展改革委、国家税务总局、国家市场监管总局、国家统计局等多个中央部委均开展了不同层面的宏观经济大数据分析研判实践探索。

地方层面，海南、重庆、河北、深圳、杭州、青岛、宁波等地的政府也由当地宏观部门牵头，在利用大数据开展宏观经济分析方面开展了大量有益探索。如 2017 年 11 月，依托国家发展改革委大数据中心重庆分中心建设的

---

① Milakovich M E. Anticipatory government：Integrating big data for smaller government ［J］. Internet，politics，policy 2012：Big data, big challenges, 2012.

重庆经济社会发展大数据决策支持平台项目正式启动，平台归集了与重庆市经济社会运行相关的 17 亿条数据，并构建了产业地图、投资地图、消费地图、外贸地图、创新地图、人才地图等分析板块，得到中央政治局委员、重庆市委书记陈敏尔等领导同志表扬①。河北省发改委提出加快"全委信息化系统整合及大数据建设"的工作任务②，通过构建信息资源目录和大数据系统实现了河北省发展和改革委员会全委政务信息资源共享、建立完善的宏观经济数据采集渠道、宏观经济大数据融合分析及可视化展示等目标，并将时序算法、预测算法、相关性算法、聚类算法、影响因素算法等五类算法应用于宏观经济分析全生命周期。海南省发展改革委建设了海南省宏观经济决策大数据分析系统，其发布的《2018 年海南省经济社会发展大数据分析报告》，从重点产业结构优化、招商引资成果、国际知名度提升、商标品牌建设、基层医疗卫生投入成效等几个方面，对习近平总书记"4·13"重要讲话和中央 12 号文件发布后海南省重点公共政策实施效果进行了全面评价，并取得了良好效果③。深圳市、青岛市发展改革委先后启动"智慧发改"工程建设，全面构建以大数据为核心的新型决策支撑体系。2016 年，宁波市地税局启动了"宁波税收发展指数"课题研究，基于地方税收大数据开展挖掘应用，课题组将反映经济运行的税收指数通过建指标、合成统一数值的方法所形成的税收指数与统计局所发布的 PPI 数值相关性达70% 左右④。

---

① 陈敏尔. 让智能化为经济赋能为生活添彩 [EB/OL]. http：//difang. gmw. cn/cq/2019 - 07/03/content_ 32968465. htm.
② 牛文胜，董晓博，吴又奎. 政务信息资源目录及宏观经济大数据系统的建设及应用 [J]. 价值工程，2018，37（20）：251 - 255.
③ 《2018 年海南省经济社会发展大数据分析报告》出炉. http：//www. hainan. gov. cn/hainan/tingju/201901/dbebcc4ad3624e4b812057a1b6712309. shtml.
④ 钱斌华. 税收大数据预测经济走势的宁波经验 [N]. 宁波日报，2018 - 03 - 15.

第二章

大数据理论概述

一般认为，所谓大数据是区别于过去的海量数据等概念而言的。随着当前社交网络、移动计算和传感器等新的渠道和技术的不断涌现和应用，互联网中越来越多的信息是半结构化甚至非结构化数据。大数据计算服务的目的，就是对当前互联网领域占据 80% 以上的非结构化和半结构化数据进行智能分析，并且实时地将计算结果通过网络反馈给终端用户。Kim 等[1]认为，大数据技术属于第五代决策分析技术：20 世纪 60 年代的数据处理技术，20 世纪七八十年代的信息应用，20 世纪 90 年代的决策支持模型，2000年后的数据仓库和数据挖掘技术，直到当前的大数据技术。现在大数据时代刚刚开始，大部分相关技术和分析应用仅仅是从 2010 年前后才开始出现[2]。本章主要对大数据的相关理论进行简要概述。

第一节 大数据的理论溯源

虽然对大数据尚未有公认的定义，但并不意味着人们对这个概念没有较为普遍的共识，从以上定义来看，我们可以认为大数据是伴随数据信息的存储、分析等技术进步，而被人们所收集、利用的超出以往数据体量、类型，具有更高价值的数据集合、信息资产。随着信息的发展，人们对大数据进行

---

[1] Kim G H, Trimi S, Chung J H. Big-data applications in the government sector [J]. Communications of the ACM, 2014, 57（3）: 78 – 85.

[2] Chen H, Chiang R H L, Storey V C. Business intelligence and analytics: From big data to big impact [J]. MIS quarterly, 2012: 1165 – 1188.

研究分析，从中提取出极具价值的信息。这无论是于商业的发展还是于社会的进步都具有跨时代的意义，也是促进国家和社会推动大数据分析的核心动力。笔者认为，从大数据分析研究的理论起源看，主要包含统计学、数据挖掘和数据可视化三大传统（见图2－1）。

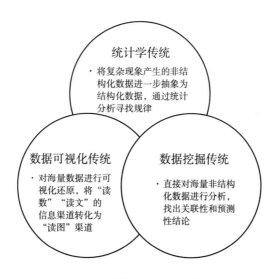

图 2－1　大数据的三个理论传统

一　大数据发展的统计学传统

经济社会研究中的统计学传统起步很早。早在17世纪90年代，经济学家威廉·配第在其代表作《政治算术》中就提出运用统计方法来度量经济社会现象的思路①。统计学研究的基础就是样本数据，因此统计学的基本思想自然而然成为大数据分析思想的重要起源。但在大数据技术出现之前，统计学在研究复杂的经济社会问题时，不可避免地面临大量问题，包括统计时滞性、样本误差、数据获取成本过高等，这在前文中已有论述，此处不再展开。很多学者指出，大数据方法相比统计学方法的根本性进步是其使得经济

---

① 威廉·配第. 政治算术［M］. 北京：商务印书馆，2014.

社会研究从样本统计时代走向总体普查时代①。因为宏观经济系统纷繁复杂，如果能将对整体宏观经济变量的分析建立在尽可能多的关于经济主体行为的数据信息以及其他诸多经济变量的信息基础上，甚至抛弃原有的假设检验的模式，无疑将会极大地提高宏观经济分析的准确性和可信度。

尽管如此，不可否认的是，大数据分析中的很多思想直接起源于统计学领域。在此，笔者试举两个小案例作为佐证。

第一个案例，是统计分析中的比对和发现异常思维。林彪元帅是一位十分注重运用数据分析剥茧抽丝进而精准把握战场中各类情报的军事家。辽沈战役胡家窝棚战斗期间，林彪通过第 3 纵队 7 师 21 团 3 营报送情报得知，在胡家窝棚国民党军佩带短枪的比拿长枪的多、小汽车多、电话线多、瓦房上天线林立，因此断定此处必有"大鱼"，果断下令出击攻入廖耀湘兵团指挥机关，让整个敌军因失去指挥而方寸大乱。这场看似偶然的行动，使得我军终于精确判明了廖耀湘的位置，让后续全面围歼的计划拨云见日。这个案例中，林彪使用的数据量可能并不"大"，但通过发现这一异常点，其所创造的价值却非常"大"，因此可以说也是大数据分析思想的一种体现。这也告诉我们，大数据分析与传统意义上的统计分析不同，其很多时候并不是为了验证人们提出的某一假设，而恰恰是要寻找和人们预期的"不一致性"趋势，比如发现一些孤立点、异常点、突变点等。②

第二个案例，来自著名数理经济学家、数理方法与效用理论的先驱者之一威廉·斯坦利·杰文斯。杰文斯对挖掘导致价格波动的贸易或经济周期原因感兴趣。因为循环行为看上去并不与个人效用最大化行为相关，所以，他认为自然界中一定存在某种原因——一些引起波动的自然现象。初步的研究使他认为，经济活动波动的原因很有可能是与天气有关的某种东西。他把注意力集中在太阳黑子（太阳活动的周期性波动）上，将其视为可能的原因。杰文斯收集了 13 世纪和 14 世纪以来可供使用的有关收成波动的农业数据以

---

① 刘涛雄，徐晓飞. 大数据与宏观经济分析研究综述 [J]. 国外理论动态，2015（01）：57－64.
② 毛宁尚. 林彪元帅军事素养的细节 [A/OL]. [2013－08－26]. 新法网. http://www.xinfajia. net/11343. html.

及 19 世纪期间商业信用的周期，发现这些波动在一定程度上都与太阳黑子循环的 11.1 年周期相匹配。据此他断定，经济周期的可能原因是太阳黑子①。这个案例所基于的数据量同样很小，但其体现了现代大数据分析方法中时序预测这一重要应用方向。针对这一问题，在后文中还将展开论述，此处不再赘述。

二　大数据发展的数据挖掘传统

数据挖掘研究是大数据分析最直接的理论前身。1995 年，费亚德（U. M. Fayyad）在国际数据挖掘领域的顶级峰会——知识发现会议（KDD）上首次提出了大数据的概念②，并将其基本目标概括为两个方面——描述（Descriptive）与预测（Predictive），前者的目的是刻画海量数据中潜在的模式，后者则是根据数据中潜在的模式来进行预测，进而发现数据中有价值的模型和规律。

在第一种模式下，针对海量数据背后所隐藏的各种关联模式展开挖掘，是大数据研究最重要的应用方向之一。维克托·迈尔 - 舍恩伯格、肯尼思·库克耶认为，由于大数据突破传统样本采集方式的数据规模局限，而得以在很大程度上采用全样本海量数据展开分析，因此其可以大量使用相关性挖掘的方法，发现隐藏在海量数据背后的线索性信息，从而揭示样本数据无法涵盖的各种细节信息③。换言之，大数据分析不关心因果逻辑，而只是通过对海量数据背后关系的分析挖掘，找到对人们生产生活具有指导意义的关联关系。一个典型的案例就是"啤酒 + 尿布"的故事。国外超市通过分析顾客的购买记录，发现很多人在购买啤酒的同时也会采购尿布，因此在货架摆放时将这两类商品放在一起，就能有效提高销量。通过大数据分析，超市可以

---

① 哈里·兰德雷斯，大卫·C. 柯南德尔. 经济思想史：第四版［M］. 北京：人民邮电出版社，2011：463 - 464.

② U M Fayyad, R Uthurusamy, et al. "KDD - 95", First International Conference on Knowledge Discovery and Data Mining, August 20 - 21, 1995.

③ 维克托·迈尔 - 舍恩伯格，肯尼思·库克耶. 大数据时代：生活、工作与思维的大变革. 杭州：浙江人民出版社，2013.

发现"啤酒"和"尿布"的关联关系并为超市带来更多销量，但并不关心这种关联关系背后的原因。当然，针对这一问题，也有学者认为，目前基于大数据的分析主要是寻找变量间的相关性，而不是因果关系，基于大数据的经济社会解释能力有待进步，反映出其某些理论基础尚未完全夯实①。

第二种模式的核心则是预测模式的革命性变革。如前所述，在统计学方法中，基于有限统计样本数据的预测方法同样十分流行，其主要可以分为基于理论驱动的结构模型和基于数据驱动的时序模型两大类②。前者是以宏观经济理论为基础，构建数理分析模型，然后"统计化"，形成经济计量模型，利用统计数据进行参数估计，并以此分析宏观经济变量之间的数量关系以及对关注变量进行预测。后者则不依赖任何经济理论，纯粹依靠数据的内在规律进行建模，其不强调内在的经济理论逻辑，更多地关注变量本身的变化特征和在时间维度上的延续性，并利用这种数据内在的变化模式预测未来。但总体而言，这两种模式有效性基本的逻辑是通过历史数据发现经济运行的基本规律，通过历史数据中发现的规律来预测未来经济情况，因此其严重依赖经济系统规律的延续性，在面对重大外部性风险（如金融危机）或结构性变化（如科技革命）时，其预测效果会大打折扣。在大数据时代，由于人们可以突破样本采集方法的局限，从而实现对全样本、全天候、全场景、全方位数据的采集，其对于经济社会运行主体的预测能力会有巨大提升。

三　大数据发展的数据可视化传统

在计算机学科分类中，利用人眼的感知能力对数据进行交互的可视表达以增强认知的技术，被称为可视化。1967 年，法国人 Jacques Bertin 出版了《图形符号学》（*Semiology of Graphics*）一书，确定了构成图形的基本要

---

① 李华杰，史丹，马丽梅. 基于大数据方法的经济研究：前沿进展与研究综述［J］. 经济学家，2018（06）：96 – 104.

② 张涛，刘宽斌. "大数据"在宏观经济预测分析中的应用［J］. 社会科学文摘，2018（08）：47 – 49.

素，并且描述了一种关于图形设计的框架，被视为数据可视化的重要理论基石。

数据可视化出现的根本原因是人类分析数据（通过视觉、听觉等感官）的能力受限于生物学进化过程而相比前现代化时代几乎没有任何提升；而与之相对，近代以来人类在采集、获取、传输数据方面的能力因为信息技术的发展而出现了巨大进步，也就是所谓"数据大爆炸"，从而导致人类的数据分析能力远远落后于数据获取能力。这个挑战不仅在于数据量越来越大、高维、多源、多态，更重要的是数据获取的动态性、数据内容的噪声和互相矛盾、数据关系的异构与异质性等。相比而言，人眼是一个高带宽的巨量视觉信号输入并行处理器，对可视符号的感知速度比对数字或文本快多个数量级。大脑对于视觉信息的记忆效果和记忆速度好于对语言的记忆效果和记忆速度。因此，在数据分析中大量使用可视化技术，能够提高人们信息认知的效率，帮助人们有意识地集中注意力，提升人们的智力和洞察力。

近年来，数据可视化技术已然成为大数据热潮中的时髦概念，但很多人对于可视化的认知往往停留在酷炫、动感等浅层的视觉冲击层面。而结合上文对数据可视化出现的根本原因分析，我们认为，这种认识是很不全面的，甚至是大大偏离了数据可视化出现的初衷。一个好的可视化案例，不一定要非常漂亮，但一定要能帮助人们快速实现从"读数"向"读图"的认知跃迁，从而帮助人们改变思考问题的方式，提高决策效率。

依然举一个小案例作为佐证：1854 年伦敦暴发严重霍乱，10 天内有 500 人死去，当时流行的观点是霍乱是通过空气传播的。而流行病学家 John Snow 医生则做了一个今天看来十分简单的可视化分析，他在地图上用记号标注了死亡案例，每死亡一人标注一条横线，最终地图"开口说话"，显示大多数病例的住所都围绕在 Broad Street 水井附近，霍乱是通过饮用水传播的，于是移掉了 Broad Street 水井的把手，霍乱最终得到控制。这是一个非常典型的数据可视化案例，它直观且有力地证实了霍乱的传播与水井的关系，从而帮助人们迅速抓住数据背后的规律性问题（见图 2-2）。

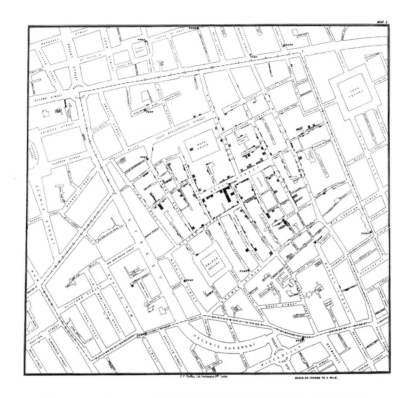

图 2 - 2 John Snow 绘制的伦敦某区域霍乱发生与水井的关系

第二节 大数据的概念内涵

一 大数据的本质特征：新数据形态

当前，随着移动服务、电子商务、互联网金融、社交网络等新技术应用的飞速发展，越来越多的人类经济社会运行内容被投射到云上，在云端进行统一处理并提供服务。用一句通俗的比喻来说，在以往，人们经常说"人在做，天在看"；而在大数据和数字经济时代，则是"人在做，云在算"。在这样一个背景下，人类社会产生的数据无论是规模、类型还是处理速度的要求都面临巨大变化。大数据概念（见图 2 - 3）出现的最根本历史因素，

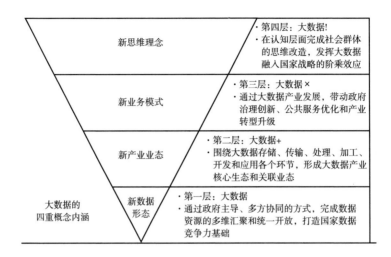

图 2 - 3　大数据的四重概念内涵

是人类进入信息时代以来的全球性数据爆炸性增长。有研究认为，当前互联网上的数据以每年 50% 左右的速度增长，人类 90% 以上的数据都是最近几年产生的①。同时，随着当前社交网络、移动计算和传感器等新的渠道和技术的不断涌现和应用，互联网中越来越多的信息是不规则的半结构化甚至非结构化数据。大数据计算服务的目的，就是对当前互联网领域占据 80% 以上的结构化和半结构化数据进行智能分析，并且实时地将计算结果通过网络反馈给终端用户。这是看待大数据的第一个视角，即它是一种呈现数据容量大、增长速度快、数据类别多等特征的数据形态。

　　大数据是数据信息的一类，之所以称为大数据，是因为其具有不同于传统数据信息的特征，这些特征决定了大数据与"海量数据"和"非常大的数据"这些概念之间的不同。关于大数据的特征目前还未形成统一认识，国际数据公司、高德纳公司、弗雷斯特研究公司、国际商业机器公司（IBM）等著名国际组织和企业，以及道格·莱尼、维克托·迈尔等众多研究者认为，大数据的基本特性可以从数据容量（Volume）、结构类型

---

① 刘涛雄，徐晓飞. 大数据与宏观经济分析研究综述 ［J］. 国外理论动态，2015（01）：57 - 64.

（Variety）及处理速度（Velocity）三个维度来考察，简称"3V"①。随着技术的进步，以及对于大数据研究的深入，人们对于大数据特征的认识也发生了一些变化。IBM 提出了大数据的 5V 特点，详细解读如下。

1. Volume（大量）

数据量大，包括采集、存储和计算的量都非常大。大数据的起始计量单位至少是 PB、EB 或 ZB（1TB = 1024GB，1PB = 1024TB，1EB = 1024PB，1ZB = 1024EB）。伴随着各种随身设备、物联网和云计算、云存储等技术的发展，人和物的所有轨迹都可以被记录，数据因此被大量生产出来，这与数据存储和网络技术的发展密切相关。移动互联网的核心网络节点是人，不再是网页，人人都成为数据制造者，短信、微博、照片、视频都是其数据产品；数据来自无数自动化传感器、自动记录设施、生产检测、环境检测、交通检测、安防检测等；来自各种自动化流程记录，刷卡机、收款机、电子不停车收费系统、互联网点击、电话拨号等设施以及各种办事流程登记等。大量自动或人工生产的数据通过互联网聚集到特定地点，包括电信运营商、互联网运营商、政府、银行、商场、企业、交通枢纽等，形成大数据之海。

2. Variety（多样）

种类和来源多样化包括结构化、半结构化和非结构化数据，这也意味着要在海量种类繁多的数据间发现其内在关联。互联网时代，各种设备通过网络连成一个整体。个人用户不仅可以通过网络获取信息，还成为信息的制造者和传播者。因此，数据量不仅在爆炸式增长，数据种类也变得繁多。除了简单的文本分析外，数据种类还包括网络日志、音频、视频、图片、传感器数据、点击流、搜索引擎、地理位置信息等其他任何可用的信息。比如，在交通领域，交通智能化分析平台数据来自路网摄像头、公交、轨道交通、出租车以及省际客运等运输工具采集的车辆行驶数据，地理信息系统数据，以及通过问卷调查采集的用户数据等。诸如每天浮动车辆产生的记录、交通卡

① 连玉明等. 大数据蓝皮书：中国大数据发展报告 No.1［M］. 北京：社会科学文献出版社，2017.

刷卡记录、手机定位数据、出租车运行数据、电子停车收费系统数据等，在体量和速度上都达到了"大且多样"的规模。

3. Value（价值密度）

大数据的价值具有稀缺性、不确定性和多样性，数据价值密度相对较低，但应用价值高，或者说是浪里淘沙却又弥足珍贵，可见大数据运用的真实意义所在。随着互联网以及物联网的广泛应用，信息感知无处不在，如何结合业务逻辑并通过强大的机器算法来挖掘数据价值，是大数据时代最需要解决的问题。"互联网女皇" Mary Meeker 曾用两幅生动的图来描述大数据。一幅是整整齐齐的稻草堆，另一幅是稻草中缝衣针的特写。寓意通过大数据技术的帮助，可以在稻草堆中找到你所需要的东西，哪怕是一枚小小的缝衣针。这两幅图揭示了大数据的一个很重要的特点：价值的稀疏性。保留有用信息，舍弃不需要的信息，发现潜在关联的数据并加以收集、分析、加工，使其变为可用的信息，是大数据价值的真正所在。

4. Velocity（高速）

数据增长速度快，处理速度也快，时效性要求高。海量多类型的数据对数据的处理能力提出了更高的要求，现实中对数据的时效性需求上，有一个著名的"1 秒定律"，即要在秒级时间范围内给出分析结果，超出这个时间，数据就失去价值了。2011 年 3 月日本大地震，美国国家海洋和大气管理局（NOAA）在地震之后 9 分钟就第一时间发布了详细的海啸预警，通过对海洋传感器获得的实时数据进行计算机模拟，NOAA 制作了详细的海啸影响模型，并将结果发布在 YouTube 等网站平台上[①]。这种快速反应能力，是有效应对未来全球性突发事件的关键因素。NOAA 在全球范围内设置了庞大的海洋传感器网络，通过这些置于海面和海底的传感器，NOAA 源源不断地获取全球范围的海洋信息，并将这些信息存储在位于美国新泽西州的数据中心。而对如此巨大的数据量（超过 20PB）进行快速计算和实时反馈，正是大数据计算服务的核心优势所在。

---

① 吴以四. 大数据的大价值［J］. 商业价值，2011（008）：134 - 135.

5. Veracity（真实性）

数据的准确性和可信赖度，即数据的质量。数据的重要性就在于对决策的支持，数据的规模并不能决定其能否为决策提供帮助，数据的真实性和质量才是获得真知和思路最重要的因素，是制定成功决策最坚实的基础。追求高数据质量是一项重要的大数据要求和挑战，即使最优秀的数据清理方法也无法消除某些数据固有的不可预测性，例如，人的感情和信用、天气形势、经济因素等。在处理这些类型的数据时，数据清理无法修正这种不确定性，然而，尽管存在不确定性，数据仍然包含宝贵的信息。随着社交数据、企业内容、交易与应用数据等新数据源的兴起，传统数据源的局限被打破，企业越发需要有效的技术之力以确保其真实性及安全性。

此外，随着对大数据研究的深入，大数据的特征已不仅仅局限在5V的范畴中，也有一些学者对大数据的特征有着其他的认识①，具体如表2-1所示。

表2-1 研究者对大数据特性的其他认识

特点（维度）	作者或机构	内涵
易变性（Variability）	Forrester Research 公司分析师布莱恩·霍普金和鲍里斯·埃维尔松	大数据具有多层结构
真实性（Veracity）、可视化（Visualization）、正当性/合法性（Validity）	审计署《大数据审计——国家审计的未来之路》	数据来源必须正当合法
应用价值大（Value）、数据获取与发送的方式自由灵活（Vender）、准确性（Veracity）及处理和分析难度非常大（Complexity）	国家统计局科研所潘璠《走近大数据》	数据获取与发送的方式自由灵活

---

① 连玉明等. 大数据蓝皮书：中国大数据发展报告 No.1 ［M］. 北京：社会科学文献出版社，2017.

二 大数据的加法效应：新产业业态（大数据＋）

当前，围绕大数据存储、传输、处理、加工、开发和应用各个环节，大数据产业的核心生态和关联业态已经初步形成。据估算，到 2022 年，我国大数据产业规模或达 13626 亿元以上。大数据应用领域的扩展，激发了"互联网＋大数据"的商业新模式，一系列基于大数据的产品应运而生，带动物联网、人工智能、无人驾驶等新兴产业加速发展。如裴艳等基于投入产出模型，对我国大数据产业与国民经济各产业部门之间的投入、产出关系进行分析，发现我国大数据产业的带动力系数为 1.4150，推动力系数为 1.2003，属于第一类部门。其特点为需求拉动力大、供给推动力大，即属于强辐射力、强制约力的产业①。

大数据技术兼具"使能性技术"（Enabling Technologies）和"通用目的技术"（General Purpose Technologies，GPTs）的优点。一方面，大数据技术能够改进和提升既存技术能力，为使用者架设"使然技术"与"应然技术"之间的桥梁，大大提高创新效率；另一方面，大数据技术能够满足各行各业的共性需要，对于国民经济各部门具有十分广泛的辐射带动效应，有助于提升全要素生产率。根据交易成本经济学理论，交易成本源于人的有限理性和机会主义行为。显然，大数据有助于扩展人的理性，减少人的机会主义行为，从而有利于降低交易成本。而从交易成本视角而言，大数据是一种能够降低交易成本的技术②。根据美国联邦储备委员会的研究结果，2004～2012 年美国劳动生产率的增长中，数字化技术的贡献度达到 43%，接近其他所有技术对生产率增长的贡献之和。正因为如此，全球各国在推动数字经济发展时，其着眼点已经远远超出数字化产业本身，而开始关注大数据、云计算等数字技术与实体经济的融合部分，关注数字化技术对于传统行业转型升级

---

① 裴艳，苏乐，王月. 基于投入产出模型的大数据产业经济影响力分析 [J]. 电信网技术，2018（05）：56-60.

② 程承坪，邓国清. 大数据与社会主义市场经济体制——兼与马云先生和张旭昆教授商榷 [J]. 探索与争鸣，2018（04）：95-101+143.

的辐射带动作用，全力推动经济模式向形态更高级、结构更合理的方向演进。

三　大数据的乘法效应：新业务模式（大数据 ×）

当前，全球信息技术革命持续演进，电子政务发展所依托的信息技术手段正面临重大飞跃，以云计算、大数据、物联网和移动互联网等为代表的新一轮信息技术变革浪潮风起云涌，不仅对产业发展、商业模式、媒体传播、金融服务等领域产生强烈冲击，同时也深刻改变了信息化发展的技术环境及条件，为政府治理、公共服务、社会管理和商业运行提供了更强有力的科技支撑。

在公共服务方面，全球电子政务领先国家开始普遍开展政府网站用户行为大数据分析与挖掘工作。如美国、英国、澳大利亚、加拿大、日本、韩国、新加坡等数十个发达国家政府门户网站和联合国门户网站均已部署了基于云服务模式的网站用户行为分析系统。基于对海量网站用户访问行为数据的分析和挖掘，提炼用户需求，指导政府提供更加个性化的网上服务，并通过对用户访问规律和点击行为的动态监测，有针对性地改进政府网上服务，精准推送服务内容，使在线服务越来越向智慧化、精准化、主动化的方向发展。

在社会管理方面，国外一些政府部门（如医疗、交通、公安等）已经注重挖掘本部门所掌握的数据价值，更有效地提高部门业务运作效率，提升公众满意度。例如，美国疾病预防控制中心（CDC）利用从多处收集的海量数据，开发了复杂的流感跟踪系统，及时了解疫情变化。并基于流感跟踪系统，建立了专门网站（FluView），每周将数据向公众开放，方便公众查询当地的流感情况。再如，美国警察部门正在兴起一项新的应用——预测警务（Predictive Policing），即基于大数据分析预测一个城市哪个地区最可能发生犯罪以及哪里最有可能找到犯罪分子。此外，应用大数据实现精细化的交通治理逐渐成为一种趋势，包括利用大数据分析处理交通拥堵，监测恶劣天气的道路状况，检测道路损毁状况，等等。

在政府治理创新方面，以大数据、人工智能等为代表的数字经济蓬勃发展，对政府治理方式提出了一系列全新挑战，各国均在积极寻求适应数字经济时代的政府治理模式创新路径。如针对以大数据、云计算、区块链、人工智能等为代表的 FinTech（金融科技）带来的监管挑战，英国金融行为监管局提出发展 RegTech（监管科技），力求依靠科技手段满足实时、动态监管需求，逐步解决金融监管信息不对称问题，缓解法律滞后等弊端。再如美国密歇根州早在 2002 年就建成了世界上第一个网络法院，主要聚焦处理信息技术和新经济领域的纠纷，有效解决目前传统法院审理周期漫长与新经济领域短周期经济活动之间的矛盾。英国学者海伦·马吉茨（Helen Margetts）指出，全球政府治理在经历了传统的韦伯模式和新公共管理（NPM）模式后，正在进入第三个阶段，即数字治理（DEG）模式，其基本特征就是将数字化技术置于机构层级的核心位置，以公民权为轴心，推动数字化的整体性政府建设。

在商业治理领域，当前大数据已经成为商业智能的代名词，基于大数据的分析和挖掘技术，使商业智能已经从过去的报告和决策支持模式跃升到商业预测和未来决策（Next-move Decision Making）的模式①。另外，大数据通过对企业不同价值链条的动态整合，形成一种全新的网状、弹性、自组织的业务流程管理格局，还将引发一场"战略性的、企业级的、贯穿整个价值链的深度变革"②。

四 大数据的阶乘效应：新思维观念（大数据！）

大数据的第四层内涵，是在推动产业发展和治理创新的基础上，进一步在认知层面完成对人类社会群体的思维模式改造，发挥大数据融入经济社会发展方方面面的阶乘效应。有一种说法是，中国社会文化一直缺乏精确的数据意识，中国人的传统习惯是定性思维而不是定量思维，正如胡适先生所说

---

① Ohlhorst F J. Big data analytics: Turning big data into big money [M]. John Wiley & Sons, 2012.
② Fingar P. Dot. Cloud: The 21st century business platform built on cloud computing [M]. Tampa: Meghan-Kiffer Press, 2009.

的是"差不多"文化，这种文化阻碍了科技在中国的发展，没有精确就没有现代科技。数据文化的本质就是尊重客观世界的实事求是精神，数据就是定量化的、表征精确的事实，重视数据就是强调用事实说话、按理性思维的科学精神，因此提升全社会的数据意识是"大数据热"的巨大贡献。

著名历史学家黄仁宇先生曾指出，西方人在研究社会经济史时，喜欢使用计量经济学的方法，其实西方其他社会科学在做研究时都有数字化的倾向，用数据来说明问题。[①] 比如，新制度经济学的福格尔研究美国铁路对美国经济的推动作用时得出其贡献仅为3%，这个数据的得出需要一大批那个时代的各种相关要素的统计资料。要做这样的研究，其前提是必须有某一时期相关因素的准确的统计资料。黄仁宇认为，古代中国与西方的城邦制社会不同，在大一统的政治环境下，中央政府的各种决策往往以道德准则而不是实际情况为出发点，甚至以仪式来代替行政，各种相关数据要么没有统计，要么就是严重失实，无法做到"数目字管理"，这就是中国数字文化长期缺失的重要原因。

大数据的核心，实际上并不是技术和应用本身，而是对于数据背后的规律、原理、本质的解读、研判和决策。数据本身是中立的，数据并不会告诉我们一件事是好还是坏。数据分析的最终导向是人的价值判断。我们在推动大数据发展和开展公共政策大数据评估研究的过程中，不能仅仅考虑技术和产业层面的问题，还应当注意塑造民族在数据文化时代的"魂"。因此，要打造正确的大数据价值观和文化观。正如以色列历史学家尤瓦尔·赫拉利在《今日简史》中所指出的："大数据算法可能会抹去自由，同时也就可能创造出历史上最不平等的社会，让所有的财富和权力集中在一小群精英手中。大多数人类的痛苦将不再是受到剥削，而是更糟的局面：再也无足轻重。"[②]

---

① 黄仁宇. 中国大历史：第 2 版［M］. 上海：生活·读书·新知三联书店，2007.
② 尤瓦尔·赫拉利. 今日简史［M］. 林俊宏译. 北京：中信出版集团，2018：67.

第三章
大数据在宏观经济分析研判中的应用进展

近年来，随着大数据的兴起，运用各种非传统统计数据开展宏观经济分析研判不仅成为经济学者关注的焦点问题，同时还成为包括信息科学、生物学、物理学、社会学等在内的多学科研究者共同关注的热点领域。据笔者不完全统计，以"大数据经济学"为关键词在中国知网进行论文标题匹配检索，发现发表于2011年之后的学术论文共有197篇。本章拟全面回顾近十年间经济学、物理学、信息科学等不同学科研究者对于宏观经济大数据分析的关注，梳理大数据在宏观经济分析中的应用研究脉络，并对下一步研究趋势和发展方向进行展望。

第一节 研究情况概述

宏观经济大数据分析是一个典型的多学科交叉研究领域。从该领域较为活跃的研究团队的学科背景看，经济学家是其中的重要力量，但绝不是唯一关注这一领域的学科群体。近年来，来自信息科学、生命科学、物理学、复杂科学等其他学科领域的研究者也开始大量关注宏观经济运行中的大数据分析，从而使得宏观经济大数据研究变成一个多学科交叉的综合性领域。一个简单例证是，直接以标题中包含"Big data"和"Economics 或 Economy"检索SCI网站，检索结果中经济学相关领域（经济学、商学、管理学、金融学等）文献占比为42%，而信息科学相关领域（计算机、通信、人工智能、图书信息学、自动化等）文献占比43.5%，已超过经济学，其他如生命科学、物理学、社会学、工程科学、城市规划等领域的学者也开始关注宏观经济大数据分析。

一　经济学领域对于宏观经济大数据的关注

总体而言，当前经济学界对于数据的研究主要还是基于统计样本数据，对于近年来兴起的大数据，很多人尚持观望态度，认为其"在某种程度上仍然是较新的、非主流的领域"①，主流经济学界对于大数据的意义、作用和价值的观点尚未完全统一。但无论如何，近年来经济学界对于大数据的关注无疑已经达到一个全新的高度。以美国经济研究局（NBER）为例，其近两年明显强化了对宏观经济大数据方向研究的资助，2018 年举办了主题为"人工智能经济学"（Economics of Artificial Intelligence）的会议，与会者对 AI 多主体互动、机器学习与就业预测、机器人对就业的替代效应等问题进行了集中研讨；2019 年更是史无前例地先后举办了三场大数据相关学术会议，分别是"面向 21 世纪的经济统计大数据"（Big Data for 21st Century Economic Statistics，华盛顿）、"大数据对金融市场和企业的长期影响"（Big Data：Long-Term Implications for Financial Markets and Firms，剑桥）以及"数字化经济学"（Economics of Digitization，斯坦福）。

近年来，国内经济学界对宏观经济大数据的研究也在不断升温，但总体而言，目前绝大多数研究还停留在对理论可行性或概念内涵进行论述的初级阶段，较为系统地针对宏观经济大数据监测预测问题开展实证分析的团队较为少见。在理论阐述方面，俞立平②、钟穗③、徐晋④、尹伯成⑤、宋圭武⑥等人提出了所谓"大数据经济学"的概念。特别是俞立平较早也较为系统地提出并论述了大数据经济学（Big Data Economics 或 Economics of Big Data）

---

① 李华杰，史丹，马丽梅．基于大数据方法的经济研究：前沿进展与研究综述［J］．经济学家，2018（06）：96 - 104.
② 俞立平．大数据与大数据经济学［J］．中国软科学，2013（07）：177 - 183.
③ 钟穗．大数据经济学对一般均衡经济理论发展研究［J］．信息系统工程，2018（03）：156.
④ 徐晋．大数据经济学［M］．上海：上海交通大学出版社，2014.
⑤ 尹伯成．西方经济学说史：从市场经济视角的考察（第 3 版）［M］．上海：复旦大学出版社，2017：295.
⑥ 宋圭武．大数据时代背景下的经济学［J］．发展，2014（07）：5.

的概念体系。他认为，大数据经济学是在经济学研究和应用中采用大数据并且采用大数据思想对传统经济学进行深化研究的新兴交叉学科，并将大数据经济学研究内容概括为大数据计量经济学、大数据统计学和大数据领域经济学三个方面①。此外，少量经济学者对宏观经济大数据进行了较为系统的实证分析。如复旦大学经济学院吴力波教授牵头的社科基金重大项目"基于大数据的宏观经济现时预测理论与方法研究"，围绕基于大数据的宏观经济预测体系优化，开展了针对劳动力市场、金融市场、商品市场和国际贸易等四个领域的实证研究。清华大学经济学研究所刘涛雄、徐晓飞团队依托教育部人文社科项目"大数据视角下宏观经济预测的技术与方法研究"等课题，针对宏观经济大数据预测的技术框架进行了系统分析，并提出"两步法"改进传统经济预测模型②。但总体而言，国内经济学界开展的宏观经济大数据实证研究尚不多见，大量研究停留在意义探讨和概念论述等阶段。

二 信息科学领域对于宏观经济大数据的关注

与经济学界出于某种"方法论惯性"或基础理论的质疑而对宏观经济大数据分析存在种种质疑不同，信息科学领域既是"大数据"概念最早的提出者和倡导者，更是"拥抱"宏观经济大数据分析最为坚决的学科领域。信息科学领域对经济运行大数据的关注最早是从商业智能领域开始的。在商业领域，大数据手段已经与商业场景紧密结合，使得商业智能从过去的报告和决策支持模式跃升到商业预测和未来决策（Next-move Decision Making）模式③。相比经济学界而言，信息科学领域的研究者高度强调大数据给传统经济学带来的巨大冲击和影响，斯坦福大学教授、沃尔玛全球电子商务高级副总裁 Anand Rajaraman 发明了一个新词 Econinformatics，指将计算机科学和

① 俞立平. 大数据经济学的概念、框架与学科定位研究 [J]. 统计与信息论坛, 2015, 30 (06): 3-7.
② 刘涛雄, 徐晓飞. 大数据与宏观经济分析研究综述 [J]. 国外理论动态, 2015 (01): 57-64. 徐晓飞. 大数据视角下宏观经济预测的技术与方法研究 [M]. 北京: 中国财政经济出版社, 2017.
③ Ohlhorst F J. Big data analytics: turning big data into big money [M]. John Wiley & Sons, 2012.

信息技术应用于经济学领域，特别指应用于大数据的经济分析①。英国学者
Renaud Di Francesco 对大数据时代的经济学研究②进行了系统分析，他以大
数据背景下的数据源发挥机制为出发点，提出大数据经济学的研究既要依赖
源数据和经济学历史的相关知识，又要具备 IT 行业的传统开发技能，既要
能灵活运用互联网上的所有可用信息，又要具备强大的分析推理能力。

　　信息科学领域的研究者相信，当收集的经济社会运行微观主体相关信息
量足够多、内容足够丰富时，大数据就会对宏观经济运行拥有很强的监测预
测能力。2008 年，Google 公司正式发布谷歌流感趋势（Google Flu Trends,
GFT）产品，基于网民搜索数据对流感暴发趋势进行预测，其研究成果被
*Nature*③正式刊登，成为运用大数据开展宏观趋势预测的里程碑之作。之
后，谷歌首席经济学家哈尔·瓦里安（Varian H）带领的团队④先后将谷歌
搜索指数应用于汽车销量、旅游、消费、就业等诸多领域。自 2010 年以来，
基于多类数据源综合比对开展宏观经济大数据研判，成为该领域研究的共同
特点。较有代表性的如美国斯坦福大学 Susan Athey 教授团队，其一直关注
大数据、机器学习与经济学的交叉研究领域，运用手机位置信息、搜索数
据、精准营销、新媒体等数据源针对宏观经济运行、公共政策评估等领域开
展了一系列高水平研究，形成了较大影响力⑤。国内方面，中国人民大学信
息学院许伟团队出版了专著《基于网络大数据的社会经济监测预警研究》⑥，
提出了基于网络大数据开展经济社会监测预测的研究框架，并围绕就业、

---

① Welcome to econinformatics: Home of economics & Big Data [EB/OL]. http://econinformatics.
com/blog /2012 /01 /23 /welcome – to – econinformatics – home – of – economics – big – data.

② Hogendorn C. Big Data economics, towards market places: nature of data, exchange mechanisms,
prices, choices, agents & ecosystems [J]. Communications & Strategies, 2015 (97): 146.

③ Ginsberg J, Mohebbi M H, Patel R S, et al. Detecting influenza epidemics using search engine
query data [J]. Nature, 2009, 457 (7232): 1012 – 1014.

④ Choi H, Varian H. Predicting initial claims for unemployment benefits [J]. Google Inc, 2009,
1: 1 – 5. Choi H, Varian H. Using search engine data for nowcasting—an illustration [J]. Actes
des Rencontres Economiques, 2011: 535 – 538. Choi H, Varian H. Predicting the present with
Google Trends [J]. Economic record, 2012, 88: 2 – 9.

⑤ Susan Athey. https://www. gsb. stanford. edu/faculty – research/faculty/susan – athey.

⑥ 许伟. 基于网络大数据的社会经济监测预警研究 [M]. 北京：科学出版社, 2016.

CPI、汇率、房地产、电商等领域开展了一系列实证分析，是国内较早专门论述宏观经济大数据的学术专著。

与经济学界总是试图将大数据分析与经济学理论框架相结合不同，信息科学背景的研究者更倾向于直接针对海量数据背后所隐藏的各种关联模式开展挖掘，从而揭示样本数据无法涵盖的各种细节信息。换言之，大数据分析不关心因果逻辑，而只是通过对海量数据背后关系的分析挖掘，找到对人们生产生活具有指导意义的关联关系——典型案例就是"啤酒＋尿布"的案例。而经济学界则有人指出，大数据分析这种只关注相关性，而回避因果关系的研究思路，既限制了基于大数据的经济分析结果解释力，又反映出其某些理论基础尚未完全夯实的困境[①]。以谷歌流感趋势为例，2013 年 2 月，*Nature*[②] 又以头条新闻的方式报道了谷歌流感趋势过高地估计了流感疑似病例的占比，这个差错是真实数据的 1 倍多。

以下部分拟从三个方面对基于大数据的宏观经济分析研判进行系统介绍。

第二节　看过去：大数据视角下的经济史研究

经济史研究是经济学和历史学的一个交叉研究领域。自 20 世纪五六十年代起，以数据分析和计量方法为主要特征的计量史学（Quantitative History）研究开始兴起[③]。1957 年 9 月，哈佛大学的艾尔弗雷德·康拉德（A. H. Conrad）和约翰·迈耶（J. R. Meyer）在美国经济史协会第 17 届年会上，做了有关"经济理论、统计推定和经济史"的报告，报告主张在历史研究中可以发挥统计学的独特作用，应该有意识地把计量方法应用到经济史研究中去。其后，两人合著的两篇论文发表，成为现代计量史学兴起的重

① 李华杰，史丹，马丽梅. 基于大数据方法的经济研究：前沿进展与研究综述 [J]. 经济学家，2018（06）：96 – 104.
② Butler, Declan. When Google got flu wrong [J]. Nature, 2013, 494（7436）：155 – 156.
③ 霍俊江. 计量史学研究入门 [M]. 北京：北京大学出版社，2013.

要标志[1]。此外，早期较有代表性的计量史学研究成果是罗伯特·W. 福格尔（Robert W. Fogel）在 1964 年出版的《铁路和美国经济增长：计量经济史学文集》。在这一研究中，福格尔结合新古典经济学与统计推论，对很多传统经济学和历史学研究结论产生怀疑，这些结论往往是从事文字创作的历史学家根据他们对铁路与美国经济增长之间的关系的研究得出的。[2] 计量史学发展至今，大致形成了统计学、计量经济学、计量史学三大类方法[3]。吴承明指出，目前主流的经济史计量研究仍然"主要是统计学方法"[4]。实际上，从模型派、量化历史派的已有成果来看，他们所用的仍然是频率分析、回归分析等基本统计方法，主成分分析、判别分析与聚类分析等高级统计方法在史学界还很少有人采用[5]。

近年来，随着大数据研究方法的兴起，经济史学界开始关注大数据方法的应用[6]。这一新学科热点出现的背后，是大量史料数据库开始从传统的文献数字化阶段走向更加深刻揭示文本中所包含主体关系的史料挖掘阶段。如近年来在史学界影响力很大的哈佛大学燕京学社、台湾"中研院"史语所、北京大学中古史研究中心合作的"中国历代人物传记资料库"（The China Biographical Database Project，CBDB）[7]。截至 2016 年 5 月，数据库共收录约 370726 人的传记资料，其相比传统的全文数据库而言，整合了地理空间、社会网络分析、群体划分、统计分析等研究功能。再如台湾大学数位人文研究中心开发的台湾数字历史图书馆（简称 THDL）[8]，提供词频分析、上下文关联分析、人物相关性分析等不同功能，还可以部分地实现契约空间分布的

① 康拉德，迈耶. 经济理论、统计推定及经济史［J］. 经济史杂志，1957 年 12 月；康德拉，迈耶. 南北战争前南部的奴隶制经济学［J］. 政治经济学杂志，1958 年 4 月。
② 哈里·兰德雷斯，大卫·C. 柯南德尔. 经济思想史：第四版［M］. 北京：人民邮电出版社，2011：473.
③ 陈争平. 大数据时代与经济史计量研究［J］. 社会科学文摘，2017（02）：30-32.
④ 吴承明. 经济史：历史观与方法论［M］. 北京：商务印书馆，2014：242-250.
⑤ 陈争平. 大数据时代与经济史计量研究［J］. 中国经济史研究，2016（06）：53-58.
⑥ 吴玲. 大数据时代历史学研究若干趋势［J］. 北方论丛，2015（05）：68-70.
⑦ https：//projects. iq. harvard. edu/chinesecdbd.
⑧ 台湾数字历史图书馆，http：//thdl. ntu. edu. tw/index. html.

展示。2015 年 12 月，上海大学主办的"传承与开启：大数据时代下的历史研究"国际学术研讨会在上海召开。来自中国大陆、中国香港以及日本、韩国等国家和地区的 48 所院校及研究机构、期刊社的 110 余位专家学者们齐聚一堂就大数据应用于经济史研究等相关话题展开了广泛讨论，并形成了论文集，标志着运用大数据手段开展史学研究已经成为主流史学界的热点研究议题①。

总体而言，目前国内运用大数据手段开展经济史研究的成果尚不多见。2009 年，金观涛、刘青峰出版的《观念史研究：中国现代重要政治术语的形成》，借助内容达 1.2 亿字的"中国近现代思想史专业数据库（1830～1930）"进行观念演变的探讨，将其称为"以包含关键词例句为中心的数据库方法"②，并根据讨论的十大基本观念，整理出 10 余万字近 100 个现代重要政治术语的意义演变词表。该研究将数据库关键词词频统计、语义分析等大数据方法与史学研究很好地结合起来，成为该领域早期较有代表性的成果之一。此外，研究团队中，较有代表性的如香港科技大学龚启圣团队的系列成果③，其利用从大量历史文献文本中析出的事件性数据，对基督教对经济的影响、新作物对人口和经济增长的影响、盗版的兴起、鸦片战争的经济影响、文化（儒家伦理）与农民起义、市场整合、人力资本与社会流动等历史问题进行大数据分析研究，取得了良好效果。

第三节　看现在：大数据在经济监测中的应用

经济系统是由无数个政府机构、企业、个体消费者、媒体和各类社会组织共同组成的巨复杂系统。从经济学诞生之初，经济学家就致力于通过采集各类数据观察经济现象运行的内在规律，但这个问题从来就是困扰经济学家

---

① 舒健. 大数据时代的历史研究 ［M］. 上海：上海译文出版社，2017.
② 金观涛，刘青峰. 观念史研究：中国现代重要政治术语的形成 ［M］. 北京：法律出版社，2009.
③ 龚启圣. 用大数据研究中国经济史 ［N］. 第一财经日报，2016 - 12 - 08（A11）.

和统计学家的最大难题之一①。传统经济学研究开展经济监测的主要手段就是开展经济普查，通过层层报送归集数据的方式汇总计算相应宏观经济指标，如国内生产总值（GDP）、通胀率、居民消费价格指数、生产者价格指数、失业率等②。但正如前文所论述的，这种基于传统调查统计方式开展宏观经济监测的方法存在数据时滞较长、成本居高不下、样本覆盖面较窄、无法进行细颗粒度分析等问题。在这种情况下，基于大数据分析改进经济监测效果，就成为学术界和政府决策者共同关注的热点问题。总体而言，大数据在经济监测中的应用方面主要包括四个大的方面。

一　传统统计调查方法对大数据手段的接纳

近年来，大量文献开始关注大数据对于传统经济普查和政府统计改进的作用③。有学者认为，GDP 指标源于 20 世纪 30 年代，当时尚未形成政府利用数据和统计来改善系统性经济弊病的传统，所以 GDP 这样的指标就有助于决策者在绝望的时刻驾驭很多政策试验。但是今天，人们如果还使用现行指标，就会阻碍一些国家进行政策创新而非促进这些国家进行政策创新④，因此国民经济核算体系有必要对自身做出一定的改进甚至改革⑤。李红艳、汪

---

① Einav L, Levin J. Economics in the age of big data [J]. Science, 2014, 346 (6210).
② Balasubramanian N, Sivadasan J. What happens when firms patent? New evidence from US economic census data [J]. The Review of Economics and Statistics, 2011, 93 (1): 126 – 146.
③ 马建堂. 大数据在政府统计中的探索与应用 [M]. 北京：中国统计出版社, 2013. 徐先华. 大数据时代的经济普查数据分析与探究 [J]. 时代金融, 2018 (11): 49 – 50. 杜成琳. 大数据时代我国经济统计现状及趋势研究 [J]. 知识经济, 2018 (14): 14 + 16. 张维扬. 大数据时代我国经济统计现状及趋势研究 [J]. 现代经济信息, 2018 (01): 104. 李勇, 罗良清, 张敏, 李禹锋. 大数据时代我国经济统计现状及趋势研究 [J]. 中国统计, 2016 (12): 21 – 23. 吴毅. 大数据环境下城市经济统计调查分析及改进措施 [J]. 经贸实践, 2017 (24): 71. 王怡博, 方顾卓. 浅析云数据分析在经济统计中的应用 [J]. 中国市场, 2018 (03): 189 – 190. 祝旭. 经济统计中大数据分析的应用研究 [J]. 无线互联科技, 2018, 15 (17): 110 – 111. 何海. 大数据在区域经济统计中的应用研究 [J]. 现代营销（下旬刊）, 2018 (01): 102.
④ 解路英. 大数据使"定制"新的经济指标成为可能 [N]. 经济参考报, 2014 – 07 – 11 (005).
⑤ 李世伟. 大数据环境下国民经济核算体系的改进 [J]. 市场经济与价格, 2015 (07): 10 – 14.

涛①提出新型国民经济核算体系的概念，并提出新体系应当实现对全社会经济活动进行全方位动态跟踪，对每一个产品（服务）从其产生到被消费（消亡）的全过程进行跟踪记录，对市场中每笔交易活动进行跟踪记录，对每个经济主体的每次经济活动和经济关联活动进行跟踪记录。在政府实践层面，早在 2013 年11 月，国家统计局就与百度、阿里巴巴等 11 家企业签署了《大数据战略合作框架协议》，就建立大数据应用的统计标准，完善政府统计数据的内容、形式和实施步骤等达成合作。② 在 2020 年的全美经济普查中，美国普查局也计划采取"网络抓取技术"等多种模式进行数据收集，试图实现企业数据与普查、调查数据的全面融合，提高统计调查的效率和质量③。

二 基于大数据构建新型监测指标

随着互联网的飞速发展，人们逐渐掌握了一些快速归集反映经济运行某一个剖面的全样本数据的手段和技术工具，从而可以构建观测经济运行某一个剖面的相对全样本新型监测指标。最著名的非传统经济指标之一就是克强指数④。所谓克强指数（Li keqiang index），是英国著名政经杂志《经济学人》在 2010 年推出的用于评估中国 GDP 增长量的指标，其源于李克强总理 2007 年任职辽宁省委书记时，喜欢通过耗电量、铁路货运量和贷款发放量三个指标分析当时辽宁省经济状况。该指数是三种经济指标——工业用电量、铁路货运量和银行中长期贷款新增的结合。克强指数自推出后，受到包括花旗银行在内的众多国际机构认可。再比如，最早由三一重工集团推出的挖掘机指数⑤，通过对三一重工集团运营管理的遍布全

---

① 李红艳，汪涛. 大数据时代背景下的新型国民经济核算体系研究［J］. 经济视角（上），2013（08）：24 – 26.

② 明文彪. 大数据背景下宏观经济分析及对浙江的建议［J］. 浙江树人大学学报（人文社会科学版），2017，17（03）：54 – 59.

③ 刘涛雄，徐晓飞. 大数据与宏观经济分析研究综述［J］. 国外理论动态，2015（01）：57 – 64.

④ Economist. Keqiang ker-ching, How China's next prime minister keeps tabs on its economy［EB/OL］.（2010 – 12 – 09）. http：//www. economist. com/node/17681868.

⑤ 骆兆华. 经济孰冷孰热"挖掘机指数"有的聊［N］. 中国城乡金融报，2016 – 01 – 15（B03）.

国的重型机械上机载控制器、传感器和无线通信模块所汇集的数据，描述各个经济区域的基础建设开工率，进而成为宏观经济部门分析固定资产投资进度的重要参考指标。此外，近年来，被人们所广泛关注的各种非传统经济指标还有所谓榨菜指数、啤酒指数、床垫指数、用云量指数等。这些指数的共同特征，是选择了经济社会运行的某一个环节，通过对相对全样本范围内数据的归集分析，从而推测经济运行的实际情况，并与传统统计指标相互印证。此外，在以互联网、大数据、分享经济等为代表的新经济领域，由于缺乏较为完善的统计指标体系，大量由大型互联网企业和社会组织提出的创新型指标不断出现。如阿里巴巴基于阿里电商平台所覆盖的数百万种商品数据构建的中国县域电商发展指数 aEDI①、阿里巴巴网购价格系列指数 aSPI②，财新智库和数联铭品（BBD）联合推出的新经济指数（NEI），国家信息中心近年来主持发布的中国大数据发展指数③、分享经济发展指数④等。

三 大数据"现时预测"（Nowcasting）研究

近年来，很多研究者开始利用大数据高频、即时的特点，通过构建与传统经济监测指标具有高度关联性的同步指标，提高经济监测的效率，也就是近年来十分热门的"现时预测"（Nowcasting）研究。这类研究所构建的经济指标往往是对标某一个主流统计经济指标，并利用大数据即时获取的特点，利用大数据与统计数据的"时间差"优势比传统统计方法更早获取经济运行情况。从实际研究来看，从事这方面研究的学者最

---

① 明文彪. 大数据背景下宏观经济分析及对浙江的建议［J］. 浙江树人大学学报（人文社会科学版），2017，17（03）：54 – 59.
② 陈沁，沈明高，沈艳. 财智 BBD 中国新经济指数技术报告［EB/OL］.（2016 – 03 – 04）. http：//www. nsd. edu. cn/teachers/ professorNews/2016/0304/25596. html. CHEN Qin，SHEN Ming – gao，SHEN Yan. BBD think tank：New economy index of China［EB/OL］.（2016 – 03 – 04）. http：//www. nsd. edu. cn/teachers/professorNews/2016/0304/ 25596. html.
③ 国家信息中心发布《中国大数据发展报告（2017）》［EB/OL］. http：//www. sic. gov. cn/ News/79/7727. htm.
④ 国家信息中心发布《中国共享经济发展年度报告（2019）》 ［EB/OL］. http：// www. sic. gov. cn/News/79/9907. htm.

多，成果也最集中。举例来说，运用电力大数据开展宏观经济分析研判[1]；利用夜间卫星灯光亮度数据对区域和国别经济生产率数据进行现时预测[2]；基于用户移动通话行为模式[3]和社交网络结构特征[4]现时预测区域经济活跃度；基于银行支付结算数据现时预测宏观经济增长态势[5]；利用搜索指数数据提高对消费者信心指数[6]和通胀增长情况[7]的现时预测水平；

---

[1] 李华杰，史丹，马丽梅．基于大数据方法的经济研究：前沿进展与研究综述 [J]．经济学家，2018（06）：96 - 104．张秋雁，宋强．基于用电大数据的经济分析平台设计研究 [J]．电力大数据，2017，20（08）：6 - 9．王凯军，龙厚印，吴良良，石清．基于电力大数据的产业结构调整及经济指标研究 [J]．经济研究导刊，2017（25）：38 - 39．

[2] Doll C N H, Muller J P, Morley J G. Mapping regional economic activity from night-time light satellite imagery [J]. Ecological Economics, 2006, 57（1）：75 - 92. Elvidge C D, Baugh K E, Kihn E A, et al. Relation between satellite observed visible-near infrared emissions, population, economic activity and electric power consumption [J]. International Journal of Remote Sensing, 1997, 18（6）：1373 - 1379.

[3] ŠĆ EPANOVIĆ S, MISHKOVSKI I, HUI P, et al. Mobile phone call data as a regional socio-economic proxy indicator [J]. PLoS ONE, 2015, 10（4）：e0124160. Eagle N, Macy M, Claxton R. Network diversity and economic development [J]. Science, 2010, 328（5981）：1029 - 1031.

[4] Holzbauer B O, Szymanski B K, Nguyen T, et al. Social ties as predictors of economic development [M] // Wierzbicki A, Brandes U, Schweitzer F, et al. Advances in Network Science. Switzerland：Springer International Publishing, 2016：178 - 185. Liu J H, Wang J, Shao J, et al. Online social activity reflects economic status [J]. Physica A：Statistical Mechanics and its Applications, 2016, 457：581 - 589.

[5] 曲延玲．基于大数据构建经济金融深度监测分析体系 [J]．金融电子化，2017（05）：40 - 41．

[6] Kholodilin K A, Podstawski M, Siliverstovs B, et al. Google searches as a means of improving the nowcasts of key macroeconomic variables [J]. 2009. Della Penna N, Huang H. Constructing consumer sentiment index for US using Google searches [R]. 2010. Suhoy T. Monthly assessments of private consumption [R]. Bank of Israel, 2010. Vosen S. A monthly consumption indicator for Germany based on Internet search query data [J]. Applied Economics Letters, 2012, 19（7）：683 - 687. 李映桥．网络消费者信心与宏观经济波动关系研究 [D]．吉林大学，2017．孙毅，吕本富，陈航，薛添．基于网络搜索行为的消费者信心指数构建及应用研究 [J]．管理评论，2014，26（10）：117 - 125．刘伟江，李映桥．网络消费者信心指数和经济增长的动态相关性研究 [J]．财贸研究，2017，28（05）：1 - 10．

[7] 明文彪．大数据背景下宏观经济分析及对浙江的建议 [J]．浙江树人大学学报（人文社会科学版），2017，17（03）：54 - 59．孙毅，吕本富，陈航，等．大数据视角的通胀预期测度与应用研究 [J]．管理世界，2014，4：171 - 172．

基于各类电商平台数据①、搜索数据②和媒体数据预测全社会商品价格波动情况；利用网络搜索数据③、手机通话记录数据④和在线招聘数据⑤现时预测失

① Cavallo A, Rigobon R. The Billion Prices Project: Using Online Prices for Measurement and Research [J]. The Journal of Economic Perspectives, 2016: 151 – 178. 袁铭. 基于网购搜索量的 CPI 及时预测模型 [J]. 统计与信息论坛, 2015, 30 (4): 20 – 24. Müller R, Herren H M, Röthlisberger S, et al. Recent developments in the Swiss CPI: scanner data, telecommunications and health price collection [C] //9th Ottawa Group Meeting on Prices 14th to 16th May, London. 2006.

② Guzman G. Internet search behavior as an economic forecasting tool: The case of inflation expectations [J]. Journal of economic and social measurement, 2011, 36 (3): 119 – 167. 徐映梅, 高一铭. 基于互联网大数据的 CPI 舆情指数构建与应用——以百度指数为例 [J]. 数量经济技术经济研究, 2017, 34 (1): 94 – 112. 张崇, 吕本富, 彭赓, 等. 网络搜索数据与 CPI 的相关性研究 [J]. 管理科学学报, 2012: 50 – 59 + 70.

③ Ettredge M, Gerdes J, Karuga G. Using web-based search data to predict macroeconomic statistics [J]. Communications of the ACM, 2005, 48 (11): 87 – 92. Askitas N, Zimmermann K F. Google Econometrics and Unemployment Forecasting [J]. Applied Economics Quarterly, 2009, 55 (2): 107. D'Amuri F. Predicting unemployment in short samples with internet job search query data [R]. University Library of Munich, Germany, 2009. Suhoy T. Monthly assessments of private consumption [R]. Bank of Israel, 2010. McLaren N, Shanbhogue R. Using internet search data as economic indicators [J]. Bank of England Quarterly Bulletin, 2011 (2011): Q2. Choi H, Varian H. Predicting the present with google trends [J]. Economic record, 2012, 88: 2 – 9. Barreira N, Godinho P, Melo P. Nowcasting unemployment rate and new car sales in south – western Europe with Google Trends [J]. NETNOMICS: Economic research and electronic networking, 2013, 14 (3): 129 – 165. Pavlicek J, Kristoufek L. Can Google searches help nowcast and forecast unemployment rates in the Visegrad Group countries? [J]. arXiv preprint arXiv: 1408.6639, 2014. Su Z. Chinese online unemployment – related searches and macroeconomic indicators [J]. Frontiers of Economics in China, 2014, 9 (4): 573 – 605. Pavlicek J, Kristoufek L. Nowcasting unemployment rates with google searches: Evidence from the visegrad group countries [J]. PloS one, 2015, 10 (5): e0127084. 王勇, 董恒新. 大数据背景下中国季度失业率的预测研究——基于网络搜索数据的分析 [J]. 系统科学与数学, 2017, 37 (2): 460 – 472.

④ 高见, 周涛. 大数据揭示经济发展状况 [J]. 电子科技大学学报, 2016, 45 (04): 625 – 633. 李华杰, 史丹, 马丽梅. 基于大数据方法的经济研究: 前沿进展与研究综述 [J]. 经济学家, 2018 (06): 96 – 104. Toole J L, Lin Y R, Muehlegger E, et al. Tracking employment shocks using mobile phone data [J]. Journal of The Royal Society Interface, 2015, 12 (107): 20150185. Llorente A, Garcia – Herranz M, Cebrian M, et al. Social media fingerprints of unemployment [J]. PloS one, 2015, 10 (5): e0128692. Pappalardo L, Vanhoof M, Gabrielli L, et al. Estimating economic development with mobile phone data [EB/OL]. (2016 – 05 – 30). http://www.cisstat.com/ BigData/CIS – BigData_ 08_ Eng% 20% 20IT% 20Luca% 20Pappalardo% 20Et% 20Al% 20Estimating% 20Economic% 20D evelopment.pdf.

⑤ 明文彪. 大数据背景下宏观经济分析及对浙江的建议 [J]. 浙江树人大学学报 (人文社会科学版), 2017, 17 (03): 54 – 59. 王智, 余桂南, 赵路. 基于大数据的我国新经济服务业人才需求景气指数研究 [J]. 2016 年全国统计建模大赛论文集, 2016.

业率变化；利用搜索引擎数据①和新闻数据②现时预测房地产市场走势，等等。

四 基于大数据开展经济运行态势分析研判

在大数据时代，运用大数据进行产业和区域运行情况分析，提升信息分析效率是大势所趋③，这方面研究大致可以分为几类。第一类是在微观层面上，针对各类企业运行情况的大数据分析监测。如 Li 等④基于 271 家中小型美国绿色食品和制造公司网站信息数据，分析发现中小企业业绩受和政府、行业、学术界联系的影响。Daepp 等⑤分析了北美超过 25000 家上市公司，发现任何商业类型公司的生命半衰期大约为 10 年。国内一些地

---

① Webb G K. Internet search statistics as a source of business intelligence：Searches on foreclosure as an estimate of actual home foreclosures［J］. Issues in Information Systems，2009，10（2）：82. Wu L，Brynjolfsson E. The future of prediction：How Google searches foreshadow housing prices and sales［M］//Economic analysis of the digital economy. University of Chicago Press，2015：89 – 118. Kulkarni R，Haynes K E，Stough R R，et al. Forecasting housing prices with Google econometrics［J］. GMU School of public policy research paper，2009. Widgrén J. Predicting Housing Prices with Google Searches in Finland［R］. The Research Institute of the Finnish Economy，2016. 董倩，孙娜娜，李伟. 基于网络搜索数据的房地产价格预测［J］. 统计研究，2014，31（10）：81 – 88. 洪涛，厉伟. 基于网络搜索数据的住房价格预期与实际价格波动分析［J］. 统计与信息论坛，2015：49 – 53. Choi H，Varian H. Using search engine data for nowcasting—An illustration［J］. Actes des Rencontres Economiques，2011：535 – 538. Wu L，Brynjolfsson E. The future of prediction：How Google searches foreshadow housing prices and quantities［J］. ICIS 2009 Proceedings，2009：147. Webb G K. Internet search statistics as a source of business intelligence：Searches on foreclosure as an estimate of actual home foreclosures［J］. Issues in Information Systems，2009，10（2）：82. McLaren N，Shanbhogue R. Using internet search data as economic indicators［J］. Bank of England Quarterly Bulletin，2011：Q2.

② 霍琳，尚维，徐山鹰. 房地产开源舆情指数构建与政策影响研究［J］. 信息系统学报，2013，2：57 – 66.

③ 王钧超. 大数据时代产业经济信息分析及在宏观决策中的应用［D］. 中国地质大学（北京），2016.

④ Li Y，Arora S，Youtie J，et al. Using web mining to explore Triple Helix influences on growth in small and mid-size firms［J］. Technovation，2018，76：3 – 14.

⑤ Daepp M I G，Hamilton M J，West G B，et al. The mortality of companies［J］. Journal of The Royal Society Interface，2015，12（106）：20150120.

方政府还利用各类政府业务数据，建立起区域企业运行情况监测大数据平台，对企业经营状况、财务状况、投资状况、产销能力、盈利能力、偿债能力、缴纳情况和能耗情况等进行全面监测①。第二类是在中观层面上，对区域产业发展情况进行分析。这方面研究也非常多，主要集中在对区域产业集聚路径②、区域经济禀赋③、经济均衡度④、产业配套设施分布⑤、产业空间分布⑥、消费空间⑦、经济活动多样性⑧、功能区划定⑨、城市群网

① 毛红卫，阮伯虎，吴铭宇，等. 诸暨市大数据经济运行监测与研究［J］. 民营科技，2018（02）：182 - 185. 王展. 大数据经济运行系统的研究［D］. 郑州大学. 2017.

② Neffke F, Henning M, Boschma R. How do regions diversify over time? Industry relatedness and the development of new growth paths in regions［J］. Economic geography, 2011, 87（3）：237 - 265.

③ Lin J Y. New structural economics：A framework for rethinking development and policy［M］. The World Bank, 2012.

④ 高见，周涛. 大数据揭示经济发展状况［J］. 电子科技大学学报，2016, 45（04）：625 - 633. Hartmann D, Guevara M R, Jara - Figueroa C, et al. Linking economic complexity, institutions, and income inequality［J］. World development, 2017, 93：75 - 93. Salesses P, Schechtner K, Hidalgo C A. The collaborative image of the city：mapping the inequality of urban perception［J］. PloS one, 2013, 8（7）：e68400.

⑤ Hidalgo C A, Castañer E E. Do we need another coffee house? The amenity space and the evolution of neighborhoods［J］. arXiv preprint arXiv：1509. 02868, 2015.

⑥ GAO Jian. Quantifying local industry structure of China［EB/OL］.（2015 - 11 - 18）. http：// gaocn. net/project. html#industry.

⑦ Louail T, Lenormand M, Arias J M, et al. Crowdsourcing the Robin Hood effect in cities［J］. Applied network science, 2017, 2（1）：1 - 13.

⑧ Youn H, Bettencourt L M A, Lobo J, et al. Scaling and universality in urban economic diversification［J］. Journal of The Royal Society Interface, 2016, 13（114）：20150937.

⑨ 杨振山，龙瀛. 大数据对人文—经济地理学研究的促进与局限［J］. 地理科学进展，2015（4）：410 - 417. Nelson A C, Duncan J B. Growth management principles and practices［M］. Routledge, 1995. Tan K C, San Lim H, MatJafri M Z, et al. Landsat data to evaluate urban expansion and determine land use/land cover changes in Penang Island, Malaysia［J］. Environmental Earth Sciences, 2010, 60（7）：1509 - 1521. Long Y, Liu X. Featured graphic. How mixed is Beijing, China? A visual exploration of mixed land use［J］. Environment and Planning A, 2013, 45（12）：2797 - 2798. 秦萧，甄峰，熊丽芳，等. 大数据时代城市时空间行为研究方法［J］. 地理科学进展，2013, 32（9）：1352 - 1451. Long Y, Han H, Tu Y, et al. Evaluating the effectiveness of urban growth boundaries using human mobility and activity records ［J］. Cities, 2015, 46：76 - 84.

络结构[①]、贸易网络[②]等方面的分析上。第三类是在宏观层面上，运用大数据手段开展宏观经济调控研究[③]。如有研究者提出，应当运用大数据手段形成"全面＋定向"宏观调控政策手段组合，全面提高宏观调控工具的精确度和效力，实现针对国民经济薄弱环节如服务业、"三农"问题和小微企业精准发力，有的放矢地降低税率、费用、利息[④]。

第四节　看未来：大数据在经济
预测中的应用

经济预测是经济学最重要的功能之一，也是政府、企业、个人等进行决策的参考和依据[⑤]。然而长期以来，人们对于经济学的预测理论一直存在质疑。哈耶克就曾作出论断，认为人类经济行为是不可预测的。他指出："尽管我们拥有关于人类理智运行原理的知识，但主要事实依然是，我们不可能对导致个人在特定时间做了一件特定的事情之全部具体事实加以说明。对于我们来说，个人的个性仍然是一种非常独特的、难以计算的现象，我们有望通过一些从经验中发展出来的做法，比如赞扬和谴责，从可取的方向对它施

① 种照辉，覃成林，叶信岳. 城市群经济网络与经济增长——基于大数据与网络分析方法的研究 [J]. 统计研究，2018，35（01）：13-21. 赵渺希，吴康，刘行健，等. 城市网络的一种算法及其实证比较 [J]. 地理学报，2014，69（2）：169-183. Liu Y, Sui Z, Kang C, et al. Uncovering patterns of inter – urban trip and spatial interaction from social media check – in data [J]. PloS one, 2014, 9（1）：e86026. 刘正兵，刘静玉，何孝沛，王发曾. 中原经济区城市空间联系及其网络格局分析——基于城际客运流 [J]. 经济地理，2014，34（07）：58-66. 侯赟慧，刘志彪，岳中刚. 长三角区域经济一体化进程的社会网络分析 [J]. 中国软科学，2009（12）：90-101. 陈彦光，刘继生. 基于引力模型的城市空间互相关和功率谱分析 [J]. 地理研究，2002，21（6）：742-751. 李涛，周锐，苏海龙，等. 长三角区域经济一体化水平的测度：以关系型大数据为基础 [C] // 2015 中国城市规划年会. 2015.
② Hidalgo C A, Klinger B, Barabási A L, et al. The product space conditions the development of nations [J]. Science, 2007, 317（5837）：482-487.
③ 何大安，杨益均. 大数据时代政府宏观调控的思维模式 [J]. 学术月刊，2018，50（05）：68-77.
④ 罗慧如. 大数据时代的宏观经济调控及政策优化 [D]. 广东财经大学，2016.
⑤ 蔡跃洲. 大数据改变经济预测范式 [N]. 中国社会科学报，2015-12-09（004）.

加影响，但是对于它的具体行为，我们无法进行预测或控制，因为我们无法了解决定着它的全部具体事实"[1]。

大数据时代的到来，使得人们对于经济学的预测从过去基于因果推断的预测理论范式转向基于概率论的预测理论范式。蔡跃洲认为，大数据对经济预测的影响涉及数据来源、预测方法、预测结果等几乎每一个环节，在某种程度上改变了常规经济预测所遵循的基本范式，他从经济预测的数据基础、指标生成方式和预测方法与工具等几个方面对大数据经济预测和传统经济预测进行了系统比较。大数据广泛获取经济社会主体各类行为数据能力的日益提升，将为测量经济社会主体预期和量化主体情绪提供新的路径，有望渐进打开经济主体预期形成过程的"黑箱"[2]，大大提高预测分析能力。李华杰等认为，基于大数据的预测方法在很多方面不是对传统经济学研究方法的颠覆，它更是一个对传统研究方法的补充[3]。从现有研究成果来看，可以将大数据在经济学预测研究中的应用划分为构建先行指标、改进传统预测模型、构建预测模型和复杂性预测等几大类。需要指出的是，很多文献将现时预测研究也纳入经济学大数据预测的范畴，但笔者认为其实质还是对当前发生情况的即时分析，只不过利用统计方法相对滞后的"时间差"从而实现了一定程度上的超前性，对其的介绍在上一小节已经有所展开，此处不再赘述。

一 基于先行性指标的大数据预测

先行性指标预测具体又可以划分为三大类。

其一是从人类经济行为链条的角度，通过对行为链条上一环节的分析来

---

① 弗里德里希·冯·哈耶克. 哈耶克文选：哈耶克论文演讲集 [M]. 南京：江苏人民出版社，2000：452.

② 黄燕芬，张超. 大数据情绪指数与经济学研究：现状、问题与展望 [J]. 教学与研究，2018（05）：40 – 50.

③ 李华杰，史丹，马丽梅. 基于大数据方法的经济研究：前沿进展与研究综述 [J]. 经济学家，2018（06）：96 – 104.

实现对下一环节行为的预测。如 Liu 等[1]用 PLSA 算法（Probability Latent Semantic Analysis）从博客内容数据中挖掘用户观点和情绪用以预测电影票房销售情况。Schneider、Gupta[2] 引入词袋模型（Bag-of-Words），基于 Amazon. com 的用户评论预测一周后的笔记本电脑销售情况。Khadivi 等[3]通过分析 Wikipedia 使用数据预测夏威夷旅游需求。再比如，大量研究者基于股票论坛、微博、推特等自媒体公众言论情绪[4]，以及金融搜索数据[5]判断人们对股市的心理预期，从而进一步预测股市运行走势。

其二是基于各种经济学理论构建能够超前反映经济运行走势的先行性指标。较为典型的如钱斌华[6]基于职工人数变化率、总资产变化率、所有者权

---

① Liu Y, Huang X, An A, et al. ARSA: A sentiment-aware model for predicting sales performance using blogs [C] //Proceedings of the 30th annual international ACM SIGIR conference on Research and development in information retrieval. 2007: 607 – 614.

② Schneider M J, Gupta S. Forecasting sales of new and existing products using consumer reviews: A random projections approach [J]. International Journal of Forecasting, 2016, 32 (2): 243 – 256.

③ Khadivi P, Ramakrishnan N. Wikipedia in the tourism industry: Forecasting demand and modeling usage behavior [C] //Proceedings of the Thirtieth AAAI Conference on Artificial Intelligence. 2016: 4016 – 4021.

④ Bagnoli M, Beneish M D, Watts S G. Whisper forecasts of quarterly earnings per share [J]. Journal of Accounting and Economics, 1999, 28 (1): 27 – 50. Tumarkin R, Whitelaw R F. News or noise? Internet postings and stock prices [J]. Financial Analysts Journal, 2001, 57 (3): 41 – 51. 林振兴. 网络讨论、投资者情绪与 IPO 抑价 [J]. 山西财经大学学报, 2011, 33 (2): 23 – 29. Bollen J, Mao H, Zeng X. Twitter mood predicts the stock market [J]. Journal of computational science, 2011, 2 (1): 1 – 8. Oh C, Sheng O. Investigating predictive power of stock micro blog sentiment in forecasting future stock price directional movement [J]. 2011. O'Connor B, Balasubramanyan R, Routledge B, et al. From tweets to polls: Linking text sentiment to public opinion time series [C] //Proceedings of the International AAAI Conference on Web and Social Media. 2010, 4 (1). Zhou S, Shi X, Sun Y, et al. Stock market prediction using heat of related keywords on micro blog [J]. Journal of Software Engineering and Applications, 2013, 6 (3B): 37. Das S R, Chen M Y. Yahoo! for Amazon: Sentiment extraction from small talk on the web [J]. Management science, 2007, 53 (9): 1375 – 1388.

⑤ Moat H S, Curme C, Stanley H E, et al. Anticipating stock market movements with Google and Wikipedia [M] //Nonlinear phenomena in complex systems: From nano to macro scale. Springer, Dordrecht, 2014: 47 – 59.

⑥ 钱斌华. 税收大数据预测经济走势的宁波经验 [N]. 宁波日报, 2018 – 03 – 15 (011).

益变化率等指标构建宁波市税收发展先行指标；崔趁欣等①基于河北省国库收入指数预测地区国民生产总值走势。张秋雁等②基于电力消费情况预测经济景气度走势；曲延玲③提出基于存贷款关键指标和社会融资结构变化等数据预测宏观经济走势；Brandyn 等④基于纽约联储银行实时数据和动态因子模型预测 GDP 增速，等等。

其三是在海量非统计指标中析取具有一定先行性的指标，并合成为新的先行性指标。百度⑤曾基于自身所掌握的海量搜索数据开发了百度经济指数预测，其基本原则就是在海量搜索数据中析取出与企业需求和用户经济行为信息相关的搜索指数，并合成为先行指数。Levenberg 等⑥提出了一种利用复合异质网络数据流来合成经济预测变量的方法，采用贝叶斯分类器组合模型对非农就业指数进行了高精度预测。Sobolevsky 等⑦在分析西班牙个人银行转账记录数据的基础上，提出了 35 种个体经济行为量化指标，能够预测 GDP、房屋价格、失业率、犯罪率、高等教育比例、生活成本和预期寿命等社会经济统计指标。IBM 日本公司基于互联网新闻数据析取出制造业相关的 480 项经济指标，用于预测采购经理人指数⑧。

---

① 崔趁欣，李岩. 大数据时代国库收入与经济增长耦合性分析及应用前景——以河北省为例 [J]. 河北金融，2018（03）：7 - 13.
② 张秋雁，宋强. 基于用电大数据的经济分析平台设计研究 [J]. 电力大数据，2017，20（08）：6 - 9.
③ 曲延玲. 基于大数据构建经济金融深度监测分析体系 [J]. 金融电子化，2017（05）：40 - 41.
④ Bok B，Caratelli D，Giannone D，et al. Macroeconomic nowcasting and forecasting with big data [J]. Annual Review of Economics，2018，10：615 - 643.
⑤ 百度经济指数：http：//di. baidu. com/solution/finance? castk = LTE% 3D.
⑥ Levenberg A，Simpson E，Roberts S，et al. Economic Prediction using heterogeneous data streams from the World Wide Web [C] //Scalable Decision Making：Uncertainty，Imperfection，Deliberation（SCALE），Proceedings of ECML/PKDD Workshop. 2013.
⑦ Sobolevsky S，Massaro E，Bojic I，et al. Predicting regional economic indices using big data of individual bank card transactions [C] //2017 IEEE International Conference on Big Data（Big Data）. IEEE，2017：1313 - 1318.
⑧ 俞立平. 大数据经济学的概念、框架与学科定位研究 [J]. 统计与信息论坛，2015，30（06）：3 - 7.

二 改进传统预测模型

清华大学刘涛雄、徐晓飞①曾提出利用大数据优化改进传统统计预测模型的"两步法",是这方面非常有代表性的理论方法。其基本步骤:首先,仅使用政府统计信息选择初步最优预测模型;其次,将互联网搜索行为加入选择的模型中,最终确定最优模型。Götz、Knetsch②利用 Google 网络搜索数据结合偏最小二乘法、LASSO 方法等选择指标加入传统的桥梁方程模型(Bridge Equation Models)预测德国的 GDP。Kholodilin 等③通过主成分分析法(PCA)来对 Google Insights 进行降维后整合进基于统计数据的美国私人消费增长率预测模型,发现可以提高 20% 的预测准确率。Amuri、Marcucci④使用互联网求职指标(谷歌指数 GI)扩展传统失业率预测模型,发现大多数州级预测在与专业预测者调查的比较中均有更好的表现。Artola 等⑤通过增加相关 Google 搜索指数优化改进传统的 ARIMA 模型,发现其短期针对德国、英国和法国去西班牙旅游人数的预测精度提高了 42%。许伟⑥通过结合 Google 搜索数据和网络新闻情感,构建了基于网络情感和搜索行为的数据挖掘集成模型,在其中加入房地产价格指数时间序列的滞后项,利用支持向量回归 SVR 模型,实现了对房地产价格指数的更好预测。

三 构建新的大数据预测模型

大数据在发现海量经济变量间关联关系和关联模式方面具有传统统计数

① 刘涛雄,徐晓飞. 互联网搜索行为能帮助我们预测宏观经济吗?[J]. 经济研究,2015,50(12):68-83.
② Götz T B, Knetsch T A. Google data in bridge equation models for German GDP [J]. International Journal of Forecasting, 2019, 35 (1):45-66.
③ Kholodilin K A, Podstawski M, Siliverstovs B, et al. Google searches as a means of improving the nowcasts of key macroeconomic variables [J]. 2009.
④ D'Amuri F, Marcucci J. "Google it!" Forecasting the US unemployment rate with a Google job search index [R]. Nota di Lavoro, 2010.
⑤ Artola C, Pinto F, de Pedraza García P. Can internet searches forecast tourism inflows? [J]. International Journal of Manpower, 2015, 36 (1):103-116.
⑥ 许伟. 基于网络大数据的社会经济监测预警研究 [M]. 北京:科学出版社,2016.

据所无法比拟的优势。利用大数据的这一特性，很多研究者开始积极探索通过相关性分析挖掘建立经济变量间的联系，从而形成全新的经济学预测模型[1]。在这方面被大量应用的是被统称为复杂性方法或非线性方法的复杂网络、非线性迭代、混沌分析等一系列方法。布莱恩·阿瑟详细探讨了资本市场中"泡沫和崩溃"、集群波动（clusted volatility）和突然渗透（sudden percolation）等三种非均衡现象的复杂性建模预测方法[2]。王国成[3]指出，通过利用大数据方法，对个体的冲动行为、情绪因子、羊群行为和不同主体对政策信息响应的不对称等有限理性或"非"理性行为进行分析，能够更合理地解释和预见股市诸多异象的微观成因、影响方式、演变路径及走势。此外，Hidalgo、Hausmann[4]和Bustos等[5]提出解释经济增长和发展的新观点，发现所构建的"国家－产品"两部分网络的结构特征可以定量刻画国家经济的复杂性；经济复杂性与国家的收入水平相关，甚至可以用来预测国家未来的经济发展水平。高见[6]基于企业注册信息数据分析和定量刻画了中国区域经济复杂性，结果发现经济复杂性与人均GDP有很强的正相关。Cristelli[7]提出了一种数据驱动的非线性方法来预测国家经济发展趋势。Tacchella等[8]提出了一种基于"国家－产品"矩阵的非线性迭代算法，同时

---

① 李华杰，史丹，马丽梅. 基于大数据方法的经济研究：前沿进展与研究综述［J］. 经济学家，2018（06）：96－104.

② 布莱恩·阿瑟. 复杂经济学：经济思想的新框架［M］. 杭州：浙江人民出版社，2018.

③ 王国成. 行为大数据与计算实验——探索经济研究新方法［J］. 天津社会科学，2016（03）：86－92.

④ Hidalgo C A，Hausmann R. The building blocks of economic complexity［J］. Proceedings of the national academy of sciences，2009，106（26）：10570－10575.

⑤ Bustos S，Gomez C，Hausmann R，et al. The dynamics of nestedness predicts the evolution of industrial ecosystems［J］. PloS one，2012，7（11）：e49393.

⑥ GAO Jian. Modeling local economy complexity［EB/OL］.（2015－11－18）. http：// gaocn. net/project. html #complexity.

⑦ Cristelli M，Tacchella A，Pietronero L. The heterogeneous dynamics of economic complexity［J］. PloS one，2015，10（2）：e0117174.

⑧ Tacchella A，Cristelli M，Caldarelli G，et al. A new metrics for countries' fitness and products' complexity［J］. Scientific reports，2012，2（1）：1－7.

刻画国家发展潜力和产品复杂性，所得结果比前人研究[1]能更好地解释不同国家的经济竞争力。

第五节　讨论：四点启示

过去十余年来，运用大数据手段对宏观经济监测预测开展实证分析，已经成为相关研究领域的热点话题。关于大数据在经济学中的应用前景，在经济学领域尚存在诸多争论。激进者认为，过去数百年来，受技术手段所限，包括经济学在内的社会科学只能基于随机采样方法归集统计数据，这"本身存在许多固有的缺陷"[2]。而海量非干预数据的开放和使用会对经济学研究产生深刻影响[3]，甚至"会从根本上改变我们理解世界的方式。很多旧有的习惯将被颠覆，很多旧有的制度将面临挑战"[4]。观望者则认为，大数据方法更多地体现在方法创新上，与传统经济学研究方法是互为补充和相互促进的关系，而非替代关系，大数据指数可以为传统统计调查提供佐证和补充[5]。更有研究者指出，当前大数据在技术手段和理论范式方面尚存在诸多局限[6]。结合对这些研究的回顾与梳理，笔者认为，研究大数据时代的经济学范式转变和实践路径时，应当注意以下四点基本原则。

一　理性看待大数据在宏观经济分析中的应用

大数据作为一种新兴的技术手段，其所具有的及时性、精准性、客观性

---

[1] Hidalgo C A, Hausmann R. The building blocks of economic complexity [J]. Proceedings of the national academy of sciences, 2009, 106 (26): 10570-10575.

[2] 维克托·迈尔-舍恩伯格，肯尼思·库克耶. 大数据时代：生活、工作与思维的大变革 [M]. 人力资源管理，2013 (03): 176-176.

[3] Mokyr J. Intellectuals and the rise of the modern economy [J]. Science, 2015, 349 (6244): 141-142.

[4] 陈争平. 大数据时代与经济史计量研究 [J]. 社会科学文摘，2017 (02): 30-32.

[5] 黄燕芬，张超. 大数据情绪指数与经济学研究：现状、问题与展望 [J]. 教学与研究，2018 (05): 40-50.

[6] 汪毅霖. 大数据预测与大数据时代的经济学预测 [J]. 学术界，2016 (11): 77-90+325.

等特点，使得人们可以构建面向个体、企业、事件、商品等微观主体的数据模型，并运用离散数学和计算数学的方法进行中观层面的模式识别和规律总结，从而为宏观层面的决策提供依据，这对经济学发展意义十分重大。正如Attewell 等人所指出的[①]，以人的行为为基点，探讨深化经济研究与大数据及类似概念之间的内在关联，具有历史使然的规律性。但在看到大数据应用于宏观经济监测预测领域的诸多潜在优势的同时，也要承认，大数据并不是万能的，其由于技术手段和理论范式方面的诸多局限，也存在很多不足之处。正如汪毅霖所指出的："公平地说，传统经济学预测的准确性并没有人们印象中的那么差，大数据预测的效果也没有人们希望的那样好。"具体来说，大数据在宏观经济分析中的应用目前尚存在以下问题。

一是大数据分析中经常会遇到的所谓"维数灾难"问题。在宏观经济模型中，由于大数据价值密度低的问题，往往需要通过大数据挖掘技术，获得足够多的数据信息，这包括多维度上的数据信息，因而解释变量会大大增加，因此研究中会出现高维数据问题，即因可得信息过多，往往会出现和被解释变量相关的解释变量数量过多，产生所谓的"维数灾难"[②]。

二是大数据分析中大量应用的语义理解等新技术的不可靠性问题。宏观经济预测分析，离不开对大量非结构化数据，比如自媒体评论、新闻文本、政策文件、图像、视频等的处理。在处理这些信息时，大量所应用的技术发展还处在初级阶段，存在很多问题。比如在中文论坛中大量使用的网民口语化语言，对这些语言进行情绪分析、观点抽取、命名主体识别等自然语言处理时，其准确性往往会很低，难以像统计数据那样形成权威结论。

三是数据处理过程的主观倾向性问题。从方法论上说，大数据分析属于归纳性研究的范畴。本质而言，任何经验调查都依靠同一性、连续性和可测

① Attewell P, Monaghan D, Kwong D. Data mining for the social sciences: An introduction [M]. University of California Press, 2015.

② 张涛，刘宽斌. "大数据"在宏观经济预测分析中的应用 [J]. 社会科学文摘，2018 (08): 47－49.

性的假设。这些假设不可能自己从经验数据中得出①，大数据分析同样不可能完全从数据出发，而必然包含一定的先验主观性。汪毅霖指出，大数据分析主张让数据自己发声，但大数据预测的程序中的两个关键节点——确定关键词和计算相关性——都具有很强的主观性。于是，大数据预测不仅要克服数据误差或者说数据的不确定性，也需要解决模型设定的不确定性②。举例来说，当为了考察国外股票市场的情况而搜索"Bull"和"Bear"两个单词时，Google 将会给我们反馈大量关于两种动物的信息③。因此如果不对关键词依靠专家经验进行筛选判断，那么最终结果中会包含大量数据噪声。而既然在关键词和算法两个环节都具有经验数据之外的先验属性，我们就需要质疑某些大数据专家提出的可以不要理论的观点——关键词和算法模型的选择就是未来需要解决的重大理论问题。

四是分析结果的不可解释性问题。由于大数据经济模型维数很高，且变量之间可能存在相关性，在对数据进行降维的过程中，会损失大量有效信息，从而使得最终分析结果只具有概率论意义，而很难从经济学理论上加以解释④，也就更难以利用传统的计量模型来加以处理了⑤。另外，很多大数据指标反映的是最终经济学现象，由于市场上发生的一切变化都可能对经济主体情绪和行为产生影响，而这些主体的变化又会反过来导致市场变化，因此很多大数据指标在解释某些经济现象时很难将其他变量的影响剥离开来⑥。

① 杰弗里·M. 霍奇逊. 经济学是如何忘记历史的：社会科学中的历史特性问题 [M]. 北京：中国人民大学出版社，2008：11.

② 汪毅霖. 大数据预测与大数据时代的经济学预测 [J]. 学术界，2016 (11)：77 – 90 + 325.

③ Mao H, Counts S, Bollen J. Quantifying the effects of online bullishness on international financial markets [R]. ECB Statistics Paper, 2015.

④ 李华杰，史丹，马丽梅. 基于大数据方法的经济研究：前沿进展与研究综述 [J]. 经济学家，2018 (06)：96 – 104.

⑤ 张涛，刘宽斌. "大数据"在宏观经济预测分析中的应用 [J]. 社会科学文摘，2018 (08)：47 – 49.

⑥ 黄燕芬，张超. 大数据情绪指数与经济学研究：现状、问题与展望 [J]. 教学与研究，2018 (05)：40 – 50.

五是数据噪声问题。噪声数据是指获取的对研究目的没有价值的信息。在某种程度上说，大数据的大容量是一把"双刃剑"，数据体量大虽克服了抽样误差，但其中难免包含大量噪声。由于现阶段大量大数据分析需要依靠自然语言处理、语言识别、图像识别等方法进行分析，中文的语义分析和情感分析相对于英文更加困难，以目前的技术手段，在数据清洗过程中很难将噪声完全消除，这难免会对大数据宏观经济分析的准确程度产生负面影响。比如，国家发展改革委大数据中心曾组织围绕"大众创业、万众创新"（简称"双创"）对全国各省份舆论数据进行大数据分析①，发现某省舆论声量非常大。进一步分析才发现，该省当年在大规模推动创建全国文明城市和国家卫生城市活动（同样也简称"双创"）；在国家层面分析筛选关键词时，由于分析师没有发现这一问题，最终分析结果中就把大量该省媒体和网民讨论的与"大众创业、万众创新"无关的信息也包含进来。

六是大数据分析往往存在难以复制和重复验证的问题。与传统统计数据不同，在互联网时代，经济主体的每一个行为都能够转化为数据被记录下来，因此数据每天都在不断产生和累积，特别是网络数据，几乎是时时更新。这种数据的时效性一方面使得大数据分析方法和分析指数克服了传统方法的时滞性缺陷，但同时也使基于此构建的大数据指数难以复制。这在一定程度上影响了宏观经济大数据分析的方法与理论被主流经济学界广泛认同。

在这种情况下，过度强调大数据的优势，甚至抛弃原有经济学理论框架而单纯依靠数据分析进行宏观经济分析研判，也会存在很大隐患。在此，笔者还是想引用冯·诺伊曼、摩根斯坦在《博弈论与经济行为》中所阐述的另一个观点："用精确的方法处理根本就不明晰的概念和问题是毫无意义的。因此，要想用精确的方法处理经济问题，第一步是通过更细致的描述工作澄清人们对事物的认识。"因此，"在经济学的某些分支里，最有成效的

---

① 王建冬，童楠楠，易成岐. 大数据时代公共政策评估的变革：理论、方法与实践［M］. 北京：社会科学文献出版社，2019：120－138.

工作也许是耐心的解释描述；事实上，在目前和今后一段时间内，这种工作将占经济学研究的绝大部分。"①

二 从经济学史的角度思考继承和超越传统经济学理论框架

从目前的研究成果来看，学者们更倾向于将大数据纳入现有的宏观经济分析框架之中，将基于大数据的各种新型指标作为传统统计指标的完善或补充，并将其纳入传统的宏观经济预测模型。然而，笔者认为，要想在大数据时代实现经济学理论自身"决定性的转折"，仅仅将宏观经济大数据分析作为传统经济学理论框架的补充是远远不够的。从历史视角看，过去数百年间，经济学理论一直沿着均衡范式和演化范式两条路径前进。前者遵循社会物理学范式，试图把经济学建成类似于经典物理一样精密的科学体系，在数据分析方面，形成了一整套基于经济统计的计量经济学体系，并将当前的大数据非传统指标作为统计指标的有效补充，试图对现有的经济学均衡框架进行修补和完善；后者遵循社会生物学范式，则将经济社会系统视为一个动态演化的生态系统，在数据建模分析方面，则将复杂性科学、演化博弈论等现代数学方法和建模工具引入经济分析之中，这一路径下的经济学家同样试图将各种反映经济社会运行细节的大数据引入模型之中，试图提高对宏观经济走向的预测预警能力。

上述两种路径的研究方法尽管视角不同，但相比历史上任何一个时期而言，其所基于的微观数据基础却前所未有地实现了统一。从这个意义上说，经济学经过数百年的理论发展，沿着"均衡－物理学范式"和"演化－生物学范式"两条路径的研究方法体系面临在大数据时代实现"殊途同归"的可能性。从我们的综述也可以看到，很多原本从属于新古典经济学流派的经济学家也开始尝试运用演化经济学中的主体建模（ABM）②、复杂网络③、

---

① 冯·诺伊曼，摩根斯坦. 博弈论与经济行为 [M]. 北京：北京大学出版社，2018.
② 布莱恩·阿瑟. 复杂经济学：经济思想的新框架 [M]. 杭州：浙江人民出版社，2018.
③ Bustos S, Gomez C, Hausmann R, et al. The dynamics of nestedness predicts the evolution of industrial ecosystems [J]. PloS one, 2012, 7 (11): e49393.

非线性迭代①等方法来分析宏观经济走势，尽管这类研究目前尚不多见，但这种学科共同体间相互融合的态势却已经初见端倪了。

当前，在理论层面，应当在继承和超越传统经济学理论框架的基础上，认真思考大数据在融合均衡与演化这两大经济学研究进路的基础上，构建宏观经济大数据分析的特有理论框架。这就要求我们要坚持历史思维，从经济学乃至整个社会科学大的学科发展脉络上思考大数据经济学的历史定位问题。汪丁丁②曾指出，当前西方社会科学思想正从牛顿的机械论模式向达尔文的演化论模式实现整体迁移。在这一背景下，近几十年来在物理学、数学、地质学、化学等大量学科中，都存在一种学科视角的转变：从将世界视为高度有序的、机械的、可预见的、在某种程度上静态的，转变为将世界视为不断进化的、有机的、不可预测的、处于永远发展中的。虽然现在经济学相比其他学科稍微有点落在后面了，但是它终究是要追随时代精神的③。因此，从大的学科脉络上看，当前大数据在经济学中的大量应用，是这种学科范式大转变的具体体现。一个有意思的佐证，是近年来开展宏观经济大数据监测预测的学者中，大量来自交叉学科领域，如生物学、物理学、计算机科学、人工智能等领域。

从这个意义上说，宏观经济大数据监测预测研究，实际上是始于熊彼特、凡勃伦、哈耶克、沙克尔等经济学大师对经济学中诸如创新、中断、颠覆、在真正意义上的不确定性情况下的决策等问题的讨论在新的技术背景和时代背景下的延续与深化。如布莱恩·阿瑟所说，这种强调非均衡性和复杂性的观点，在经济学中其实已经有很长的历史了，它们并不是经济学中的新问题。所不同的只不过是，我们现在可以更加严格地对这些主题进行研究。我们拥有了更多、更强大的工具，包括更复杂的概率理论，我们还可以在严

---

① Tacchella A, Cristelli M, Caldarelli G, et al. A new metrics for countries' fitness and products' complexity [J]. Scientific reports, 2012, 2 (1): 1 - 7.

② 汪丁丁. 理解 "涌现秩序"（推荐序一）//布莱恩·阿瑟. 复杂经济学：经济思想的新框架 [M]. 杭州：浙江人民出版社, 2018.

③ 布莱恩·阿瑟访谈录（中文版序）//布莱恩·阿瑟. 复杂经济学：经济思想的新框架 [M]. 杭州：浙江人民出版社, 2018.

格的控制下进行计算机实验。因此，在继续探讨宏观经济大数据分析这一话题时，有必要首先从近代以来经济学大的学科发展脉络入手，对近代以来经济学研究中的数据传统的产生和演化进行一个系统回顾，为我们在理论层面研究大数据经济学的基本框架设定一个历史锚点。

三　从科技哲学的高度重新思考大数据经济学的方法论问题

英国哲学家怀特海曾指出，如果科学不愿退化成一堆杂乱无章的特殊假说的话，就必须以哲学为基础，对自身的基础进行彻底的批判①。在科学革命或经济学范式的重大变革时期，哲学总是起到关键性的先导作用。面向未来，应当坚持哲学视角，从哲学的角度思考和界定宏观经济大数据分析的本体论、认识论和方法论问题。

过去十几年间，特别是 2008 年金融危机以来，主流经济学正在面临前所未有的理论挑战。2009 年，《经济学人》（*The Economist*）杂志的一篇文章严厉地指出，华尔街绝不是金融危机的唯一受害者，标准的新古典经济学也是，它已经随着金融的崩溃而崩溃了。布莱恩·阿瑟曾尖锐地批判道："主流经济学的研究纲领，至少它的超理性版本，已经失败了。如果进行波普尔式（Popperian）的证伪检验，那么 2008 年的金融崩溃及随后几年世界经济的表现，已经不容置疑地证伪了这个研究纲领。没有人敢说，市场之所以在很短的时间内失去了一半的价值，是因为那些公司突然失去了一半的有用性，但公司一如既往还是那些公司。也没有人敢说，欧洲一些经济体的失业率高达 20%，而且仍在上升，是因为劳动者的偏好突然完全改变了，因为人们仍然像以前一样想得到工作。"② 究其原因，则是主流经济学理论模型与现实的脱节性问题，正如中国人民大学高德步教授曾批判指出的③："小阿尔费雷德·马拉伯通过战后颇具影响的经济学家及其活动的研究，对上述问题作出了一个比较客观的评价。他指出：有不少经济学理论是在大学

---

① 　A. N. 怀特海. 科学与近代世界［M］. 北京：商务印书馆，1959.

② 　布莱恩·阿瑟. 复杂经济学：经济思想的新框架［M］. 杭州：浙江人民出版社，2018.

③ 　何新. 反主流经济学［M］. 沈阳：万卷出版公司，2013：263.

的象牙塔里构思出来的，这样的理论和建议，经常与经济的现实不符，当然不能奏效。现实经济不可能简单地用几条'抛物线'就能客观描述。这种观点真可谓切中经济学的时弊。这些年来，经济学的发展，越来越'学术化'，经过精密的数学运算和精心的雕琢，真的成了象牙塔中的'精品'，遗憾的是许多'精品'中看不中用。"

出现这种情况的原因很多，从方法论层面，长期以来，社会科学受技术方法的局限性影响，而只能依靠样本统计方法获取数据，导致其解释力和预见性受到根本性限制。19 世纪以来，当面临针对大范围、复杂多变问题的研究时，社会科学一直缺乏有效的技术手段，只能依赖于采样分析。这在一定程度上实际上是一种方法论的落后性，但社会科学据此发展出了一套完整的方法理论体系，并且被一代又一代的社会科学研究者所接受和习惯，甚至被视为"理所当然的限制"。哈耶克曾总结过所谓全量数据获取的"不可能定理"，他指出："尽管我们拥有关于人类理智运行原理的知识，但主要事实依然是，我们不可能对导致个人在特定时间做了一件特定的事情之全部具体事实加以说明……以为我们可以掌握全部数据是'荒谬的'。"[①] 建构于此的社会科学，不可避免地存在方法论层面的先天不足。正如维克托·迈尔－舍恩伯格指出的，社会科学经典的随机采样方法固然取得了很大的成功，但"这只是一条捷径，是在不可收集和分析全部数据的情况下的选择，它本身存在许多固有的缺陷"。[②]

随着大数据时代的加速到来，万物互联化的大趋势越来越明显。相对乐观者认为，人们将越来越有可能构建出一个可以完全匹配或对应现实世界的数字"孪生"世界。徐晋将这种新场景归纳为"有限的绝对理性"的数据表达，或者说"数据理性"，是指在现代经济背景下，个人理性决策依赖于数据技术，并且个人理性可以通过数据进行模拟与表达。从未来视角看，大

---

① 弗里德里希·冯·哈耶克. 哈耶克文选：哈耶克论文演讲集 [M]. 南京：江苏人民出版社，2000：450 - 452.

② 维克托·迈尔－舍恩伯格，肯尼思·库克耶. 大数据时代：生活、工作与思维的大变革 [M]. 杭州：浙江人民出版社，2013：2.

数据时代的全量数据获取成为现实，将对包括经济学在内的社会科学研究方法产生深远影响，有学者将其视为经济学研究范式的一场革命，将彻底改变传统的统计学和计量经济学方法，推动经济学研究进入数据驱动范式时代①。还有学者进一步指出，在大数据时代，经济学不同流派所坚持的结论会得到更好的证实或证伪，最终经济学会越来越趋于形成一个统一的流派——数据经济学流派②。激进者如克里斯·安德森（Chris Anderson）甚至提出"理论的终结"的口号，断言"数据的泛滥导致科学方法论失效了"。③

当然，当前阶段大数据发展尚存在诸多技术瓶颈，过度强调大数据对于社会科学的颠覆性改变并无意义。但从科学哲学和学科范式转变的角度，大数据经济学相比主流经济学而言，在学科研究视角和方法论层面有着巨大差异。这些差异在相关学者的研究中也被零散地提及，比如不关注因果逻辑，而关注相关概率；不采用假设验证的统计思维，而是更加重视对异常点、突变点和孤立点的分析；不仅仅关注经济总体体量规模变化，而是更加关心细分领域的结构性变化；等等。未来，确实应当从哲学层面重新思考大数据经济学的本体论、认识论和方法论体系构建问题，从而为实践提供比较完善的理论指引，这也是本书接下来拟重点研究和解决的问题。

四　在实践意义层面着重思考宏微观一体化的方法体系构建

21 世纪首次诺贝尔经济学奖得主斯蒂格利茨教授曾经发表过一篇题为《经济学的又一个世纪》的文章，在文章中他谈道：20 世纪的经济学患了"精神分裂症"——微观经济学和宏观经济学的脱节，这种脱节即表现为研究方法上的难以沟通，又反映出二者在意识形态上的分歧和对立。据此他认为，21 世纪经济学的发展目标应当包括两方面，一是为宏观经济学寻找微

---

① 徐晋. 大数据经济学 ［M］. 上海：上海交通大学出版社，2014：96.
② 宋圭武. 大数据时代背景下的经济学 ［J］. 发展，2014（07）：5.
③ Anderson C. The end of theory: The data deluge makes the scientific method obsolete ［J］. Wired magazine, 2008, 16（7）：16 - 07.

观基础，二是微观经济学应当从微观个体的行为推演出总量的含义。出现这种问题的根本原因在于，人类社会系统是典型的复杂系统，表现在社会成员之间存在差异和非线性的互动关系。个体行为不是独立的，而是相互影响的，社会在整体层面上"涌现"出的行为和目标与社会成员自身行为或目标不同。简单的线性加总不适用于分析和解释这样的社会系统，需要一种可以处理非线性关系的研究方法①。

而大数据对于经济学理论而言的一个重要价值，就在于其有可能在技术层面真正实现宏观数据微观化和微观数据宏观化。在大数据背景下，经济学研究方法要想实现宏微观一体化的目标，有赖于三个方面的变革。

一是数据采集方法的变革。在大数据时代，通过运用各种高性能并发式数据采集分析技术，人们可以很方便地归集经济社会运行各方面的全样本数据，动辄形成几亿甚至几十亿的分析数据集，从而使人们有可能采用一种完全不同的方法开展趋势分析和政策评估推演。

二是建模方法的变革。过去，在受限于样本统计数据的背景下，社会科学领域主要的分析量化方法是统计分析，或者说是基于方程的建模方法；近年来，基于"人工适应主体"（artificial adaptive agents）的建模方法②或者叫作"基于主体建模"（Agent-based Modeling，ABM）的方法③越来越受到研究者的关注。2009 年诺贝尔奖得主、政治学家埃莉诺·奥斯特罗姆教授在 2006 年曾专门著文讨论该方法④，并与其他研究者合作建立了一个基于主体建模的关于公共池塘的分析模型⑤。基于主体建模是一种基于计算机的

---

① 黄璜. 社会科学研究中"基于主体建模"方法评述［J］. 国外社会科学，2010（05）：40 – 47.

② Holland J H，Miller J H. Artificial adaptive agents in economic theory［J］. The American economic review，1991，81（2）：365 – 370.

③ 布莱恩·阿瑟. 复杂经济学：经济思想的新框架［M］. 杭州：浙江人民出版社，2018.

④ Janssen M A，Ostrom E. Empirically based，agent-based models［J］. Ecology and society，2006（2）：11.

⑤ Janssen M A，Ostrom E. Adoption of a new regulation for the governance of common-pool resources by a heterogeneous population［J］. Inequality，Cooperation，and Environmental Sustainability，2006：60 – 96.

建模方法。它通过计算机模拟出一个虚拟的人类社会，并通过设置各种社会变量为社会过程建模，从而提供了一种解释社会科学问题的动态分析途径[1]。

三是数学方法的发展。近几十年来，数学方法上最大的变革源自计算和计算机科学的崛起。格里高利·蔡廷（Gregory Chaitin）曾经指出，数学正在从连续的公式、微分方程、静态的结果转向离散的公式、组合推理及算法思维。他说："计算机不仅是一种极其有用的技术，还是一种具有革命性意义的新数学，它带来了深刻的哲学后果，它揭开了一个新世界的面纱。"这对于经济学研究而言意义重大，人们可以基于采集的海量数据，在构建个体、企业、事件、商品等主体模型的基础上，运用离散数学和计算数学的方法进行模式识别和规律总结。正如汪丁丁指出的：凡是可预期的行为，必定遵循某些行为模式（pattern）。现代数学的核心问题是模式识别（pattern recognition）问题——数学不再是关于数字的学问，那是古代的定义；数学也不是关于微积分的学问，它也不是关于抽象代数或拓扑或人们指出的任何数学分支的学问；数学是模式识别的学问，所以数学主要是一种直觉[2]。

与上述三个层面变革相对应，近年来国内外经济学界出现了诸如计算经济学（Agent-based Computational Economics，ACE）[3]、复杂经济学[4]等新提法，从本质上讲，这些提法与大数据经济学在理论和方法层面均是相通的。落地到政策层面而言，大数据经济学也好，复杂经济学或计算经济学也罢，都是为了规避传统主流经济学针对同质的理性主体开展建模分析后的政策偏差和滞后性问题，毕竟现实中宏观调控政策能否收到预期效果，不仅取决于市场基本运行状况和相关数据，更重要的决定性因素是微观主体行为的本质

---

① 黄璜. 社会科学研究中"基于主体建模"方法评述［J］. 国外社会科学，2010（05）：40–47.
② 汪丁丁. 行为经济学讲义：演化论的视角［M］. 上海：上海人民出版社，2011：230.
③ Tesfatsion L. Agent-based computational economics：Growing economies from the bottom up［J］. Artificial life，2002，8（1）：55–82.
④ 布莱恩·阿瑟. 复杂经济学：经济思想的新框架［M］. 杭州：浙江人民出版社，2018.

特点及响应方式①。本书的研究落脚点，就是要探讨在方法论层面，如何进一步发挥大数据在宏微观一体化分析方面的技术优势，构建更加科学、完善的宏观经济分析研判方法体系，探索将宏观经济调控与微观经济运行有机地连接起来的实现路径②。

---

① 王国成．行为大数据与计算实验——探索经济研究新方法［J］．天津社会科学，2016（03）：86 - 92．
② 蔡永鸿，唐斯琪，于娟．大数据时代宏观经济与微观企业的行为联接［J］．中国市场，2015（08）：88 - 89．赵怡君．大数据时代宏观经济与微观企业的行为联接探讨［J］．全国流通经济，2018（08）：75 - 76．

第四章
经济学史中的经济数据分析范式演进

　　大数据虽然是新鲜事物，但经济学对于数据问题的关注从配第时代就开始了①，至今已经持续数百年之久。迄今为止关于经济学中应用大数据的种种争论，在经济学理论发展的历史上都能找到踪影。20 世纪 20 年代，马歇尔在批评德国历史主义所谓"数量理性"（Quantitative Rationality）② 思维时，就曾评论道："有些理论家宣称要让事实和数字自圆其说，而他们却站在幕后（或许是无意识的）对它们进行选择和分类，提出自己的论点。这些人士是所有理论家中最鲁莽和最阴险的。"③ 这种批评观点与今天一些经济学家将激进的大数据经济预测观斥为"科学哲学史上曾屡遭批判的归纳法的再次还魂"④ 何其相似！从这个意义上说，笔者认为，思考大数据对于经济学研究范式的影响，应当坚持历史思维，从经济学乃至整个社会科学大的学科发展脉络上思考大数据经济学的历史定位问题。当前，大数据与经济学研究相结合的成果层出不穷，但鲜有站在整个学科发展史的角度梳理大数据与经济学数据分析传统和分析范式之间关系的研究。本章拟从近代以来经济学的学科发展脉络入手，对近代以来经济学研究中的数据传统的产生和演化进行一个系统回顾，为后续在理论和方法层面构建宏观经济大数据分析的基本框架设定一个历史锚点。

① 斯坦利・L. 布鲁，等. 经济思想史：第 7 版［M］. 北京：北京大学出版社，2008：22 – 23.

② 杰弗里・M. 霍奇逊. 经济学是如何忘记历史的：社会科学中的历史特性问题［M］. 北京：中国人民大学出版社，2008：180.

③ Marshall A. The present position of economics, an inaugural lecture［M］. Macmillan, 1885.

④ 汪毅霖. 大数据预测与大数据时代的经济学预测［J］. 学术界，2016（11）：77 – 90 + 325.

第一节 "经济物理学"导向下的经济数据分析方法论演进

回顾过去几百年的发展历程，经济学研究对于数据的关注大致可以划分为两大类导向，并分别对应于"经济物理学"和"经济生物学"两个完全不同的社会经济本体论隐喻。其中，前者也被称为"均衡范式"，主要受经典物理学启发，试图把经济学建成类似于经典物理一样精密的科学体系，从古典经济学到"边际革命"，再到新古典经济学、货币主义、凯恩斯主义等，现代主流经济学基本上遵循这一研究方式。后者也被称为"演化范式"，主要受生物学启发，认为经济系统和生物系统一样是一个动态演化系统，关注经济过程的动态性、整体性、有机性问题，美国老制度学派、新熊彼特学派、法国调节学派、后凯恩斯学派和新奥地利学派等可以不同程度地归入演化范式。

在现代科学研究中，一般将"归纳（发现经验事实）—演绎（建立模型）—验证（假设检验）"作为理论建构的一个完整闭环[1]，其实际上也是认识和探究一个复杂事物的基本步骤。英国历史学家阿诺德·汤因比认为，真正科学的研究方法应当是"用演绎来检验他们的假设，并且用事实来验证他们的结论"[2]，实际上就是探讨归纳、演绎、验证三者的逻辑关系。所谓归纳，就是从大量事实和数据出发分析提炼出可以解释事实的假说和理论；所谓演绎，就是从假说出发，从逻辑上推理出新的假说；所谓验证，就是把假说和理论用在实践中去检验，如穆勒所言，"经济学家从其演绎模型中得出的结论，应当通过与事实的比较予以检验"[3]。与之相对应的，无论是物理学导向还是生物学导向，经济学家对于经济社会运行这样一个复杂问

---

① 马国旺. 马克思主义经济学方法论与批判实在论经济学方法论比较研究［M］. 北京：经济科学出版社，2013：120.

② Toynbee A. Lectures on the Industrial Revolution in England: Popular addresses, notes and other fragments［M］. Rivingtons, 1887.

③ 约翰·斯图亚特·穆勒. 政治经济学原理——及其在社会哲学上的若干应用［M］. 北京：商务印书馆，1991.

题的研究经过了数百年的演进，从认识论上归纳，其基本也可以大致划分为归纳、演绎、验证三个阶段。

本小节主要探讨"经济物理学"导向下，主流经济学中数据分析范式的三个演化阶段。

一 归纳阶段：前古典和古典时期的经济数据分析探索

一般认为，经济数据分析可以追溯到 17～18 世纪英国重商主义的代表学者威廉·配第和法国重农主义学派的代表人物弗朗索瓦·魁奈。威廉·配第被视为经济学中数据统计方法的先驱[1]。在 1690 年发表的《政治算术》序言中，他写道："与只使用比较级或最高级的词语以及理性的论证相反，我采用了这样的方法……用数字、重量和尺度来表达自己想说的问题，只进行诉诸人们感觉的议论，借以考察在自然中有可见根据的原因。"[2] 这种开创性见解与两百年后的计量经济学在思想方法上一脉相承，是经济学现代思想的基石[3]。弗朗索瓦·魁奈在经济量化分析方面的代表作是 1758 年发表的《经济表》，其被认为是 20 世纪 30 年代提出的投入产出表的理论先驱，它较为直观地展现了经济体不同部门之间的货币收入流以及净产品在经济体中的创造与每年的循环，从而证明了经济体不同部门相互依赖的存在。应当指出，前古典时期的经济数据分析思想和方法体系还远不成熟，更多的还是一种"经验数量方法"[4]。配第的许多计算并不精确，而且很多计算是基于弱假设的。例如，因为 1664 年从英国出口的牛、羊、牛油和牛肉的数量比 1661 年多了 1/3，配第就推断出，英国 1664 年的人口比 1661 年多了 1/3。这种方法显然"很原始，几乎令人难以置信"。

1750 年前后，法国经济学界兴起了被后世称为重农主义的经济学新理

① 斯坦利·L. 布鲁，等. 经济思想史：第 7 版 [M]. 北京：北京大学出版社，2008：22 - 23.

② Petty. "Political Arithmetic, in Economic Writings 1：244.

③ 哈里·兰德雷斯，大卫·C. 柯南德尔. 经济思想史：第四版 [M]. 北京：人民邮电出版社，2011：55.

④ 任瑞敏. 经济学数学化的演进与批判 [M]. 上海：上海人民出版社，2016：46 - 54.

论流派，其公认的精神领袖——弗朗索瓦·魁奈同样在经济学量化分析方面
进行了非常有意义的探索。魁奈的代表性成就集中体现在 1758 年发表的
《经济表》（见图 4－1）中。从某种意义上说，《经济表》可以被视作是诺
贝尔奖获得者瓦西里·列昂惕夫（Wassily Leontief）在 20 世纪 30 年代提出
的投入产出表的理论先驱。它较为直观地展现了经济体不同部门之间的货币
收入流以及净产品在经济体中的创造与每年的循环，从而证明了经济体不同
部门相互依赖的存在①。

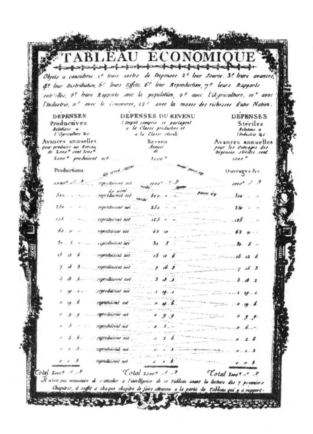

图 4－1　魁奈的《经济表》

---

① 斯坦利·L. 布鲁，等. 经济思想史：第 7 版［M］. 北京：北京大学出版社，2008：40－41.

一般而言，经济学的古典时期源自 1776 年亚当·斯密的《国富论》发表，代表经济学家包括大卫·李嘉图、卡尔·马克思、约翰·斯图亚特·穆勒、托马斯·罗伯特·马尔萨斯等人。作为古典经济学的滥觞之作，亚当·斯密在《国富论》中并没有像后世主流经济学家那样大量使用量化分析手段，而是采用了一种理论分析与历史描述相结合的方法。哈里·兰德雷斯曾评论道，斯密的"理论模型缺少优雅与严密，但是，他对经济体中的相互关系和经济体运转的描述，以及他将历史实例组合进行分析的能力，是无可比拟的"①。总体而言，前古典和古典时期经济学界对于量化分析手段的尝试较为谨慎，对于经济学能否像自然科学那样成为一门实证科学也持怀疑态度②。出现这一现象的客观原因，是当时数据采集手段的局限。萨伊曾经描述过统计数据在当时研究中的困境："研究者虽费尽心机搜集正确详尽的材料，但他们往往遇到不可克服的困难，例如不得不使用不正确的记载，又如个别政府甚至个别人士对他们不断的猜忌、恶意与冷淡。"③ 总之，"斯密对政治算术的反对，以及获取相当精确数据的难题，使量化运动延迟了将近一百年"。④

二　演绎阶段：边际主义革命与"李嘉图恶习"

斯密之后，大卫·李嘉图（David Ricardo）将经济学的数学形式化方法大大向前推进了一步，使得古典经济学的数据分析范式开始进入演绎阶段。李嘉图认为，经济政策分析应当建立在对政策变量之间因果关系的理论化模型的基础之上，通过抽象甚至"冻结"一些可能对结果有重要影响的变量，从而利用抽象推理方法表述经济理论⑤。显然，李嘉图方法是从斯密方

① 哈里·兰德雷斯，大卫·C. 柯南德尔. 经济思想史：第四版 [M]. 北京：人民邮电出版社，2011：85.
② 任瑞敏. 经济学数学化的演进与批判 [M]. 上海：上海人民出版社，2016：46-54.
③ 萨伊. 政治经济学概论 [M]. 北京：商务印书馆，2009.
④ 哈里·兰德雷斯，大卫·C. 柯南德尔. 经济思想史：第四版 [M]. 北京：人民邮电出版社，2011：71.
⑤ Ricardo D. Works and Correspondence. Edited by Piero Sraffa, with Collaboration of MH Dobb [M]. University Press for the Royal Economic Society, 1951.

法——理论与历史描述的松散结合——向高度抽象的经济模型方法的重要突破。出现这一进展的重要背景，是 17 世纪末开始以牛顿力学为代表的古典力学和第一次科技革命取得的巨大成就，对包括经济学在内的所有社会科学领域产生了深远影响。特别是牛顿力学的出现，使得经济学家们开始形成高度依赖客观数据和严谨的数学推理的思维习惯，经济学界不再相信那些只通过推理而没有经过实验得到的直觉知识。19 世纪初，"经济物理学"开始成为经济学的主流研究范式，经济学家开始尝试把经济学建成类似经典物理学这样精密的科学体系，并在古典力学的启发下将"均衡""最优"等概念和分析方法引入经济学中。当时的经济学家们相信，社会经济的运行也应像机械力学那样具有某种内在的机械规律性，而经济学家的任务就是找出社会经济运行中的"能量守恒定律"。①

与李嘉图同时期的古诺②、冯·屠能等人开始将"均衡""最优"等概念和微积分等高等数学分析工具引入经济研究，为经济学"边际革命"奠定了基础。安东尼·奥古斯丁·古诺于 1838 年出版了《财富理论之数学原理的研究》，最早尝试将数学引入经济学理论研究中，他认为："能够用更为准确的数学予以表达的理论，其文字表达是一种浪费，也令人烦恼。"冯·屠能则是将微积分应用于经济理论中的第一人，其数学才能使他能够洞察到市场的相互依赖性，他用一系列联立方程来表示这种相互依赖，他不仅能够形成不同要素边际产品的概念，而且提出了一个基于这些原理的相当准确的分配理论。李嘉图的方法对经济学产生了深远影响，李嘉图之后的追随者们倾向于将经济学看作一门基于某些简单假设的学科，从而"抛弃"了斯密的政治经济学传统。

自 19 世纪 70 年代起，以英国的威廉·斯坦利·杰文斯、奥地利的卡尔·门格尔和瑞士洛桑的莱昂·瓦尔拉斯为代表的经济学"边际主义"革

---

① 马国旺. 马克思主义经济学方法论与批判实在论经济学方法论比较研究［M］. 北京：经济科学出版社，2013：175.

② Cournot A A. Researches into the mathematical principles of the theory of wealth［M］. Macmillan，1897.

命开始兴起。一般来说，边际主义经济学家将研究精力聚焦在资源配置或者微观经济学领域，但在方法论层面则各有差异：杰文斯追随威廉·配第的路线，提倡更多地运用统计过程来确定经济变量之间的因果关系；门格尔和瓦尔拉斯则大体上沿袭了李嘉图的方法，偏重于更多地运用抽象推理，通过演绎逻辑的使用构建学术模型。从边际学派开始，数学和数理逻辑方法成为理论分析的重要工具，除了常见的数学分析、线性代数、概率论与数理统计、线性规划之外，还有非线性规划、动态规划、对策论、泛函分析、集值函数理论、拓扑学、测度论、遍历论、最优控制理论、随机过程理论、微分流形、小波分析、微分方程及其稳定性理论、突变论、非线性动力学等数学理论都被应用到经济学中。①

"边际革命"之后，新古典经济学经由帕累托（Pareto）、萨缪尔森（Samuelson）、阿罗（Arrow）、德布鲁（Debreu）等人的发展，形成了完备的数理经济学理论和方法体系。总体而言，新古典经济学的主流方法论借鉴了牛顿力学的还原论和机械论思维，他们采用"隔离"方法，排除一切干扰因素，把个人从社会中抽象出来，得到所谓的"经济人"；在"最小作用量"原理的启发下，新古典学派提出了"最优"的概念；就像牛顿力学在静止中分析受力物体一样，"静态"方法成为新古典经济学基本分析方法。受拉普拉斯决定论影响，甚至有经济学家试图将复杂的经济行为简化为一个线性方程，然后求出帕累托最优解②。这种数学形式化思维的哲学思想源头，可以追溯到大卫·休谟对社会科学方法论的哲学思考。在休谟之前，人们普遍相信只要一件事物伴随着另一件事物而来，两件事物之间必然存在一种关联，使得后者伴随前者出现。然而，休谟在《人性论》以及后来的《人类理解论》中反驳了这个理论，他指出：虽然我们能观察到一件事物随着另一件事物而来，但我们并不能观察到任何两件事物之间的关联。而依据他怀疑论的知识论，我们只能够相信那些依据我们观察所得到的知

---

① 任瑞敏. 经济学数学化的演进与批判 [M]. 上海：上海人民出版社，2016：7 - 12.
② 马国旺. 马克思主义经济学方法论与批判实在论经济学方法论比较研究 [M]. 北京：经济科学出版社，2013：175.

识。换句话说，在社会科学研究中，应当严格区别实证性陈述与规范性陈述，应当是什么（规范性陈述）不能由是什么（实证性陈述）而来，这被称作休谟问题(Hume's Dictum)①。受休谟的影响，以西尼尔等为代表的一批经济学家认为，经济学应当成为一门实证科学，经济学家应当注意区分规范判断与实证经济分析。正如西尼尔所说，（经济学家的）"结论，不管其如何普遍与真实，都不能赋予他对建议增加只言片语的权力。那种特权属于已经全面考虑了能够促进或妨碍他所代表的人们的总体福利的各种因素的学者和政治家，而不属于那些只考虑了一个因素，尽管可能是最重要的因素的理论家。政治经济学的职责既不是建议，也不是劝阻，而是阐明基本原理"。②

然而，在缺乏客观数据支撑的情况下，李嘉图路线的经济学研究，更多的只是一种"使用演绎方法的假设科学"③，经济学家做出某些假设，然后从这些假设中演绎出结论，但由于自然科学中的实验方法对于经济学而言无法实现，也就无法验证这些量化分析结论正确与否。也正因为如此，马克思指出，李嘉图式的抽象"是形式的，本身是虚假的"④，熊彼特则将李嘉图的"强制"抽象法和"非历史"方法称为"李嘉图恶习"⑤。在新古典经济学内部，这种反思也十分常见。新古典经济学的代表人物马歇尔就曾指出："一条涉及经济假设的优秀数学定理，非常不太可能是优秀的经济学。"⑥ 在很多情况下，数理经济学范式发展到"极致"，就会演化为对数学逻辑的迷信，反而导致经济学对反映经济现象本身的客观数据的漠视。如哈里·兰德雷斯所指出的，"19 世纪 30 年代和 40 年代变得明显的理论与现实之间的冲

① 孙伟平. 休谟问题及其意义 [J]. 哲学研究, 1997 (08)：25-31.
② Senior N W. An outline of the science of political economy [M]. W. Clowes and sons, 1836.
③ 哈里·兰德雷斯, 大卫·C. 柯南德尔. 经济思想史：第四版 [M]. 北京：人民邮电出版社, 2011：180.
④ 马克思, 恩格斯. 马克思恩格斯全集 [M]. 北京：人民出版社, 1979：112.
⑤ 熊彼特. 经济分析史（第二卷）[M]. 北京：商务印书馆, 1992.
⑥ T Lawson. Reorienting History [J]. Journal of Post Keynesian Economics, 2005, 27 (3)：455-470.

突，在很大程度上被忽视了；尽管经验证据与李嘉图理论体系的几个基本前提相矛盾，然而，经济学家还是顽强地坚持着李嘉图的模型"。

三 验证阶段：从统计计量走向大数据计量

20世纪30年代以后，伴随着统计资料收集的便捷化和电子计算机处理数据能力的增强，同时也作为对新古典理论模型缺乏检验手段的方法论回应，计量经济学（Econometrics）作为一门新兴学科开始兴起①。如前所述，计量经济学传统可以溯源到前古典时期配第和魁奈等人的研究，但到18世纪中期，由于无法得到可信的原始统计数据而长期停滞②。经济学边际主义代表人物之一的威廉·斯坦利·杰文斯对于运用统计方法分析挖掘经济规律很感兴趣。他曾经做过一个基于统计数据研究太阳黑子活动与经济周期关系的研究，在前文曾做过介绍。杰文斯的日斑理论（Jevons's sunspot theory）并没有被19世纪的经济学家所采纳，但它是运用统计学来形成并检验一种宏观经济理论的尝试，并因此为杰文斯确立了经济计量方法先驱者的地位。直到19世纪下半叶，信息技术足以支撑统计数据的大规模收集，这门学科才逐渐成为一门"显学"。计量经济学的基本思路是应用数理经济学理论，通过抽样等手段采集统计数据，通过回归分析等统计手段描述被观察变量之间的关系，从而确立经济规律。诺贝尔奖得主、计量经济学理论的开创者之一拉格纳·弗里希（Ragnar Frisch）认为：计量经济学就是"统计学、经济理论和数学这三个观点"的充分结合。③ 得益于信息技术的飞速发展，计量经济学已经成为近几十年来现代经济学发展最快的理论分支之一。有3位经济学家对于计量经济学理论和方法体系的完善做出了代表性贡献。

第一位是亨利·L.穆尔（Henry L. Moore），他是将形式化的统计方法运用于经济学的最早倡导者之一。穆尔相信，有可能在一个可控制的环境

---

① 任瑞敏. 经济学数学化的演进与批判 [M]. 上海：上海人民出版社，2016：46–54.

② 杨建飞. 科学哲学对西方经济学思想演化发展的影响 [M]. 北京：商务印书馆，2004：88–97.

③ 徐平华. 西方经济学演义 [M]. 南昌：江西人民出版社，2001：184.

中，运用复相关与相依表，根据统计数据，在形式上确定推论，从而将统计方法应用于经济理论的检验之中。20 世纪初期，穆尔最先在经济研究中使用了很多统计方法，这些方法后来都成了标准。

第二位是诺贝尔经济学奖获得者华西里·列昂惕夫。列昂惕夫最为人所知的成就是投入产出分析法，这是一种用来处理经济体相互关系的实用计划工具。在经济学方法论上，列昂惕夫强烈不满于毫无经验内容的现代主流经济模型构建。他提倡关注经济学的实际应用，运用数据进行研究而不是构建复杂的数学模型。1971 年，列昂惕夫在其经典论文《理论假设与不可测的现实》中，对经济学中脱离现实的模型构建进行了系统批判。①

第三位是美国经济研究局的创始人韦斯利·克莱尔·米切尔。米切尔1920 年主持成立美国经济研究局（National Bureau of Economic Research，NBER），并在 1945 年之前任局长。在他主持下，美国经济研究局资助出版了一系列重要经济学著作，对美国经济学发展起到了重要促进作用。在经济学方法论层面，米切尔认为，经济理论在很大程度上能被解释为对当时问题的智力反映，因此经济学研究不应当急于预做假设，而是要仔细构建并解释时间序列，使之作为初始步骤来证明研究者所提出的暂定理论。他指出："如果我们开始通过收集证据，依次检验每种理论来确认或者否认它，就会扰乱研究视角。问题的要点不在于任何经济学家观点的有效性，而在于对事实的清楚理解。对繁荣、危机以及萧条现象的观察、分析、系统化是首要的任务。如果我们直接着手于这一任务，与我们考察理论现象这一迂回方式相比，会有更好的贡献。"② 米切尔的理论影响深远，在某种意义上，现代统计方法中的向量自回归等可以被视为米切尔方法的现代化身。③

除了以上几位代表性人物之外，西蒙·史密斯·库兹涅茨、艾布拉姆·

---

① Leontief W. Theoretical assumptions and nonobserved facts [J]. American Economic Review, 1971, 61 (1): 1 - 7.

② 韦斯利·克莱尔·米切尔. 经济周期 [M]. 美国: 伯特·富兰克林出版公司, 1913.

③ 哈里·兰德雷斯, 大卫·C. 柯南德尔. 经济思想史: 第四版 [M]. 北京: 人民邮电出版社, 2011: 476.

伯格森、亚历山大·格申克龙等人在计量数据采集方面的成就，E. J. 沃克因等对微观计量方法的研究；拉格纳·弗里希、简·丁伯根等在大型宏观经济计量模型方面的研究，都是计量经济学传统下的代表性成果。

总体而言，计量经济学从属于广义的数理经济学范畴，在认识论层面，其依然沿用新古典的还原论和决定论思维；但在方法论层面，其最大超越就在于，充分运用统计学上的推论方法，使用历史上已经发生过的统计数据充实和验证抽象的新古典理论框架。正因如此，计量经济学高度强调数据收集和验证的重要性。可以看出，从前古典和古典时代的理论阐释，到新古典时期的数学形式化，再到计量经济学的实证检验，现代主流经济学用了 200 多年的时间完成了向经典物理学方法论框架的借鉴和移植，并在很大程度上建立起可以类比自然科学研究的"归纳—演绎—验证"的研究方法论闭环。

但与数理经济学一样，计量经济学发展至今，在取得了诸多成绩的同时，也面临诸多理论瓶颈性问题。正如罗伊·J. 爱泼斯坦（Roy Epstein）曾指出的："进入 20 世纪 70 年代……十年的经济震荡开始使得根据大量结构性宏观模型做出的预测无效，这促使研究者对其体系进行不断地重新说明和重新估计。伴随这项工作的是日益增多的研究，这些研究将大模型的预测质量与新一代单变量时间序列简单模型进行比较。这些比较也经常表明，结构模型做出的预测并不比简单模型好。"① 具体来说，计量经济学路径的方法论问题主要体现在以下两个层面。

首先，从表象上看，计量经济学的一个重要方法论缺陷是统计学中可控实验在宏观经济研究中的不可实现问题。经济学家所运用的很多统计方法，都是从一些研究领域借鉴而来的，在这些领域中，可控实验是构建知识的通常办法。但与统计学可以通过多种手段控制误差、物理学可通过保持实验室环境来消除外部不可控因素不同，经济学的研究对象是真实世界，无法避免外生冲击造成的约束条件变化。② 这种局限性表现在很多方面，比如，抽样

---

① 罗伊·J. 爱泼斯坦. 经济计量学史［M］. 美国：芝加哥伊利诺伊大学出版社，1987：205.
② 汪毅霖. 大数据预测与大数据时代的经济学预测［J］. 学术界，2016（11）：77－90＋325.

样本的合理性、样本数据采集质量的不可控性、经济计量检验结果的不可复制性等，从而使得基于统计方法构建的宏观经济预测模型效果往往差强人意。

其次，计量经济学方法论一个更加深刻的问题则是来自其"扁平本体观"理论假设的不合理性。计量经济学的主要方法是将经济现象假设为一种"有规律的随机状态"。① 马国旺将这种不考虑主体间关联的还原论思维，通过回归分析确定变量间联系的思路称为"扁平本体观"。② 就这一问题，哈耶克曾十分深刻地指出："从本质上说，统计学是通过消除复杂性来处理大量数据的，它有意识地把它所计算的每个要素，看成它们之间仿佛没有系统地相互联系在一起。它通过用出现率信息取代有关个别要素的信息，避开复杂性问题，它故意不考虑一个结构中不同要素的相对位置也会有一定作用这个事实。换言之，它的工作假设是，只要掌握了一个集（Collective）中不同要素的出现概率，就足以解释这种现象，因此有关这些要素相互联系的方式的信息是没有必要的。只有当我们故意忽略，或者并不知道有着不同属性的每个要素之间的关系时，也就是说，当不考虑或不了解它们所形成的任何结构时，统计学方法才是有用的。"因此，"当我们所拥有的是人口中各种因素的信息时，统计学能够成功地应付这种复杂的结构，然而它却不能告诉我们这些因素的结构。用时髦的话说，统计学把它们看作'黑箱'，认为它们类型相同，但是对它们的统一特征不做任何说明。大概谁也不会严肃地主张，统计学能够解释即使是相对而言不十分复杂的有机分子结构，也没有谁会认为，它能帮助我们解释有机体的功能。但是在说明社会结构的功能时，人们却广泛地持有这种信念"。③

大数据时代，人们相比历史上任何一个时期都能更加方便快捷地采集监

① T Lawson. Economics and Reality［M］. Routledge，1997：76.
② 马国旺. 马克思主义经济学方法论与批判实在论经济学方法论比较研究［M］. 北京：经济科学出版社，2013：262.
③ 弗里德里希·冯·哈耶克. 哈耶克文选：哈耶克论文演讲集［M］. 南京：江苏人民出版社，2000：444－445.

测经济社会运行各方面情况的数据，这对依赖统计数据开展经济分析的方法产生了根本性影响。Varian 认为①，大数据的出现，将使传统主流经济学主要基于样本统计"小数据"的分析方法发生根本性变革，将推动经济分析"从样本统计时代走向总体普查时代"。② 具体而言，大数据应用于经济分析时，可以在以下几个方面弥补基于传统统计方法的经济计量学的不足。

一是解决统计时滞导致政府部门"后知后觉"的问题。现行的宏观决策研究大多基于传统统计数据，因此往往会受制于统计数据的时效性问题，难以做到与大数据分析相匹配的时效性。相比之下，大数据是基于业务系统所发生的实际使用行为而产生的，其采集频率相比传统统计数据层层填报归集的方式要高得多。在当今日渐复杂的全球化和网络化环境中，大数据的实时采集反馈能力对于判断宏观经济运行态势而言至关重要③。如三一重工发布的"挖掘机指数"④，基于该集团遍布全国的各种大型施工机械施工时的 GPS 信号汇总生成，在反映各地大型基建项目投资进度等方面具有很好的实效性，被很多宏观决策部门作为重要的现时预测（Nowcasting）指标使用。

二是解决统计样本局限性导致决策覆盖面不大和精细度不高的问题。传统经济分析方法高度依赖统计样本数据，受成本限制，其样本量不可能达到类似大数据那样动辄数千万甚至数亿的海量规模，无法满足对分行业、分地域、分类型产品的价格进行细分化分析，也就难以支撑经济运行数据的精细化分析。⑤ 相比而言，近年来一些大数据企业运用非传统数据

① Varian H R. Big data: new tricks for econometrics [J]. Journal of Economic Perspectives, 2014, 28 (2): 3 - 28.

② 刘涛雄，徐晓飞. 大数据与宏观经济分析研究综述 [J]. 国外理论动态, 2015 (01): 57 - 64.

③ 阳军. 大数据在国外经济学研究中的应用分析——以 2015 年四种经济学期刊为例 [J]. 国外社会科学, 2016 (05): 129 - 134.

④ 骆兆华. 经济孰冷孰热"挖掘机指数"有的聊 [N]. 中国城乡金融报, 2016 - 01 - 15 (B03).

⑤ 张涛，刘宽斌. "大数据"在宏观经济预测分析中的应用 [J]. 社会科学文摘, 2018 (08): 47 - 49.

源开展经济分析，在分析精度和颗粒度方面有了很大提升。如美国 SpaceKnow 公司发布的中国卫星制造业指数（SMI），基于商业卫星拍摄中国6000多个工业用地影像并构建类比采购经理人指数（PMI）的卫星制造业指数（SMI）。再如美国 Orbital Insight 公司，运用卫星和无人机（UAV）图像开展宏观数据深度学习，通过计算100万个停车场和十亿多辆汽车停放情况来分析监测零售业活跃情况，通过建筑物高度和屋顶材质测量数据衡量各地的财富情况，从而提高相关贫困数据的准确度。应当说，这些基于非传统数据的分析方法，为开展全球经济形势分析研判找到了一条新的道路。

三是解决传统统计无法覆盖经济运行新业态新模式的问题。当前，以新技术、新业态、新模式、新产业等为代表的"四新"经济日益活跃，已经成为驱动我国经济发展的重要力量。由于"四新"经济下大量市场主体具有体量小、组织形式多样、雇佣关系灵活等特征，传统的统计方法难以对其产业规模、从业人员数量、运行情况等进行全面、动态、精确的测算，政府往往要等到这些新业态形成一定规模甚至出现一定隐患之后才能制定相应产业政策，这种事后处理、被动应对的宏观决策模式并不利于"四新"经济的发展。相比传统统计手段，大数据分析更擅长通过关联分析、异常检验、新事件探测等技术手段，发现海量经济数据背后所隐藏的新热点、新模式。举例来说，通过挖掘识别互联网招聘岗位信息的文本数据，可以发现近期新出现的热门就业岗位，从而推断相应的新业态类型。通过归集分析各类 PE、VC 投资网站的投资案例，也可以对当前不同行业新涌现的投资热点领域进行归纳分析。

第二节　"经济生物学"导向下的经济数据分析方法论演进

如前所述，过去数百年间，主流经济学一直在沿着经典物理学的封闭系统观和还原论思维路径前进，其理论假设前提存在诸多问题，导致其在应对当今日益复杂的经济社会现象时受到诸多质疑。作为对主流经济学方法论的反思和批判，经济学界有一批"非主流"经济学家，试图用一种与主流经济学截然不同的思路研究经济问题，并采用一种与经济物理学相对立的本体论隐喻，即"经济生物学"。很多主流经济学家对生物学导向的经济学理论寄予厚望。新古典学派创始人阿尔弗雷德·马歇尔（Alfred Marshall）就曾指出："经济演化是渐进的……经济学家的麦加应当在于经济生物学，而不是经济动力学。"①

所谓生物学的研究模式，可概括为"从现象到本质""由外及内"的研究方法。生物学家不能内涵地定义"生命"的本质，于是只能从最表层的现象开始观察并确立自己的理解——形成他所研究的生命过程的外延定义，并根据外延定义继续收集数据，以便得到更深入的解释和更深入的外延定义，从而更接近他所研究的生命过程的本质性的理解，逐渐观察并理解更深层的现象。② 基于这样一种研究思路，非主流经济学派，如早期的德国历史学派、美国老制度学派、奥地利学派，以及近年来大行其道的行为经济学、演化经济学、信息经济学、演化博弈论等同样高度关注数据问题，并不断演进完善其研究方法体系。"经济生物学"导向下，经济数据分析范式同样经历了三个演化阶段。

一 归纳阶段：早期非主流经济学的"数据理想主义"

早期非主流经济学派的代表是德国历史学派，该学派产生于 19 世纪 40 年代，是与英国古典和新古典传统"分庭抗礼"的一个学派③，其反对建立永恒普遍的经济理论和抽象演绎方法，主张根据各国发展现状和历史特性进行经济研究④。德国历史学派高度重视经济运行数据和经验资料的收集与分析，其代表人物施穆勒非常重视统计方法，将自己的研究方法称为"历史

---

① 马歇尔. 经济学原理（上卷）[M]. 北京：商务印书馆，2011：9.
② 汪丁丁. 理解"涌现秩序"（推荐序一）// 布莱恩·阿瑟. 复杂经济学：经济思想的新框架 [M]. 杭州：浙江人民出版社，2018.
③ 尹伯成，赵红军. 西方经济学说史：从市场经济视角的考察：第 3 版 [M]. 上海：复旦大学出版社，2017：63.
④ 高歌. 从经济思想视角解读哈耶克 [M]. 北京：经济科学出版社，2007：31-32.

统计法"。① 在施穆勒的引领下，德国历史学派进行了大量经济统计研究，著名的恩格尔系数就是当时的代表性成果之一。德国历史学派的理论和方法遗产被大洋彼岸的美国制度学派所继承。美国制度学派的代表人物米切尔、康芒斯等人一起创建了美国经济研究局（NBER），并致力于对大量历史数据进行统计分析。不同于计量经济学传统，米切尔等人认为应当仔细构建数据集合，基于特定背景分析解释经济统计数据，而不是急于预做理论建设，从模型和理论出发设计指标和选取统计样本。②

德国历史学派和美国制度学派都接受"经济生物学"的隐喻。德国历史学派的领袖人物，比如施穆勒等深受赫伯特·斯宾塞（Herbert Spencer）和拉马克的生物学思想影响，将一国经济与生物组织和有机体相类比。③ 基于这一隐喻，历史学派反对古典经济学的个人视角，认为应当从整体角度来分析经济运行规律。④ 美国制度学派同样接受经济生物学隐喻，但其观点与历史学派有很大差距。其代表人物凡勃伦曾论证，"解释的统一性的适当原则将可以在达尔文的生物学中，而不是在拉马克和斯宾塞的生物学中找到"。⑤ 制度学派将达尔文主义引入经济学模型中，认为：第一，制度中存在持续变异，必须考虑这些变异持续的源泉和机制；第二，必须存在某些连续和某些遗传原则，保障随后的制度和它们的先辈具有相似性；第三，必须存在制度的选择和筛选机制。⑥ 基于此，制度学派在继承德国历史主义重视数据的传统的同时，坚持以一种演化而不是静止的视角分析经济问题。凡勃伦曾激烈批判德国历史学派的数据分析方法："没有哪种经济学比历史学派

① 刘帅帅. 德国历史学派经济思想研究［D］. 东北财经大学. 2017.
② Mitchell W C. Quantitative analysis in economic theory［J］. The American Economic Review, 1925, 15（1）: 1 – 12.
③ 杰弗里·M. 霍奇逊. 经济学是如何忘记历史的：社会科学中的历史特性问题［M］. 北京：中国人民大学出版社, 2008: 73 – 74.
④ 刘帅帅. 德国历史学派经济思想研究［D］. 东北财经大学. 2017.
⑤ Veblen T. Why is economics not an evolutionary science?［J］. The quarterly journal of economics, 1898, 12（4）: 373 – 397.
⑥ 杰弗里·M. 霍奇逊. 经济学是如何忘记历史的：社会科学中的历史特性问题［M］. 北京：中国人民大学出版社, 2008: 319.

更远离演化科学……他们用数据的列举和对工业发展的描述来填充自己，而不是去提供一个一般性的理论，或者将他们的结果融入一个和谐的知识体系中去。相反，任何一门演化科学，都是一个严密的理论体系，是关于过程的理论，是一个演化序列。"

总体而言，无论是德国历史学派还是美国制度学派，早期非主流经济学家都高度重视数据分析方法。历史学派甚至认为，理论的建立可以仅仅依靠数据，而且事实能够独立于概念和理论而被确定，这种思想被弗兰克·奈特称为数量理性（Quantitative Rationality）。笔者认为，这种理念与其说是"数量理性"，倒不如说是一种理论"早熟"的数据理想主义，在当时的技术条件下，尽管大规模收集经济统计数据已经成为可能，但其所归集的数据规模、种类、颗粒度、实效性还远远不足以支撑两个学派的理论建构宏图。在当时，历史学派的这种过度依赖经验数据的研究理念就受到很多研究者的批判。约翰·英格拉姆曾指出，应该警惕历史学派"过分地去做统计调查，而在对经济生活的特定领域进行详细考察时，忘记了大的哲学思想和原理的系统配合的必要性"。马歇尔则批判道："历史学派的一些工作的危险在于，由于不切实际地认为可以只依赖于事实，他们对自己的分类方法和逻辑不予重视，而且，忽略了对演绎推理的运用。"[1] 1947年，佳林·库普曼斯发文批评以米切尔为代表的美国制度学派的数据分析方法，称其研究只是一种"没有理论的度量"[2]，主张经济统计研究应当回归新古典道路。1948年米切尔去世后短短几年，新古典范式的计量经济学就迅速风靡美国学术界，老制度学派被排挤到学术边缘。[3] 此后一直到1966年美国演化经济学会（AFEE）成立，经济学中的生物学传统才又重新回到人们的视野中。

[1] Marshall A. The present position of economics, an inaugural lecture ［M］. Macmillan, 1885.
[2] Koopmans T C. Measurement without theory ［J］. The Review of Economics and Statistics, 1947, 29（3）: 161 –172.
[3] 刘帅帅. 德国历史学派经济思想研究 ［D］. 东北财经大学. 2017.

二　演绎阶段：基于复杂性视角的演化分析范式

如前所述，经济生物学导向的经济学研究拒绝接受主流经济学的还原论、简化论和机械论假设，而更倾向于将经济过程视为一个动态、有机、充满不确定性的复杂过程。爱尔兰历史学派的领军人物托马斯·E. 克利夫·莱斯利（T. E. Cliffe Leslie）被认为是"第一个强调经济生活中复杂性和不确定性的经济学家"①，他曾指出："商业世界并不像正统经济学提出的那样是光明的、有秩序的、平等的、完美的组织，它是模糊的、混乱的、随意的。"② 然而在 20 世纪 60 年代以前，由于缺乏必要的技术方法作为支撑，这种观点更多地只能停留在理论思辨层面，尽管历史学派和老制度学派在收集数据和资料方面下了大量功夫，但效果并不理想。

20 世纪 60 年代以后，随着物理学中量子力学、相对论和耗散结构理论等理论的相继提出，物理学思想发生了革命性变化，关注不可逆性、历史性、非线性、复杂性成为物理学研究的主导范式，这与生物学研究中关注有机体、进化、自组织等思想不谋而合。③ 在这一大背景下，原本已经"没落"的生物学导向的经济学思维重新活跃起来。发轫于历史学派和老制度学派，以复杂性研究为核心，以演绎方法为导向的一系列新兴领域，比如混沌经济学、复杂经济学、博弈论等开始涌现，成为经济生物学导向下第二阶段经济数据分析的主导范式。20 世纪 70 年代以后，混沌经济学开始兴起，其主要关注经济系统的非均衡、非线性、时间不可逆、多重性和复杂性等特点④，并证明了"经济行为本身的复杂性和不确定性使精确的经济预测受到

---

① 杰弗里·M. 霍奇逊. 经济学是如何忘记历史的：社会科学中的历史特性问题［M］. 北京：中国人民大学出版社，2008：82.

② Leslie T E C. Essays in political economy［M］. Hodges, Figgis, 1888：235.

③ 杨建飞. 科学哲学对西方经济学思想演化发展的影响［M］. 北京：商务印书馆，2004：59 - 63.

④ 梁美灵，王则柯. 童心与发现：混沌与均衡纵横谈［M］. 上海：生活·读书·新知三联书店，1996：3.

很大限制，这动摇了新古典主义关于经济波动引致外部因素冲击的假说"。①
与混沌理论同时期，1973 年埃德加·莫兰（Edgar Morin）首次提出复杂性
方法的概念；1980 年普利高津（Prigogine）提出"复杂性科学"概念，并
将其作为经典科学的对立物和超越者提出来。1984 年，美国桑塔菲研究所
（Santa Fe Institute，SFI）成立，其开展了大量关于经济社会复杂性和演化
机制的研究，成为全世界复杂经济学研究的"圣地"。受其资助，20 世纪
90 年代约翰·霍兰德（John Holland）进一步提出了复杂适应系统
（Complex Adaptive System，CAS）理论，认为经济系统和神经系统、免疫
系统、生态系统等由"活的主体"组成的系统都具备相似特征，个体的适
应性行为导致整体的复杂性，从而把适应、学习等概念提高到演化机制的
关键地位。②

作为复杂性视角下经济研究的集大成者，布莱恩·阿瑟正式提出了复杂
经济学的概念，总结了复杂经济的 6 个基本特征，包括分散的交互作用、没
有全局性的控制者、交叉分层组织、连续适应、永恒的创新、非均衡的动力
学等。复杂经济学认为，针对经济系统的这些复杂性特征，线性、不动点、
微分方程组等新古典分析工具已经无法胜任，而必须引入新的分析工具和分
析方法。一方面，很多新的数学方法被引入进来，包括随机数学、混沌数
学、非线性数学等。布莱恩·阿瑟将其归纳为"将组合数学和种群层级的
随机过程结合起来"，数学问题的解"不再是一组数学条件，而是一种模
式、一系列暂时现象、一系列能够引发进一步变化的变化、一系列能够创造
新实体的现有实体"③。另外，区别于新古典范式下基于方程的建模方法，
复杂性视角下的经济研究更多地采用基于主体的建模方法（Agent-Based
Modeling，ABM)④，布莱恩·阿瑟称之为"基于元素的建模方法"，约翰·

① 陈平. 给同代经济学家一个理智的挑战 [J]. 中国改革，2000，000（004）：40.
② 陈禹，方美琪. 复杂性研究视角中的经济系统 [M]. 北京：商务印书馆，2015：46.
③ 布莱恩·阿瑟. 复杂经济学：经济思想的新框架 [M]. 杭州：浙江人民出版社，2018.
④ 隆云滔，李洪涛，王国成. 基于主体的建模方法与宏观经济政策分析 [J]. 经济与管理，
2018，32（02）：47-52+80.

霍兰德则将其概括为基于"人工适应主体"（artificial adaptive agents）建模的方法①，其基本原理就是使用多主体仿真（multi-agent simulation）软件模拟不确定性的环境与社会变迁②。最早尝试基于主体的建模方法的研究是诺贝尔奖得主谢林（Thomas Schelling）对种族隔离的实验研究③，而其思想则可以追溯到20世纪40年代冯·诺依曼的"胞元自动机"（cellular automata）研究。④

另一个相关的研究方法是博弈论（Game Theory），从1944年冯·诺伊曼和摩根斯坦的《博弈论与经济行为》开始，博弈论研究发展十分迅速。博弈论打破新古典经济学的利益取向一元论假设，认为在一个存在多个不同利益主体的系统中，现实的方案总是博弈和讨价还价的结果。如张维迎所说："博弈论逐渐成为经济学的基石……经济学开始转向对人与人之间直接关系进行研究。"⑤ 这一点与复杂性研究思路具有内在相通之处。20世纪90年代中后期以后，演化博弈论放弃了传统博弈论的完全理性假设，并结合生物进化思想，在复杂动态演进过程方面具备更强的解释力。但总体而言，博弈论对于很多复杂性问题的研究还远远不够，比如，对于跨越层次的、局部和整体的博弈，至今还没有理想的模型和方法。⑥

三 验证阶段：完成经济生物学的方法论"闭环"

如前所述，在经济物理学范式下，从演绎阶段的新古典抽象理论模型到验证阶段的计量经济学，形成了一个完整的"归纳—演绎—验证"方法论闭环。与其类比，在经济生物学范式下，基于复杂性视角的经济学研究尚处

① Holland J H，Miller J H. Artificial adaptive agents in economic theory ［J］. The American economic review，1991，81（2）：365–370.
② 汪丁丁. 行为经济学讲义：演化论的视角 ［M］. 上海：上海人民出版社，2011：106.
③ Schelling T C. Dynamic models of segregation ［J］. Journal of mathematical sociology，1971，1（2）：143–186.
④ Neumann J，Burks A W. Theory of self-reproducing automata ［M］. Urbana：University of Illinois press，1966.
⑤ 张维迎. 博弈论与信息经济学 ［M］. 上海：上海人民出版社，1996：3–11.
⑥ 陈禹，方美琪. 复杂性研究视角中的经济系统 ［M］. 北京：商务印书馆，2015：37–38.

于"演绎阶段",正处于向"验证阶段"跃进的过程中。从现实需求看,尽管经济复杂性建模取得了很多成绩,但其同样存在无法对现实情况进行有效验证的问题,从而在某种程度上陷入脱离实际,甚至"无法证伪"的理论困境。齐磊磊认为①,计算机模拟结果的有效性确认(validation)问题受三个现实问题制约:一是目前尚没有一套针对模拟结果可信度进行评价的指导理论,二是真实实验数据的稀缺,三是无法避免模拟过程中人的主观因素的干预。就复杂性科学自身而言,其经过20多年的科学实践,并没有取得预想的革命性突破,反而被人讽刺为"混杂学"②。在经济学领域,复杂性经济学派高度依赖数学模型和计算机模型方法的研究思路,被包括现代演化经济学先驱纳尔逊等在内的学者们批评为"越来越脱离现实,甚至比主流经济学变得更加'自我封闭'"。③ 博弈论同样面临类似窘境,如丹尼斯·奥布赖恩就曾对博弈论提出批评:"博弈理论似乎对工业数据的处理能力不足。对工业经济的博弈论分析得出的显著特征是缺乏现实联系,而且这种情况很少有例外。"④ 阿里尔·鲁宾斯坦则进一步指出这一问题的根本性原因:"演绎的论点自身不能被用于探索真实世界。当用演绎论点分析问题时,所缺少的是,行为人所采用的用来描述推理过程的数据。因而,如果一种博弈形式存在任何一致性的解释的话,那么它就不得不被理解为,自身包含关于行为人推理过程的明确信息。"⑤

在这种情况下,近年来,日益成熟的大数据分析方法既可以被视为经济物理学路径下对计量经济学研究方法的改进和完善,更重要的是,它实际上在很大程度上具备了帮助经济生物学路径的研究完成第二个"归纳—

① 齐磊磊. 计算机模拟方法的哲学分析 [J]. 学术研究, 2018 (07): 30 - 36.

② 黄欣荣. 从复杂性科学到大数据技术 [J]. 长沙理工大学学报 (社会科学版), 2014, 29 (02): 5 - 9.

③ 贾根良. 演化经济学导论 [M]. 北京: 中国人民大学出版社, 2014: 59.

④ 杰弗里·M. 霍奇逊. 经济学是如何忘记历史的: 社会科学中的历史特性问题 [M]. 北京: 中国人民大学出版社, 2008: 280.

⑤ Rubinstein A. Comments on the interpretation of game theory [J]. Econometrica: Journal of the Econometric Society, 1991: 909 - 924.

演绎—验证"方法论闭环的可能性。一方面，越来越丰富的经济社会运行主体数据的归集，可以在很大程度上完善包括基于主体的建模方法（ABM）等在内的各种经济复杂性研究方法。以 ABM 方法为例，其越来越多地采用人类真实主体（HS）数据与计算虚拟主体（CA）数据相结合的方式开展研究。① 当前，通过推进大数据与 ABM 建模相结合，可以在防范化解重大风险问题、开展新业态新模式识别、强化基于数据的事中事后精准监管等方面发挥巨大作用。另一方面，通过运用大数据手段，可以有效提升对经济社会主体运行情况的建模分析和预测能力。当人们收集的经济社会运行主体相关信息量足够多、内容足够丰富时，大数据就会具有很强的行为预测能力。著名学者 Barabási 曾判断，"如果你知道一个人过去的所有社会数据，那么你对他未来行为的预测的准确性将达到 93%"②。很多研究者指出，这将有望打开经济主体预期形成过程的理论"黑箱"③，甚至会"使得新古典主流经济学执着于逻辑模型来解释和预测个体行为以及社会经济现象的套路变得多余而无用"④。

第三节　大数据时代经济学范式演进的三个基本规律

当前，无论是"经济物理学"导向的均衡范式，还是"经济生物学"导向的演化范式，大数据均在其中扮演了十分关键的角色，将成为未来统一经济研究两大基本传统的重要基础。要想深刻理解大数据时代经济数据分析范式的演进规律，以下三方面应当加以关注。

---

① 王国成. 从微观行为视角探索经济金融的复杂性——数量经济学一个新的学科生长点 [J].
数量经济研究, 2011, 2（01）: 102 - 120.

② Barabási A L. Bursts: The hidden patterns behind everything we do, from your e-mail to bloody crusades [M]. Penguin, 2010.

③ 黄燕芬, 张超. 大数据情绪指数与经济学研究: 现状、问题与展望 [J]. 教学与研究,
2018（05）: 40 - 50.

④ 莫志宏. 大数据时代背景下重新审视主流新古典经济学的学科定位 [N]. 企业家日报,
2015 - 07 - 26（W03）.

一　技术进步与研究规律相统一是大数据范式演进的内在动力

回顾过去数百年经济数据分析范式的演进（见图 4 - 2）可以发现，经济学作为一门需求导向性和技术依赖性很强的应用学科，其学科范式的演进并不是偶然形成的，而是有着十分深刻的内在规律。长期以来，"均衡"和"演化"两种理论研究传统的争论已经成为经济思想史中最重要的分野之一。在此，笔者无意对这两种研究方法论做高下之分，但从其自身发展历史来看，每一阶段的方法论变迁，技术进步都是其背后的一个重要推手。正如《21 世纪资本论》的作者托马斯·皮凯蒂所说："计算机技术的进步使我们更容易收集和处理大量的历史数据。虽然我不想夸大技术在思想史上的作用，但纯技术问题还是值得片刻的思考。"[①]　的确，从技术的角度看，技术的进步对经济数据研究从"均衡"传统向"演化"传统在不同阶段的跃迁都起到了重要的支撑作用。

首先，在归纳阶段，均衡范式下的配第、魁奈等人受制于当时各国政府对统计数据保密和不重视而只能进行一些零散数据分析探索；到演化范式的归纳阶段，当时的统计方法"已有很大发展"[②]，施穆勒等人在德国政府的大力支持下，得以几十年如一日埋头于具体经济材料的收集和整理，对不同时代、不同国别、不同民族的经济发展史实进行系统化和数量化的统计考察。

其次，在演绎阶段，均衡范式下的边际革命、新古典范式经济学大量采用微积分、线性代数等高等数学工具和基于方程的建模手段；而在演化范式的演绎阶段，主要数学工具已经从关注确定性的高等数学转为识别"涌现秩序"、关注不确定性问题的模式识别（Pattern Recognition）数学[③]，其与基于主体的建模方法相结合，发挥了巨大作用。

最后，在验证阶段，均衡范式下基于样本统计、"通过消除复杂性来处

---

① 托马斯·皮凯蒂. 21 世纪资本论 [M]. 北京：中信出版社，2014：20.

② 刘帅帅. 德国历史学派经济思想研究 [D]. 东北财经大学. 2017.

③ 汪丁丁. 行为经济学讲义：演化论的视角 [M]. 上海：上海人民出版社，2011：230.

理大量数据"的计量经济学正在两个方面发生变化，一方面是沿着均衡范式的道路，以大数据计量超越和完善统计计量方法，另一方面是沿着演化范式的道路，利用大数据方法挖掘和预测经济规律。

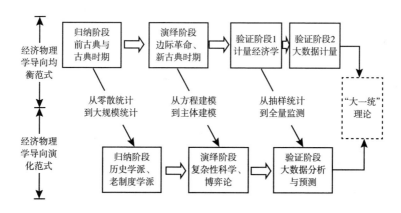

图4－2　经济数据分析的范式演进

二　宏观分析与微观数据相统一是大数据范式构建的基础条件

斯蒂格利茨曾经发表过一篇题为《经济学的又一个世纪》的文章，在文章中他谈到，20世纪的经济学患了"精神分裂症"，微观经济学和宏观经济学的脱节，这种脱节既表现为研究方法上的难以沟通，又反映出二者在意识形态上的分析和对立。据此他认为，21世纪经济学的发展目标应当包括两方面，一是为宏观经济学寻找微观基础，二是微观经济学应当从微观个体的行为推演出总量的含义。大数据对于经济学理论而言的一个重要价值，就在于在技术层面真正实现了宏观数据微观化。19世纪以来，当面临针对大范围、复杂多变问题的研究时，社会科学一直缺乏有效技术手段，只能依赖于采样分析。这在一定程度上实际上是一种方法论的落后性，但社会科学据此发展出了一套完整的方法理论体系，并且被一代又一代的社会科学研究者所接受和习惯，甚至被视为"理所当然的限制"。但这种方法的根本问题在于，人类社会系统是典型的复杂系统，表现在社会成员之间存在差异和非线性的互动关系。个体行为不是独立的，而是相互影响的，社会在整体层面上

"涌现"出的行为和目标与社会成员自身行为或目标不同。简单的线性加总不适用于分析和解释这样的社会系统，需要一种可以处理非线性关系的研究方法。①

在大数据背景下，经济学研究方法要想实现宏微观一体化的目标，主要依赖于三个方面的变革。一是数据采集手段的变革，人们可以相对经济地归集经济社会运行各方面的全样本数据。二是数学方法的变革。如格里高利·蔡廷（Gregory Chaitin）曾经指出，数学正在从连续的公式、微分方程、静态的结果转向离散的公式、组合推理及算法思维。三是建模方法的变革。基于主体建模的方法的大量应用，可以通过计算机模拟出一个虚拟的人类社会，而提供一种解释社会科学问题的动态分析途径。以上三方面的变革对于经济学研究而言意义十分重大，人们可以基于采集的海量数据，通过构建个体、企业、事件、商品等微观主体数据模型，并运用离散数学和计算数学的方法进行中观层面的模式识别和规律总结，从而为宏观层面的决策提供依据。

未来，经济运行大数据分析的一个重要目标，就是要进一步探讨在方法论层面，发挥大数据在宏微观一体化分析方面的技术优势，探索将宏观经济调控与微观经济运行有机地连接起来的实现路径②，从而构建更加科学完善的经济分析研判方法体系。

三　均衡范式与演化范式相统一是大数据范式构建的最终目标

如前所述，过去数百年间经济学范式分别遵循经典物理学和生物学两种传统。"均衡"范式自不必说，实际上"演化"范式的背后，一方面是达尔文进化论等生物学的隐喻，另一方面是 20 世纪的物理学本身在量子

---

① 黄璜. 社会科学研究中"基于主体建模"方法评述［J］. 国外社会科学, 2010（05）: 40－47.

② 蔡永鸿, 唐斯琪, 于娟. 大数据时代宏观经济与微观企业的行为联接［J］. 中国市场, 2015（08）: 88－89. 赵怡君. 大数据时代宏观经济与微观企业的行为联接探讨［J］. 全国流通经济, 2018（08）: 75－76.

力学、相对论和耗散结构理论等方面也取得了革命性成就，这些理论营养同样被吸收到演化范式的经济学研究中。现代复杂性研究经济学家所说的多重均衡、不可预测性、锁定、无效率、历史路径依赖性和不对称性，大体对应于物理学家所称的多重亚稳定状态、不可预测性、相位或模式锁定、高能基态、非遍历性和对称性破坏。① 就像 21 世纪的物理学界正在致力于追求研究并提出将宏观尺度和微观尺度的作用力相统一的万有理论（Theory of Everything，ToE），在经济学界，人们也在思考均衡范式与演化范式的统一性问题。在很多接受主流经济学均衡范式的学者看来，主流经济学近几十年来发展出的博弈论等方法，已经实现了对演化范式理论的吸纳和融合。而演化经济学家和复杂性研究者们则认为，新古典（均衡）经济学可以看作是演化经济学（或非均衡经济学）的一个特例②；实验经济学在 20 世纪 80 年代也证明，"市场的均衡与稳定是存在的，但不是惯例，只是有限的特例"。③

从大数据的视角看，未来似乎能够看到一条整合均衡与演化两类方式的方法论途径，通过构建个体、企业、事件、商品等微观主体的"本体 – 属性 – 关联"模型，从静态视角看，每一个时间切面上的微观数据集合，就能够形成支撑各种均衡范式的大数据计量指标；从动态视角看，通过构建海量微观主体间的交互关系模型，又能够很好地还原经济社会的演化过程。从这个意义上讲，未来经济学大数据范式发展的终极目标，应当是打通经济物理学和生物学两类研究传统，构建类比物理学万有理论那样"大一统"的经济学方法论体系——这一过程也许会十分漫长，但这一愿景依然让人激动不已。或许正如宋圭武所指出的，在大数据时代，经济学不同流派所坚持的结论会得到更好的证实或证伪，最终经济学会越来越趋于形成一个统一的流派——数据经济学流派。④

---

① 布莱恩·阿瑟. 复杂经济学：经济思想的新框架［M］. 杭州：浙江人民出版社，2018.
② 范如国. 制度演化及其复杂性［M］. 北京：科学出版社，2011：6 – 7.
③ 陈平. 古典经济学的危机和非线性经济学的发展［J］. 经济学动态，1988（10）.
④ 宋圭武. 大数据时代背景下的经济学［J］. 发展，2014（07）：5.

第五章

寻找第三条进路：大数据经济学的哲学思考

如萨缪尔森（Paul A. Samuelson）所说，经济学"是一门把自然科学的精确与严密性和人文方面的诗意兼具一身的学科"①，经济学研究对于数学和数据问题从不陌生。自威廉·配第时代起，经济学家就注重收集各种数据来"度量一国的人口、国民收入、出口、进口、资本量"②，以为经济学理论研究提供支持。近几十年来，随着计量经济学等的兴起，基于数据的实证分析已经成为经济学的主流范式。文献③回顾了近50年在顶级经济学杂志上发表的论文，发现其中基于实证数据的论文数量已经超过70%。从这个意义上说，思考大数据对于经济学的影响，既要坚持历史视角，从过去百年来经济学研究范式演进的角度思考大数据经济学的学科定位，又要坚持哲学视角，从社会科学理论和方法论发展的角度思考大数据经济学的学科定位，将具体的技术和方法探讨抽象和上升到科学哲学的层面重新加以审视。

从科学哲学的角度看，"均衡"抑或"演化"，其背后实际上是实证主义和非实证主义两种哲学思潮的交锋。对于21世纪的经济学而言，要想真正找到吸纳和包容上述两种范式的一体化研究路径，实现经济学宏观与微观的一体化，应当首先从哲学层面重新思考经济学的本体论和方法论问题。实际上，自19世纪下半叶起，在整个社会科学界，以孔德、斯宾塞等为代表的实证主义和以韦伯等为代表的非实证主义思潮就一直处于交锋状态。20世纪70年

① 肖柳青，周石鹏. 数理经济学［M］. 北京：高等教育出版社，1998：5.
② 哈里·兰德雷斯，大卫·C. 柯南德尔. 经济思想史：第四版［M］. 北京：人民邮电出版社，2011：54.
③ Hamermesh D S. Six decades of top economics publishing: Who and how? ［J］. Journal of Economic Literature，2013，51（1）：162 – 72.

代，英国科学哲学家罗伊·巴斯卡（Roy Bhaskar）提出的批评实在论，在沟通上述两类哲学传统以对社会科学研究方法做出全新解释方面产生了很大影响力，成为 20 世纪后半叶"英美哲学研究领域中最令人震撼的发展"[1]，甚至"引起了 20 世纪科学哲学界的哥白尼革命"[2]，其对于社会科学本体论和方法论的思考，对于我们构建大数据时代的经济学分析框架具有重要指导意义。

近年来，随着大数据技术的不断兴起，经济学对于大数据问题的关注越来越多。但一方面，绝大多数经济学家习惯于从主流经济学的实证主义传统看待大数据的应用，倾向于将大数据分析纳入主流经济学框架之中；另一方面，很多大数据的支持者以一种激进的态度看待经济学的"大数据转向"，将其视为颠覆传统统计和计量经济学方法的一次革命。针对这些观点，本书坚持以历史思维和哲学思维思考经济学研究的大数据转型问题，拟基于批判实在论的视角，从哲学层面思考和提炼大数据对于经济学研究范式的影响路径，进而在本体论和方法论层面提出大数据时代帮助经济学真正实现"宏观—中观—微观"一体化分析的新框架。本书的研究目的包括两个方面。首先是找到在社会科学领域能够很好地回应和超越还原论实证主义和非实证主义社会科学范式之争的新理论工具，并找到大数据与这种新的理论工具之间在本体论层面的对话机制，实现对经济学本体论的重构。其次则是在这样一个新的哲学理论工具的指导下，如何将大数据的数据基础和分析方法与新的经济学本体论相结合，构建能够同时包容均衡范式和演化方式的大数据经济学分析方法体系。

第一节　动态本体：经济学的大数据本体论

一　大数据与经济学还原论假设的修正

如前所述，19 世纪以来，新古典经济学借鉴了牛顿力学的还原论和机械

① Collier A. An introduction to Roy Bhaskar's philosophy [J]. Critical Realism, 1994.
② Bhaskar R. A realist theory of science [M]. Routledge, 2013.

论思维，试图将物理学等自然科学研究中的假说、观察、测量、实验等方法借鉴到经济学研究之中。其中的一个核心假设，就是在本体论层面提出了"理性人"假设（hypothesis of rational man），将人作为一个自组织体加以机械化，从而通过几个公理化假设建立一个最优化数学模型来求解出合意的决策结果。某种意义上可以说，整个主流经济学发展和演化的全过程，一直伴随着"理性人"假设从提出、接纳、被质疑再到修正的循环往复。"理性人"假设是指作为经济决策的主体都是充满理智的，既不会感情用事，也不会盲从，而是精于判断和计算，其行为是理性的，主体所追求的唯一目标是自身经济利益的最优化。20世纪50年代，"理性人"假设发展到了巅峰，此后开始被经济学家质疑，并催生了一批以研究经济主体的有限理性行为和决策为目的的新生学科，其中最具有代表性的就是行为经济学（关注认知约束）和信息经济学（关注信息约束）。在这两个方面，大数据的出现和发展都产生了深刻影响。

首先，在认知约束方面，大数据对于经济学的有限理性行为研究提供了更多便利条件。行为经济学改变了新古典经济学中静止的理想化的理性经济人假定，代之以演化的有限理性的现实当事人假定。通过假定的改变，行为经济学家眼中的当事人不再仅仅自利，人们会考虑利他，也可能冲动，采取非理性行为等[1]。然而传统行为经济学受限于大规模经济主体行为和预期数据获取成本过高，往往依赖于小规模实验、问卷调查等方式。囿于有限的样本量、抽样误差和实验的人为性等多重因素，其研究的准确性和代表性容易受到质疑[2]。而互联网时代大数据的"全量数据""真实数据""实时数据""时空数据"等特点，突破样本量和地理分布的限制，自然语言处理、数据挖掘和机器学习等技术使分析表征经济主体情绪的海量非结构化数据从而测度经济主体行为成为可能[3]，并能够基于此深入探究社交行为、信息传播、

---

① 刘凤良. 行为经济学：理论与扩展［M］. 北京：中国经济出版社，2008：32-33

② 黄燕芬，张超. 大数据情绪指数与经济学研究：现状、问题与展望［J］. 教学与研究，2018（05）：40-50.

③ Armah N A. Big data analysis：The next frontier［J］. Bank of Canada review，2013（3）：32-39. Naimi A I, Westreich D J. Big data：A revolution that will transform how we live, work, and think［J］. 2014.

空间关联等因素在经济主体预期、偏好、消费行为形成过程中的作用。在金融投资领域，越来越多的投资者将基于社交媒体、财经传媒、股票论坛等各种渠道收集到的投资者言论通过自然语言处理、文本挖掘等技术转化为各种投资者情绪指数，并作为投资决策的参考依据。一些智能投顾平台甚至尝试将投资者情绪指数纳入资产组合模型中，提供具有鲜明"人工智能＋大数据"特色的资产组合管理服务。[①] 这必将进一步拓展经济学对于有限理性行为研究的视角，从而给行为经济学、行为金融学的实证研究提供强大支撑。

其次，在信息约束方面，大数据已不再是一个外部假设条件，而成为一种重要的生产要素。一般而言，完全信息假设可以看作是"理性人"假设的一个具体推演，即理性人应当具有关于经济主体所处环境的完备知识，这些知识即使不是绝对完备的，至少也相当丰富、相当透彻。但自20世纪50年代起，经济学家开始关注信息的不确定性和不充分性问题。阿罗在《信息经济学》中指出，不确定性的减少就是一种收益，因此有必要把信息作为一种经济物品来分析，进而研究不确定性的成本分析方法。到20世纪70年代，在施蒂格勒、哈耶克等人的推动下，以不完全信息和非对称信息假设作为前提的经济学分析开始被广泛运用，主要研究非对称信息下市场参与者的交易关系和合约安排，构建了逆向选择、道德风险、委托代理、信息传递、信息甄别等模型，经济学产生了一个新的分支——信息经济学。[②] 随着电子商务、互联网金融、社交网络等互联网创新应用的飞速发展，互联网已经从传统的信息传播媒介升华为虚拟社会空间，越来越多人类经济社会运行的行为内容被投射到云上。在传统经济学分析中，信息和数据被作为一个假设条件，排除在经济学要素分析的大框架之外。然而在互联网、大数据时代，如何充分运用大数据手段减少企业生产经营的不确定性、降低成本、提

① 黄燕芬，张超. 大数据情绪指数与经济学研究：现状、问题与展望［J］. 教学与研究，2018（05）：40－50.
② 于晓龙，王金照. 大数据的经济学涵义及价值创造机制［J］. 中国国情国力，2014（02）：28－30.

升产品竞争力，已经成为关乎企业生存发展的关键问题。在这一大背景下，党的十九届四中全会首次提出将数据——继劳动、资本、土地、知识、技术、管理之后的"第七生产要素"纳入收入分配机制中，将对未来的经济学研究与实践产生深远影响（见图5-1）。

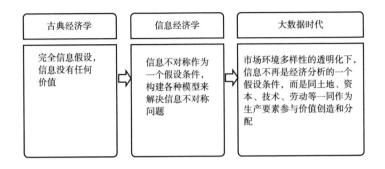

图5-1　信息（数据）要素在经济学分析中的变化

资料来源：于晓龙，王金照. 大数据的经济学涵义及价值创造机制［J］. 中国国情国力，2014（02）：28-30。

　　然而，无论是行为经济学还是信息经济学，其理论硬核还是立足于对"理性人"假设的有限修正。在更加根本的意义上，经济学借鉴了牛顿力学的还原论本体观，但又无法实现像自然科学那样通过实验的方法来验证理论的真实性。因此，如何确定一种能够对理论进行验证的手段，成为经济学发展中的一个重大问题。[①] 从更大范围来看，如汪丁丁所指出的，由于100多年来达尔文学说取得的辉煌成就，还由于基于牛顿力学的社会科学越来越难以适应互联网时代的复杂现象，西方思想正从牛顿的机械论模式向达尔文的演化论模式迁移[②]。相对激进者如电子科大的周涛教授甚至认为："很有可能我们会发现，以还原论思想为指导，试图建立一套类似牛顿力学的体系，

---

① 任瑞敏. 经济学数学化的演进与批判［M］. 上海：上海人民出版社，2016：46-54.
② 汪丁丁. 理解"涌现秩序"（推荐序一）//布莱恩·阿瑟. 复杂经济学：经济思想的新框架［M］. 杭州：浙江人民出版社，2018.

去清晰刻画超级复杂的经济系统，是一场彻头彻尾的败局。"① 在这种情况下，批判实在论提出了一种更加契合演化论路径的经济学本体论。

二　回归本体：基于批判实在论的新本体论模型

近代以来，西方哲学在研究主题上经历了两次大的转向：第一次是从古代哲学的"本体论"向近代哲学的"认识论"转向，以笛卡尔、莱布尼茨、康德、黑格尔等为代表，认为探讨人类认识的本质结构才是观察世界的前提；第二次则是从认识论到语言学的转向，以维特根斯坦等为代表，将语言作为哲学认识世界的起点和基底，主张通过语言分析来解释人和世界的存在。经过两次转向之后，传统哲学中的本体论被逐渐消解了，如维特根斯坦所说，"我的语言的界限意味着我的世界的界限"②，在哲学层面，人们所能谈论的仅仅是"语言游戏"，而不是客观世界。巴斯卡将这种观点称为"认知谬误"，而有针对性地提出了"超验实在论"（Transcendental Realism）哲学，作为批判实在论的核心组成部分，力图恢复本体论在哲学中的地位。

超验实在论认为，"知识是在科学的社会活动中产生的；知识的客体是现象背后的结构与机制；这些客体既不是经验主义的现象也不是唯心主义所认为的强加于现象之上的人类建构物，而是真实的结构；这些真实的结构独立于我们的知识、经验和获得它们的条件"③。巴斯卡指出，世界是独立于关于它的知识而客观存在的，世界会通过一系列结构和机制影响并掌控现象和事件的过程，这种因果机制也是客观存在的，在这一点上，批判实在论与马克思的思想有内在相通之处④。基于此，超验实在论提出在本体论层面将实在划分为三层：经验域（Domain of Empirical）、事实域（Domain of Actual）和实在域（Domain of Real）。这三个层次中，经验域对应于实证主义

① 布莱恩·阿瑟. 复杂经济学：经济思想的新框架［M］. 杭州：浙江人民出版社，2018：1.
② 路德维希·维特根斯坦. 逻辑哲学论［M］. 北京：商务印书馆，1996：5-6.
③ Bhaskar R. A realist theory of science［M］. Routledge, 2013.
④ 马国旺. 马克思主义经济学方法论与批判实在论经济学方法论比较研究［M］. 北京：经济科学出版社，2013：4.

所认为的实在或者说经验，即凭感官可观察的事实，其层次最浅；事实域则是指实际发生的事件，但这些事件很多并不能为我们所感知，因此其范围要广于经验域；实在域中，除了可被观察和不可被观察的事件之外，还包括"自然的因果结构和生成机制"。换言之，从包含关系上说，经验域包含于事实域，事实域又包含于实在域。这种本体论体系被认为与怀特海、皮尔斯、克斯特勒等所倡导的有机层级本体论具有内在相通之处①，如表 5 - 1 所示。

表 5 - 1　实在的三重划分

	实在域	事实域	经验域
机制	√		
现象	√	√	
经验	√	√	√

批判实在论自诞生之日起，就着眼于"超越实证主义和解释主义成为社会科学发展的第三条道路（the third way）"②。实证主义不加批判地吸收自然科学的方法用于重构社会，容易陷入机械主义的困境之中，这一点在大量针对新古典经济学的还原论范式批判中已经被证明。经济学与很多社会科学一样，其所观察和研究的经济社会现象，特别是宏观经济走势等问题，很难像自然科学那样通过实验室环境有效避免外生冲击造成的约束条件变化。如希克斯（Hicks）评价的，"经济学的事实并不像自然科学的事实那样，是永恒的，是可以重复的；经济学的事实是不断变化的，并且是不重复变化的"。③ 另外，制度主义、历史主义等非实证传统主张通过语言分析来解释人和世界的存在问题，这又"显得太过于重视人文的东西，因而似乎也未能得到满意的效果"④。因此，批判实在论试图反思和超越近代哲学中的认

① 贾根良. 演化经济学导论 [M]. 北京：中国人民大学出版社，2014：12 - 14.
② Benton T，Craib I. Philosophy of social science：The philosophical foundations of social thought [M]. Macmillan International Higher Education，2010.
③ 特伦斯·W. 哈奇森. 经济学的革命与发展 [M]. 北京：北京大学出版社，1992：384.
④ 赵华. 巴斯卡批判实在论研究 [D]. 南开大学. 2010.

识论转向和语言学转向传统，并重申本体论的基础地位。正如巴斯卡在经济学领域的主要追随者之一①托尼·劳森（Tony Lawson）所说，"我的全部目的，如果用一句不合时宜的话来说，就是要把实在（或它的大部分）请回经济学。这种表述并不是认为当代经济学完全缺乏实在的观念。而是说，当代经济学的特点在于太多的经济现象的解释，是依照经济学忽视了本体论，缺乏对社会的存在或存在的性质的研究的思路来进行的"。② 换言之，经济研究应当超越抽象的、理性的、最大化的"理性人"假设，像马克思在《关于费尔巴哈的提纲》中所强调的那样，要对对象、现实、感性——人的感性世界——作实践的、总体的理解。③ 笔者认为，当前构建大数据时代的经济学新研究范式，同样应当力图把理论研究的关注点"集中在潜藏于一切因果解释观念之中的本体问题上"④，从而"从深层本体论、认知基础和思想背景上克服经济学危机"。⑤

本体论（ontology）的概念源自哲学。杨学功认为，"作为一种特殊的哲学理论形态，Ontology 是以追求终极实在为依归，以奠定知识基础为任务，以达到终极解释为目标的哲学"。⑥ 自 20 世纪 70 年代起，人工智能、知识工程等领域研究者开始将哲学中本体的概念引入进来⑦，用以指导和解决知识概念表示和组织的问题。进入 21 世纪以来，认知科学领域的诸多跨学科研究，使得哲学和计算机领域的本体概念联系日益密切⑧，一些哲学家开始分析和使用计算机编制的形式化本体；很多计算机领域的研究者也将一

① 赵华. 托尼·劳森的经济学批判实在论探析 [J]. 自然辩证法通讯, 2015, 37 (01): 59-64.
② Lawson T. Economics and reality [M]. Psychology Press, 1997.
③ 马国旺. 马克思主义经济学方法论与批判实在论经济学方法论比较研究 [M]. 北京: 经济科学出版社, 2013: 94-95.
④ 杰弗里·M. 霍奇逊. 经济学是如何忘记历史的: 社会科学中的历史特性问题 [M]. 北京: 中国人民大学出版社, 2008: 90.
⑤ 杨建飞. 科学哲学对西方经济学思想演化发展的影响 [M]. 北京: 商务印书馆, 2004: 9.
⑥ 杨学功. 传统本体论哲学批判——对马克思哲学变革实质的一种理解 [M]. 北京: 人民出版社, 2011: 89-90.
⑦ Bundy A, Byrd L, Luger G, et al. Expert Systems in the Micro-electronic Age [J]. 1979.
⑧ 人机与认知实验室. 什么是本体? [EB/OL]. https://blog.csdn.net/vucndnrzk8iwx/article/details/79314523.

些关于本体论的哲学研究成果引入实践之中。大数据与本体的动态构建在本质上具有高度关联性，一方面，大数据的非结构性和复杂性特征，决定了利用本体方法将低价值密度的数据提取为知识是处理大数据的有效途径；另一方面，大数据为刻画人类社会的复杂现象提供了海量数据基础，"万物皆数"成为大数据时代本体论的基本假设①，基于大数据快速构建领域本体和通用本体成为理解复杂经济社会现象的全新手段。

近年来，已经出现了很多基于大数据构建领域本体的研究成果，如Abbes 等②提出从 MongoDB 非结构数据到 OWL 本体的映射规则，Bansal 等③提出在大数据抽取—转化—加载（ETL）过程中引入语义模型并生成资源描述框架（RDF）的语义关联模型，Jirkovsk 等④提出了降低语义异质性的方法并将其应用于工业自动化领域的本体构建中。基于批判实在论的超验实在论和三个依赖性的哲学视角，构建经济运行领域的大数据本体，在技术上已经完全具备可行性。自 2015 年以来，国家发改委大数据中心从宏观经济监测预测的实际需求出发，联合数联铭品（BBD）等企业共同开发了面向宏观经济领域的动态本体（Dynamic Ontology）系统，其将不同类型本体（企业、个人、事件、文档等）建模的基本维度划分为对象（Objects）、属性（Properties）和关系（Relationships）三个方面，目前已经实现了以企业统一社会信用代码为主线，对全国 3000 万家企业和 5000 万家个体工商户的工商注册、就业招聘、招投标、投融资、专利软著、社会信用、行政审批、法院判决等 78 大类 1828 个指标项进行统一关联。其所构建的动态本体平台初步实现了对微观经济主体的行为依赖维度（分析监测企业员工招聘、创新

① 黄欣荣. 大数据的本体假设及其客观本质［J］. 科学技术哲学研究，2016，33（02）：90－94.

② Abbes H，Boukettaya S，Gargouri F. Learning ontology from Big Data through MongoDB database［C］//2015 IEEE/ACS 12th International Conference of Computer Systems and Applications（AICCSA）. IEEE，2015：1－7.

③ Bansal S K，Kagemann S. Integrating big data：A semantic extract-transform-load framework［J］. Computer，2015，48（3）：42－50.

④ Jirkovsk V，Obitko M. Semantic heterogeneity reduction for Big Data in industrial automation［J］. ITAT，2014，1214.

研发、股权投资、产品开发、司法诉讼和信用遵从等行为)、观念依赖维度
(关联分析企业主和员工在新闻媒体和社交网站上的观点信息) 和时空依赖
维度 (分析企业注册地分布、企业生命周期、跨区域投资关系等) 的覆盖,
并在工程层面搭建了涵盖百亿节点规模的图计算引擎,可以很方便地实现本
体混合检索、路径发现、频繁子图挖掘、关键节点识别、社团发现等功能,
已成为支撑国家层面宏观经济分析研判的重要基础。

第二节　涌现秩序：经济学的大数据认识论

　　长期以来,主流经济学领域坚持"在微观经济学的基础上推导宏观经
济理论"。[①] 然而,由于排除了微观主体的行为异质性和变异的可能性,这
种静态还原观的思维不可能对经济系统内生的各种复杂现象和发展过程进行
客观分析,因此一直遭到生态经济学、制度经济学、演化经济学、马克思主
义经济学和后凯恩斯经济学的批判[②]。正如斯蒂格利茨所指出的,20 世纪的
经济学患了"精神分裂症",微观经济学和宏观经济学脱节,这种脱节既表
现为研究方法上的难以沟通,又反映出二者在意识形态上的分歧和对立。[③]
自系统论兴起以来,经济学家越来越认识到,经济学作为一个有机系统有其
特殊结构和特征,"并不是分别研究个体问题之后,加总起来就等于总体问
题。换句话说,微观问题的总和并不等于宏观问题"。[④]

　　正是在这一背景下,批判实在论提出了社会系统的超验实在论观点,并
主张从中观的结构、机制和制度层面对社会系统不同于自然系统的三大本体
论突现特征进行分析。这种观点在经济学中早已有之,哈耶克将其称为
"自发秩序"(Spontaneous Order)和"秩序的突现"(Emergence of Order)。

---

① 黄亚钧. 宏观经济学 [M]. 北京：高等教育出版社, 2000.

② Van den Bergh J C J M, Gowdy J M. The microfoundations of macroeconomics：An evolutionary perspective [J]. Cambridge Journal of Economics, 2003, 27 (1)：65 - 84.

③ 杰弗里·M. 霍奇逊. 经济学是如何忘记历史的：社会科学中的历史特性问题 [M]. 北京：中国人民大学出版社, 2008.

④ 赖建诚. 经济思想史的趣味 [M]. 杭州：浙江大学出版社, 2016：187.

前者即那些既不能按照"人类设计的"也不能按照"自然的"范畴来理解的社会现象，比如市场、语言等①，是各种社会构成要素之间关系的抽象体系的复杂反映，不能为人类大脑所掌握。关于后者，哈耶克论证认为，没有一个微观主体（个体或群体），不论多么聪明，有能力预先知道从大量哪怕是极简单的微观主体的相互作用中涌现出来的宏观秩序是怎样的。②"因为相互之间存在简单关系的要素之数量的增加，而引起'新'模式的'浮现'，意味着这个更大的结构作为一个整体具有某些普遍或抽象特征，只要普遍结构（比如一个代数方程所描述的结构）得到保留，它们就会独立于个别素材的具体数量而反复出现。"③

巴斯卡认为，科学理论的主要任务，就是要认识构成世界的机制（Mechanism），因为机制间的冲突、协作与联合催生了现象群，而这些现象群又成为世界变化和事件演化的基础——这是批判实在论构建经济学认识论的核心人物。基于此，巴斯卡又进一步论证，实在具有突现（Emergence）性特征④，这是社会结构或社会实在本质的重要方面。突现最早是一个生物学词语，由 C. 劳埃德·摩根（C. Lloyd Morgan）提出⑤，并成为一个在自然科学研究和社会科学研究中都具有普遍解释力的理论。所谓突现，是指一个实体拥有一些来自更低层面的特征，但这些特征并不能由那些较低层面特征所预测，也不能被化约为更低层面的组成成分之和。巴斯卡认为，社会系统具有不同于自然界的突现特征，其主要表现在三个方面⑥，即行为依赖（Activity-dependence）、观念依赖（Concept-dependence）和时空依赖（Space-time-dependence）。以下部分，拟从这三个本体论的突现特征出发，

① 秦海. 制度、演化与路径依赖：制度分析综合的理论尝试［M］. 北京：中国财政经济出版社，2004：84-89.
② 汪丁丁. 行为经济学讲义：演化论的视角［M］. 上海：上海人民出版社，2011：104.
③ 弗里德里希·冯·哈耶克. 哈耶克文选：哈耶克论文演讲集［M］. 南京：江苏人民出版社，2000：441.
④ Bhaskar R. Plato etc：Problems of philosophy and their resolution［M］. Routledge, 2009.
⑤ Morgan C L. Emergent evolution［M］. Read Books Ltd, 2013.
⑥ Bhaskar R. The possibility of naturalism：A philosophical critique of the contemporary human sciences［M］. Routledge, 2014.

分别论述经济学对其的思考以及大数据的应用方向，在此基础上，初步构建经济运行的大数据本体模型。

一　行为依赖下经济学的大数据认识论思维

与自然科学研究不同，社会科学研究的对象与人高度相关，因此社会经济关系、结构和机制的存在具有对人的活动的依赖性，它既是人自身各种行为的社会化结果，又是存在于行为者之间的相对持久的社会关系。劳森指出，国家、家庭、经济、国际组织等这些所有的社会结构和体系，都依赖内在的社会关系或是以此为前提条件①。早期的古典政治经济学实际上非常重视行为研究，阿什拉夫甚至将亚当·斯密称为一名"行为经济学家"②，并指出，斯密在《国富论》和《道德情操论》中早已论述了损失厌恶、过度自信、公平、跨期选择、自我控制和利他主义等问题。长期以来，在经济学领域，无论主流还是非主流经济学家，实际上对"理性人"假设的弊端都有清醒认识。如罗伯特·索洛在其诺贝尔奖获奖致辞中所指出的："所有狭义的经济行为都植根于社会制度、习俗、信仰和态度的网络之中……如果对于模型的适当选择依赖于制度环境——并且也应当如此——那么，经济历史就会对扩大理论学家的观察范围起到很好的作用……人们将不得不认识到，一个经济模型的有效性依赖于社会环境。"③ 近年来大行其道的行为经济学则试图以演化的有限理性的现实当事人假定来取代现代经济学的理性经济人假定④，并认为，情境往往决定了人们如何决策，因此，我们可以通过对情境的研究来解释甚至预测人们的经济行为。

在当前全球范围内经济社会数字化转型的大背景下，大数据相比传统统计手段一个最大的优势就是可以通过非干预的方法获取经济社会主体行为方

---

① Lawson, T. Economics and reality [M]. London: Routledge Press, 1997: 165.

② Ashraf N, Camerer C F, Loewenstein G. Adam Smith, behavioral economist [J]. Journal of Economic Perspectives, 2005, 19 (3): 131 – 145.

③ Solow R M. Economic history and economics [J]. The American Economic Review, 1985, 75 (2): 328 – 331.

④ 刘凤良. 行为经济学：理论与扩展 [M]. 北京：中国经济出版社，2008：32 – 33.

方面面的"痕迹"数据。当前，越来越多经济社会运行的行为被投射到云上，各种覆盖数亿甚至数十亿规模人流、物流、资金流的大数据应用层出不穷，万物互联化、数据泛在化的大趋势日益明显。在国家层面，通过行政手段加强对经济运行微观主体行为的非干预化采集，就可以建立起对国家和区域经济运行微观行为的观测体系。举例来说，在整合企业工商注册信息、社会信用记录、股权关系、交易记录、增值税票明细、银行账户、招聘记录、资本市场公告信息等数据源的基础上，就可以运用关联图谱分析（见图5-2）的方法对企业间资金流（投资关系、转账记录、招投标记录）、人员流（员工流动、交叉持股）、产品流（税票进销项、交易记录）、创新流（联合专利、科研专项等）等各方面关联行为进行分析挖掘，从而从微观主体行为的不同角度分析挖掘产业链和产业集群运行规律。从某种意义上说，只要数据收集足够全面，人们就能及时精准地把握原本复杂多变、难以捉摸的经济社会主体行为和复杂的经济现象——这就从方法论上改变了传统经济理论中的单一行为假设所带来的理论相比现实滞后和脱节的问题①。

二　观念依赖下经济学的大数据认识论思维

批判实在论认为，经济社会中的结构、关系、机制的存在与行为者自身的价值判断、观点立场、利益抉择等具有内在关联性。如果说，行为依赖是社会结构的"表象"，那么观念依赖则是社会结构的"内在"。正如玛格所说，如果我们将感情与思维分开，将身体与心智分开，那么我们就犯了"笛卡尔错误"。② 新古典经济学静止的理想化的理性经济人假定，抛弃了古典政治经济学中对人的复杂心理状态的讨论和关注③，对这种倾向的批判和反思贯穿现代经济学发展。凯恩斯就对经济行为主体的心理预期问题十分

① 王国成. 行为大数据与计算实验——探索经济研究新方法 [J]. 天津社会科学, 2016 (03): 86-92.

② Marg E. Descartes, Error: Emotion, reason, and the human brain [J]. Optometry and Vision Science, 1995, 72 (11): 847-848.

③ Angner E, Loewenstein G. Behavioral economics [J]. Handbook of the philosophy of science: Philosophy of economic, 2007 (3): 641-690.

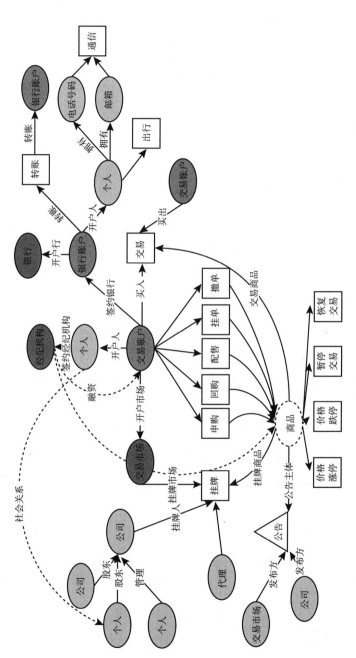

图 5-2　微观主体经济行为关联图谱示意

关注，"几乎在《通论》的所有章节中，凯恩斯用心理倾向（例如消费）和非理性（例如股票市场投机）批评市场失灵"。① 例如，关于消费，凯恩斯指出"存在八个带有主观性质的动机或者目标，它们导致人们不把收入用于消费……依次为谨慎、远虑、筹划、改善、独立、进取、骄傲和贪婪动机，而我们也能看出一系列与之相应的消费动机，如享乐、短视、慷慨、失算、浮华和奢侈"②；投资同样也会受到群体心理的影响，因为"市场会为乐观情绪或悲观情绪的浪潮所支配"。另一个广为人知的案例是"卢卡斯批判"，即面对政策的变化，大规模宏观经济计量模型参数不可能保持不变，因为经济主体的预期会随着经济环境的变化而变化，进而调整自身的行为，正所谓"上有政策，下有对策"。③ 但长期以来，经济学领域对于主体预期、情绪等的策略始终是"世界性难题"④，传统手段只能通过实验、问卷调查等方式收集样本，但样本覆盖面、抽样误差以及实验的人为干预性等问题大大影响了结果的可信度。

随着社交媒体技术的飞速发展，互联网已经从传统的信息传播媒介升华为虚拟社会空间，每天都有数以十亿计的社会主体在互联网上发表言论，这些言论是分析经济社会主体预期的宝贵资源。传统社会理论认为，在现实世界中，人们会为了符合社会客观期望而"制造一种'虚假的舆论'，个人必须'压制内心的真正情感'"⑤，而在网络世界中，人们在日常生活中的社会地位是隐匿的，社会客观期望不起作用，反而更能表现出人们的真实感受——"有真实的袒露，才会有真实的相遇。"⑥ 在这种情况下，人们可以运用自然

① Akerlof G A. Behavioral macroeconomics and macroeconomic behavior [J]. American Economic Review, 2002, 92 (3): 411-433.

② 凯恩斯. 就业、利息和货币通论（重译本）[M]. 北京：商务印书馆，1999.

③ 尹伯成，赵红军. 西方经济学说史：从市场经济视角的考察：第3版 [M]. 上海：复旦大学出版社，2012.

④ 黄燕芬，张超. 大数据情绪指数与经济学研究：现状、问题与展望 [J]. 教学与研究，2018 (05)：40-50.

⑤ 杰弗里·亚历山大. 社会学二十讲：二战以来的理论发展 [M]. 北京：华夏出版社，2000：172.

⑥ 王怡红. 人与人的相遇 [M]. 北京：人民出版社，2003：173-174.

语言理解、语义挖掘等大数据手段，对能够表征经济主体情绪的海量非结构化数据进行分析，从而实现对经济主体预期和观念的精准测度①，这被很多研究者视为打开经济主体行为预期形成"黑箱"的重要钥匙。与前文所述观念依赖与行为依赖的紧密关联相对应的，关于行为的数据和关于观念的数据同样密不可分，它们依附于共同的微观经济主体。以个人为例，通过互联网这样一个真实世界与虚拟世界之间的映射媒介，研究者既可以收集其消费交易记录、社交行为、行为轨迹等行为层面的数据，也可以收集其社交留言、阅读内容、消费偏好等观念层面的数据。正如社会物理学者所指出的，人们的实际行为与"想法流"之间有着可以通过大数据分析而得到的可靠数量关系②，这是我们理解微观主体经济行为的有效渠道。

需要指出的是，观念依赖与行为依赖在很大程度上是相互影响、密不可分的：一方面，人们的思想观念、意识形态、理论诠释将会参与和影响社会结构的发展与变化；另一方面，信仰、意图等又可以部分地通过与他人的交往而形成和被改变③。批判实在论将其称为"社会行为转换模型"："作为个体，我们生而进入一个并非我们所为的结构，我们在其中行动，通过我们的行动，结构可以被改变或存续，我们进而将其传递下去"。④ 布莱恩·阿瑟进一步论证了经济社会主体预期和行为互动的"假设－验证"模型："行为主体要将意义'强加'给问题及其情境，或者说行为主体要建立多个框架或信念结构、假说与问题及其情境之间的关联，并让它们相互竞争以此来理解问题。……行为主体根据他们目前最可信的假说或信念模型来行动，并且在它不再有效时抛弃它，转而采用更好的另一个。某个假说或者关联、信念

---

① Armah N A. Big data analysis: The next frontier [J]. Bank of Canada review, 2013: 32 – 39. Mayer-Schönberger V, Cukier K. Big data: A revolution that will transform how we live, work, and think [M]. Houghton Mifflin Harcourt, 2013.

② 阿莱克斯·彭特兰. 智慧社会：大数据与社会物理学 [M]. 杭州：浙江人民出版社，2015.

③ Lane D, Malerba F, Maxfield R, et al. Choice and action [J]. Journal of evolutionary economics, 1996, 6 (1): 43 – 76.

④ Archer, M. Realist Social Theory: The Morphogenetic Approach [M]. Cambridge: Cambridge University Press, 1995: 84.

模型之所以被采用，不是在于它是'正确的'，因为行为主体没有办法知道这一点，而是在于它在过去是有效的。而且，在'值得'将它舍弃之前，必须先积累起它失败的记录。"① 换句话说，无论对于微观主体决策还是宏观分析而言，行为和预期数据的积累都是前提条件。从这个意义上说，大数据是在实践或方法层面贯通行为依赖和观念依赖的技术手段。何大安将其进一步概括为公式："历史数据 + 现期数据 + 未来数据 = 行为数据流 + 想法数据流 = 大数据"。②

三 时空依赖下经济学的大数据认识论思维

巴斯卡认为，既然社会关系、结构和机制是依赖于人们的行为与观念，那么其就不可避免地对行为主体所处的时空条件产生依赖，而不会具备时空上的恒定性和普遍性。这实际上对包括经济学在内的社会科学的"理性人"假设提出了根本性挑战。正如 A. Clark 所说，行为的过于理性的概念，忽视了人类思维的时间因素和空间因素。③ 由于新古典经济学是模仿牛顿机械力学建立起来的，因此其并不考虑时间和空间问题。罗伯特·索洛就曾调侃道："我的印象是，这个职业中最卓越的、最闪耀的进展似乎认为经济学就是社会的物理学。仅存在一个普遍意义上的关于世界的有效模型。仅仅需要对这一理论进行应用即可。你可以从时间机器中丢弃一个现代经济学家……在任何时候、任何地点，他使用个人电脑，就可以建立起经济理论，甚至不需要知道时间和地点。"④ P. 克鲁格曼也承认，新古典传统的通用做法是"避开地理问题——大部分模型构建将世界想象为没有运输成本的世界"⑤，是"没有尺

① 布莱恩·阿瑟. 复杂经济学：经济思想的新框架 [M]. 杭州：浙江人民出版社, 2018.

② 何大安. 大数据思维改变人类认知的经济学分析 [J]. 社会科学战线, 2018 (01)：47 - 57 + 281 - 282.

③ Clark A. Being there：Putting brain, body, and world together again [M]. MIT press, 1998.

④ Solow R M. Economic history and economics [J]. The American Economic Review, 1985, 75 (2)：328 - 331.

⑤ P. 克鲁格曼. "新经济地理学"在哪里？ //G. L. 克拉克, 等. 牛津经济地理学手册 [M]. 北京：商务印书馆, 2010：49.

度的仙境"。^① 对于这种静态均衡观，学界一直不乏质疑之声。恩格斯曾说
过："政治经济学在本质上是一门历史科学。它考虑的对象是历史的，也就
是说，是不断变化的。"^② 凡勃伦则提出，应当取消"消极被动的、充满惰
性的、亘古不变的人性"，他主张用"行为人和他所处的环境都是上一个过
程的结果"对个体的特征和行为做"演化的"和"积累的"解释。^③ 但总
体而言，主流经济学对于时间和空间的接纳很晚，一直到 20 世纪 30 年代凯
恩斯才引入时间的概念^④，到 20 世纪 80 年代"新经济地理学"革命才建立
起对空间的分析模型^⑤，前者认为现在所拥有的资本存量、劳动技能及企业
组织，都是在过去被生产出来的；当下的抉择就是根据对未来的预期，投资
将在预期的影响下自由波动；后者则将报酬递增、不完全竞争和多重均衡引
入经济地理研究中，并运用计算机模拟仿真（藤田模型）对空间演化规律
进行建模。^⑥

大数据时代的到来，使得基于个体粒度的海量时空轨迹来获取人类移动
模式成为可能。^⑦ 一般认为，可以将时空大数据的基本信息划分为时间、空
间和专题属性三个维度。^⑧ 当前，随着位置服务（LBS）的大量盛行，很多
互联网公司巨头掌握了大量用户的时空轨迹信息，这些信息已经成为分析研
判宏微观经济走势的重要依据。与数据基础重构相对应的是研究方法的重
构。有学者指出，现代主流经济学倾向于忽视甚至遗忘时空问题，与经济学

---

① Krugman P R. Geography and trade ［M］. MIT press, 1991.

② 恩格斯. 反杜林论 ［M］. 北京：人民出版社，1970.

③ Veblen T. Why is economics not an evolutionary science? ［J］. The quarterly journal of economics, 1898, 12 (4)：373－397.

④ 海曼·P. 明斯基. 凯恩斯《通论》新释 ［M］. 北京：清华大学出版社，2009.

⑤ P. 克鲁格曼. "新经济地理学"在哪里？//G. L. 卡拉克，等. 牛津经济地理学手册 ［M］. 北京：商务印书馆，2010：49－50.

⑥ Fujita M. Monopolistic competition and urban systems ［J］. European economic review, 1993, 37 (2－3)：308－315.

⑦ 种照辉，覃成林，叶信岳. 城市群经济网络与经济增长——基于大数据与网络分析方法的研究 ［J］. 统计研究，2018, 35 (01)：13－21.

⑧ 朱庆，付萧. 多模态时空大数据可视分析方法综述 ［J］. 测绘学报，2017, 46 (10)：1672－1677.

对于数学的过度依赖也有关系，因为数学的概念体系中，没有"属人"的历史时间，它只有"属物"的变动时间，数学的过多使用会使经济学忘记自己的历史性，陷入孤立、静止和片面的形而上学认识论中。① 正如有批评者指出的："静态一般均衡将经济在空间维度上完美化了，动态一般均衡则在空间和时间两个维度上将经济完美化。"② 而在时空大数据的环境下，很多全新数据分析和挖掘手段，比如时空聚类、图像识别、特征抽取、数据可视化等将成为经济学研究的新手段，这也有助于增强经济学对于复杂经济现象时空演化规律的认识。

对于经济学而言，这种对于机制和突现的强调，实际上是架构起宏观经济与微观经济之间的"中观"经济桥梁，从而成为帮助经济学实现从机械论、还原论、简化论视角向演化论、整体论、复杂论视角跃迁的重要途径。沿着这一视角，布莱恩·阿瑟③曾总结了资本市场运行中的泡沫和崩溃、集群波动（Clusted Volatility）和突然渗透（Sudden Percolation）等现象，并指出，这些现象具有明显的非均衡、时空不确定性和扩散性特征，并且在经济的"中观层面"上，即微观层面和宏观层面之间发挥作用，具有中观经济（meso-economy）的特征。④ 这种聚焦中观、"兼具个体视角和群体视角"⑤ 的研究路径，被很多主流经济学家给予厚望，并被称为"中观经济学革命"。⑥ 1989年，特里夫·哈维默（Trygve Haavelmo）在其诺贝尔奖颁奖演讲中就指出："现有的经济理论不是很好……我们从研究多种选择条件下的个体行为开始……然后，我们试图通过所谓的聚集过程建立一个经济社会的总体模型。我现在想，这实际上是从一个错误的起点开始……从现存社会出发，我们可以将其看作一

① 任瑞敏. 经济学数学化的演进与批判［M］. 上海：上海人民出版社，2016：5.
② 崔殿超. 经济学数学化的代价［M］. 哈尔滨：黑龙江大学出版社，2015：102 – 104.
③ 布莱恩·阿瑟. 复杂经济学：经济思想的新框架［M］. 杭州：浙江人民出版社，2018.
④ Elsner W, Heinrich T. A simple theory of "meso". On the co-evolution of institutions and platform size—with an application to varieties of capitalism and "medium-sized" countries［J］. The Journal of Socio-Economics，2009，38（5）：843 – 858.
⑤ 汪丁丁. 行为经济学讲义：演化论的视角［M］. 上海：上海人民出版社，2011：77.
⑥ 贾根良. 演化经济学导论［M］. 北京：中国人民大学出版社，2014：130 – 131.

个规则结构，社会成员必须在这个结构中行动。当个体遵守这些规则时，他们对这些规则的反应就产生了标志这个社会的经济结果"。①

第三节 中观溯因：经济学的大数据方法论

演化经济学家多普菲（Kurt Dopfer）② 曾指出，"经济系统是一个包含我们称之为中观的规则系统。……每个中观单位都由一个规则和它的实现群体构成。……微观指的是规则的个体载体以及它们所组成的系统，宏观则由中观系统的个体群结构构成。中观结构的组成元素共享着微观结构，而中观的组成元素又通过宏观结构连接，结果是形成了一个用于分析经济演化中中观领域变化的本体上一致的框架——我们称之为中观轨道"。基于此，多普菲提出了微观—中观—宏观一体的经济演化分析框架：企业家在微观层面创新，模仿者则在中观层面追随，作为其结果，在宏观层面"创造性毁灭"，这一理论可以上溯到熊彼特关于创新扩散的一系列论述。③ 从经济社会系统突现的行为依赖、观念依赖和时空依赖等三个基本特征来看，其与大数据都具有内在关联。笔者认为，在大数据时代，经济学界有可能实现宏观研究与微观研究的理论"会师"，从而从根本上"治愈"斯蒂格利茨所说的微观经济学和宏观经济学脱节的"精神分裂症"。现代西方哲学自胡塞尔开始，经由海德格尔、萨特等人的发展，开始从关注"主体性"向关注"主体间性"转变。所谓主体间性（intersubjectivity），是指某物的存在既非独立于人类心灵（纯客观的），也非取决于单个心灵或主体（纯主观的），而是有赖于不同心灵的共同特征，那么它就是主体间的。④ 在现代经济学中，新制度经济学、博弈论、演

① Haavelmo T. Econometrics and the welfare state [J]. The American Economic Review, 1997, 87 (6): 13 – 15.
② Dopfer K, Potts J. Micro-Meso-Macro: A new framework for evolutionary economic analysis [J]. Evolution and Economic Complexity, Cheltenham: Edward Elgar, 2004.
③ Hanusch H, Pyka A. Elgar companion to neo-Schumpeterian economics [R]. Edward Elgar Publishing, 2007.
④ 尼古拉斯·布宁. 西方哲学英汉对照辞典 [M]. 北京：人民出版社，2001：518 – 519.

化经济学等思想均与主体间性思想保持了良好的沟通和一致。① 在批判实在论中，主体间性被嵌入制度、惯例、传统和人的实践能动性中，从而结合主体性和主体间性两种视角来阐释人的创造能动性在经济演化过程中的基础作用。② 其最终导向的经济学方法论范式可以概括为在中观层面对于涌现秩序的发现和解释，亦即"中观溯因"，正如汪丁丁所指出的，"个体嵌入社会网络内，个体理性与群体规范相互作用，许多这样的个体的相互作用可以涌现……稳定性的宏观秩序。这是我心目中最科学的社会科学研究方法"。③

一 中观层面的涌现秩序发现路径

从经济系统的三个突现特征出发，可以分别从主体性和主体间性两个角度对中观层面的经济大数据分析方法进行初步论述。

首先，行为依赖视角下的大数据中观分析。在中观层面，对微观主体行为网络中模式和涌现现象的分析，恰恰是理解批判实在论所谓机制的必由之路，这种"制度的'网络化'结构，从本源上说，正是制度产生的方式"。④ 在主体性层面，大数据分析可以借助聚类分析、社群发现等无监督学习方法，有效识别微观主体中潜在的集群结构（如通过分析挖掘不同统计门类下行业的招聘需求文本，识别各种跨行业的新兴技能部门，以为新业态新模式识别提供参考），从而帮助人们从不同角度把握经济运行的基本态势。在主体间性层面，通过大数据方法构建微观主体间的行为关系网络，并运用社会网络分析、复杂网络等方法识别和发现行为网络中的潜在模式及其演化趋势，是发现制度涌现的重要渠道。特别是在互联网环境下，可以通过类似"AB测试"等方法在微观主体行为所处的环境和制度层面对某些要素进行调整并测试群体行为的结构性变化，从而形成类似于自然实验条件的测试环境。比如，一

① 唐丽娜．现代西方经济学中的主体间性思考［J］．西北大学学报（哲学社会科学版），2007（02）：116 – 120.
② 马国旺．马克思主义经济学方法论与批判实在论经济学方法论比较研究［M］．北京：经济科学出版社，2013：96 – 97.
③ 汪丁丁．行为经济学讲义：演化论的视角［M］．上海：上海人民出版社，2011：23.
④ 范如国．制度演化及其复杂性［M］．北京：科学出版社，2011：4 – 6.

些社交媒体通过在"点赞""回复"等功能和各种表情包上的微小调整，就可以量化研究用户群体的行为变化。①

其次，观念依赖视角下的大数据中观分析。关于主体观念的中观层面解读，则是社会文化、习俗、制度等因素对人们观念的深层次影响，这种影响在不同流派的经济学家那里有不同表述，凡勃伦将其归结为习惯，认为"所有的经济变化……总是最终归咎于思维习惯的变化"②；哈耶克则称之为"软理性"约束（soft rationality constraint）或"规则遵从"③；当代演化经济学的开创者尼尔森和温特将其归结为"日常惯例"④，并将其与生物进化中的基因相类比；演化博弈论者则使用"共同知识"⑤的表述方式，并认为行为理性就是基于习俗而形成的行为互动和互惠性，共同知识来源于重复的囚犯困境。基于大数据的群体情绪和群体预期指数，已经成为近年来行为金融学和行为经济学研究的热点前沿。⑥ 在主体性层面，结合对用户群体的人口统计学基本特征和需求偏好特征可以对大数据监测覆盖的微观经济主体进行群体划分。特别是近年来社交媒体领域基于社会行为标签（tag）⑦ 从认知论的角度进行经济群体划分，亦即熊彼特所说的"用贴标签的方法给事实归类"⑧。在主体间性的层面，群体内部和群体间的模仿学习、情绪传播也可以通过监测经济主体关系网络的演化和传播进行分析，从而实现对群体性非理性预期形成和扩散机制进行还原，也是对中观层面复杂经济现象解释的重要渠道。

① 汪毅霖. 大数据预测与大数据时代的经济学预测［J］. 学术界, 2016（11）: 77 - 90 + 325.

② TB V. The place of science in modern civilisation and other essays［J］. 1990.

③ Hayek F A. Law, legislation and liberty, volume 1: Rules and order［M］. University of Chicago Press, 1978.

④ Nelson R, Winter E S. An evolutionary theory of economic change［J］. Resources, Firms, and Strategies: A Reader in the Resource-based Perspective, 1997: 82.

⑤ 秦海. 制度、演化与路径依赖: 制度分析综合的理论尝试［M］. 北京: 中国财政经济出版社, 2004: 49 - 50.

⑥ 黄燕芬, 张超. 大数据情绪指数与经济学研究: 现状、问题与展望［J］. 教学与研究, 2018（05）: 40 - 50.

⑦ Zhang Z K, Zhou T, Zhang Y C. Tag-aware recommender systems: A state-of-the-art survey［J］. Journal of computer science and technology, 2011, 26（5）: 767.

⑧ 豪斯曼. 经济学的哲学［M］. 上海: 上海人民出版社, 2007.

最后，时空依赖视角下的大数据中观分析。近年来，将海量数据从时空关联的维度进行集成整合，并支撑中观层面的产业和区域分析，已经成为相关领域的研究热点问题。在主体性层面，在宏观经济大数据分析中，在特定时空范围的地理基础图层上基于地理位置定位关联叠加多重数据开展交叉比对分析，已经成为一种通用研究手段。很多政府信息化机构，如北京市信息资源管理中心就基于其所牵头负责的北京市年度航空摄影及后处理，构建基于时空数据的遥感影像数据和政务信息图层的共享服务体系，形成了数百个与北京市城市治理和经济社会运行相关的图层数据，大大方便了决策部门开展分析研判。很多研究者基于位置信息、卫星遥感数据、兴趣点（POI）数据和夜间灯光数据等对城市功能区、热点区等进行热点分析和边界鉴别[1]。在主体间性层面，通用的分析视角是对所谓"关系地理"[2] 的大数据还原，对区域间人群、物资、资金、技术等产业要素的流动进行大数据分析监测。这方面，很多研究者均尝试运用大数据手段对城市群网络结构[3]、区域间贸易网络[4]等开展分析。

二　超越归纳与演绎：中观经济大数据分析的方法论跃进

经济学中历来有归纳法（Induction）与演绎法（Reduction）之争。早

① 杨振山，龙瀛．大数据对人文—经济地理学研究的促进与局限 ［J］．地理科学进展，2015（4）：410－417. Nelson A C, Duncan J B. Growth management principles and practices ［M］. Chicago, IL: Planners Press. 1995. Tan K C, San Lim H, MatJafri M Z, et al. Landsat data to evaluate urban expansion and determine land use/land cover changes in Penang Island, Malaysia ［J］. Environmental Earth Sciences, 2010, 60 （7）：1509－1521. Long Y, Liu X. Featured graphic. How mixed is Beijing, China? A visual exploration of mixed land use ［J］. Environment and Planning A, 2013, 45 （12）：2797－2798.

② 贺灿飞，郭琪，马妍，等．西方经济地理学研究进展 ［J］．地理学报，2014，69 （8）：1207－1223.

③ 种照辉，覃成林，叶信岳．城市群经济网络与经济增长——基于大数据与网络分析方法的研究 ［J］．统计研究，2018，35 （01）：13－21. 李涛，周锐，苏海龙，等．长三角区域经济一体化水平的测度：以关系型大数据为基础 ［J］．新常态：传承与变革——2015 中国城市规划年会论文集（12 区域规划与城市经济），2015.

④ Hidalgo C A, Klinger B, Barabási A L, et al. The product space conditions the development of nations ［J］. Science, 2007, 317 （5837）：482－487.

期经济学研究中归纳法的代表是德国历史学派，他们"更喜欢运用归纳方法，似乎认为收集到足够的经验证据之后，理论就可能出现"。① 而随着实证主义的流行，更多的经济学家，比如古典经济学的集大成者穆勒就认为，尽管归纳技术在自然科学中的应用富有成效，但实验方法对经济学而言尚不可行，所以经济学应当是使用演绎方法的假设科学②，此后的主流经济学也主要沿着演绎主义的方法发展。针对经济学研究中的归纳和演绎方法之争，很多学者试图提出调和的思路。穆勒在倡导演绎方法的同时就指出，经济学家从其演绎模型中得出的结论，应当通过与事实的比较予以检验。马歇尔也认为，归纳和演绎是相互包含的关系，"正如每一个演绎一定要以归纳为基础一样，每一个归纳过程也一定涉及和包括分析和演绎"。③ 然而，自 20 世纪下半叶实证主义衰落以来，哲学家们普遍意识到，无论归纳主义还是演绎主义，其作为获取知识的方式都存在局限，因此希望调和经验主义和演绎主义的思维，本身在哲学上就是错误的，人们需要比这两个方法的组合更多的东西。④ 皮尔斯（Charles Sanders Peirce）指出，归纳和演绎都不能发现完全新颖的事实：归纳包含了证实或者证伪一个开始给定的假设的企图，其发现的新知识依然受初始假设的影响和制约；演绎逻辑上的结论已经被包括在前提中，因此不会产生新知识。⑤ 基于此，皮尔斯提出了"溯因推理"（abduction）的概念，即从规则和结果推导出导致情形发生的可能原因，或者说是从结果到原因的推理。皮尔斯认为，只有溯因推理才是"形成假设的过程，唯一产生新信念的逻辑操作"⑥，因此可以超越归纳和演绎这两种

① 哈里·兰德雷斯，大卫·C. 柯南德尔. 经济思想史：第四版 [M]. 北京：人民邮电出版社，2011：341.
② 约翰·斯图亚特·穆勒. 略论政治经济学某些有待解决的问题：第 2 版 [M]. 美国：奥古斯塔斯·M·凯莱出版公司，1968：120 - 164.
③ Marshall A. Principles of economics：unabridged eighth edition [M]. Cosimo, Inc., 2009.
④ 杰弗里·M. 霍奇逊. 经济学是如何忘记历史的：社会科学中的历史特性问题 [M]. 北京：中国人民大学出版社，2008：88 - 89.
⑤ Peirce C S. Selected writings (Values in a universe of chance) [M]. Courier Corporation, 1966：123 - 125.
⑥ Peirce C S. Collected papers of charles sanders peirce [M]. Harvard University Press, 1974：170.

方法各自的局限（见表 5 - 2）。但溯因推理不是严格的形式逻辑推理，其结论不具有逻辑必然性，而是一种猜测性的提出原因，是易错的。①

表 5 - 2　演绎、归纳和溯因推理比较②

演绎	归纳	溯因推理
规则:这个袋子中的所有豆子都是白色的 情形:这些豆子来自这个袋子 结果:这些豆子是白色的	情形:这些豆子来自这个袋子 结果:这些豆子是白色的 规则:这个袋子中的所有豆子是白色的	规则:这个袋子中的所有豆子是白色的 结果:这些豆子是白色的 情形:这些豆子来自这个袋子

受溯因推理的启示，批判实在论阐述了建立科学假说的回溯程序，即以深度本体论为基础，强调科学假说的宗旨是透过经验域和事实域，去发现实在域中客观存在的深层次结构、趋势和机制。批判实在论相信，虽然经济系统是一个开放系统，但我们很难做到像自然科学那样在完全可控的实验环境中开展研究，但我们所面临的经济社会现象并非完全混乱、随机和无规律的。在特定的时空条件中，我们会看到左右经济现象的深层结构、机制等呈现一些粗略的、局部的经验规则，劳森将其称为半规则（Demi-regularities）③，这是进行溯因推理的基本切入点。由于决定事物走向的深层次机制之间也会存在彼此互动、彼此影响的现象，因此我们不能简单通过统计规律去归纳事件之间的规律连接关系，而应当将精力放在解释和辨析那些能够影响经验现象走势的结构、机制和趋势。④ 置言之，批判实在论认为，经验现象之间不存在实证主义的因果关系，而只能将其归纳为统计上的关联性；但决定现象的深层次机制或结构则是相对固定的，因此因果关系只存在于事物的机制之

① 马国旺. 马克思主义经济学方法论与批判实在论经济学方法论比较研究 ［M］. 北京：经济科学出版社，2013：111 - 112.

② Danermark B, Ekström M, Karlsson J C. Explaining society：Critical realism in the social sciences ［M］. Routledge, 2019.

③ Tony Lawson. Economics and reality ［M］. London：Routledge, 1997：206 - 208.

④ Bhaskar R. The possibility of naturalism：A philosophical critique of the contemporary human sciences ［M］. Routledge, 2014.

中，这就构成了批判实在论的因果观与实证主义因果观的本质不同。[①] 科学的首要目标应当是发现关于机制的知识，从而解释现象背后的因果机制（Causal Mechanisms）。

近年来，随着大数据分析方法的逐渐盛行，很多关于大数据方法论层面的思考和争论也开始逐渐显现。最为知名的观点就是吉姆·格雷（Jim Gray）提出的科学"第四范式"（the Fourth Paradigm）[②]，即随着海量数据归集和分析日益成为现实，未来的科学将越来越重视"利用计算机从生成和储存在电子存储库中的数据里获取认识范式"[③]，海量数据已经可以独立于理论而自己说话，并展示自身的真理性。由此，"大数据实质上促使科学知识生产的经验主义模型成为可能"。[④] 很多研究者认为，以大数据为基础的新经验主义范式，本质上是归纳方法的再次回归，"这一路径的核心是使用归纳规则：'归纳推理通常总是未完成的，推理的结果更可能的是改变已经做出的推理，有可能继续没有止境的推理，最佳归纳规则是进化的'"。[⑤] 大数据"新经验主义"拒绝形而上学的预设[⑥]，认为在海量数据基础上，不需要依赖理论模型的构建，而通过运用数据挖掘和人工智能分析手段，就能够形成理解世界的新途径。总之，"关联关系替代了因果关系，科学甚至可以在没有明确模型、统一理论或任何机械解释的情况下前进"。[⑦]

大数据"新经验主义"拒绝传统演绎主义传统下的因果关系分析，转而依靠分析经验现象之间的关联关系，这一点与批判实在论有相似之处。但

---

① Sayer A. Realism and social science [M]. Sage, 1999: 14 – 15.

② Gray J, Szalay A. eScience-A transformed scientific method [J]. Presentation to the Computer Science and Technology Board of the National Research Council, Mountain View, CA, 2007.

③ Tansley S, Tolle K M. The fourth paradigm: Data-intensive scientific discovery [M]. Redmond, WA: Microsoft research, 2009.

④ Kitchin R. Big Data, new epistemologies and paradigm shifts [J]. Big data & society, 2014, 1 (1): 2053951714528481.

⑤ Mazzocchi F. Could Big Data be the end of theory in science? A few remarks on the epistemology of data - driven science [J]. EMBO reports, 2015, 16 (10): 1250 – 1255.

⑥ 贾向桐. 大数据的新经验主义进路及其问题 [J]. 江西社会科学, 2017, 37 (12): 5 – 11.

⑦ Anderson C. The end of theory: The data deluge makes the scientific method obsolete [J]. Wired magazine, 2008, 16 (7): 16 – 07.

站在批判实在论的视角，科学发现更重要的目标是要发现和分析现象背后的因果机制（Causal Mechanisms）。在这一点上，大数据经验主义并未给出清晰的答案。事实上，如果仅仅因为大数据时代的数据规模更大、种类更丰富，就一味强调归纳方法的重要意义，甚至认为科学认知在"本质上是纯归纳的"[1]，似乎有些过于乐观了。正如有研究者指出的，大数据并没有从根本上弥补归纳法本身固有的缺陷，因为"数据也是价值负载的，数据是典型的使用工具收集、测量和感知的。在宽泛意义上，那些工具是根据我们所知理论建构的，所以，我们的测量以及工具所告知的超出其自身的实在是受理论影响的"。[2]

如果我们将经济大数据分析的视角聚焦于中观层面，那么我们可以将一个完整的大数据分析方法看作一种归纳、演绎和溯因推理方法的综合应用。首先，综合运用统计分析、数据挖掘、复杂网络分析、机器学习等多种手段，分析发现与研究对象相关的海量数据中存在的结构性特征、特定群体、特定模式和演化趋势，这是一个归纳的过程；其次，运用溯因推理的方法，从半规则出发，通过理论抽象和隔离识别出这些特征、群体、模式或趋势所指代的经验事件背后的深层次机制、结构或趋势，形成针对特定经济研究现象在中观层面演化的理论假说和模型；最后，通过多主体仿真（multi-agent simulation）、演化博弈论、机器学习等手段，对所构建的中观演化假说或模型进行模拟仿真和演绎推理，并结合真实数据情况（验证集）对仿真结果进行优化调整，最终再与真实数据集（测试集）进行对比检验。

---

① Kitchin R. Big Data, new epistemologies and paradigm shifts [J]. Big data & society, 2014, 1 (1): 2053951714528481.

② Frické M. Big data and its epistemology [J]. Journal of the Association for Information Science and Technology, 2015, 66 (4): 651-661.

下篇：实践篇

早在 2015 年，国家发展改革委依托国家信息中心组建了国家发展改革委互联网大数据分析中心，核心业务定位是构建基于大数据（非统计数据）的国民经济监测预测和决策支持体系。2017 年，国家信息中心正式组建大数据发展部，在中央各部委中率先组建了一支主要由事业单位人员组成的宏观经济大数据分析专业队伍。

围绕宏观经济大数据分析实际业务需求，我们尝试提出了一套兼顾理论创新和应用实践的"4＋2"宏观经济大数据分析体系。其中，"4"代表宏观经济大数据分析的四种路径，分别是以利用大数据改进传统经济学方法为核心的传统改良路径，以复杂网络分析方法为核心的行为依赖性路径，以自然语言处理等人工智能为基础的观念依赖性路径，以及以时空地理信息系统为依托的时空依赖性路径；"2"代表宏观经济大数据分析的两方面应用场景，分别是针对海量数据背后所隐藏的各种关联模式开展挖掘和描述性分析的经济监测场景，以及基于全样本数据全面提升经济和社会行为预测能力的经济预测场景。

在方法创新方面，我们开展了大量实验并研发了基于大数据的经济动力监测、产业运行监测、区域发展监测等系列新型经济监测指标体系，以实际业务需求为牵引提出了完全数据驱动化的经济监测预测方法、基于启发式社团发现模型的创新态势预测方法、字符级卷积神经网络的社会心态监测方法等一批用于经济监测预测的算法方法。在平台设计方面，我们对集宏中微观经济运行分析于一体的"国家经济大脑"设计思路进行了系统性思考，提出了数据基础应坚持政府数据与社会数据相统一、分析手段应坚持均衡范式与演化范式相统一、应用方向应坚持监测预测与风险监管相统一的总体原则。我们对"国家经济大脑"微观层面如何有效构建微观经济运行动态本体库、中观层面如何快速构建中观经济大数据仿真分析平台、宏观层面如何科学构建宏观经济监测预测大数据平台进行了体系化设计及详细阐述。

　　本书下篇主要基于前文所论述几个重点方面的探索实践，系统性介绍宏观经济大数据分析的方法体系和应用案例，并提出构建国家经济大脑的初步设想。

第六章

传统改良——统计分析路径的实践探索

1995 年，费亚德（U. M. Fayyad）将大数据的基本目标概括为两个方面[①]：监测与预测。前者是针对海量数据背后所隐藏的各种关联模式展开挖掘，后者则是基于全样本数据全面提升行为预测能力。另外，基于本书上一章的论述，可以分别从传统改良方案（即大数据对于计量经济学的方法改进），以及前文所述的中观层面秩序涌现的三个依赖性出发，从四条路径分别论述大数据在宏观经济监测研究和预测研究（Predictive）两个方面的应用路径，如图 6 - 1 所示。

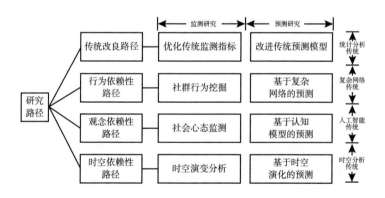

图 6 - 1 宏观经济大数据分析体系的构建

本书第六～九章，将分别论述上述四条路径下的具体分析方法和应用案例。

---

① Fayyad, U M. , and Ramasamy Uthurusamy, eds. KDD - 95：Proceedings. AAAI Press, 1995.

第一节　主要分析方法："三库碰撞"

以 5G、大数据、人工智能等为代表的新一代信息技术革命正在深刻影响当前经济社会运行的各领域、各方面、各环节，技术变化已然成为推进宏观调控理念变革和方法创新的深刻动因。探索建立一套快速有效、适配变化、智能精准的经济监测预测方法，既是进一步有效提升宏观调控水平的重要支撑，又是政府加快顺应时代变化的历史使命，更能够为我国实现高质量发展、创造高品质生活、推进高水平开放提供更加强大的驱动力。以习近平同志为核心的党中央高度重视大数据智能化与经济监测预测相结合的重要工作，并在党的十九届三中全会上明确指出，"要强化经济监测预测预警能力，综合运用大数据、云计算等技术手段，增强宏观调控前瞻性、针对性、协同性"，将新一代信息技术在经济监测预测预警中的作用提升到新的高度，然而，复杂经济形态下传统经济监测预测方法面临四大挑战。

一是时效难——依赖历史统计数据难以实时研判最新态势。现行的经济监测预测方法大多基于历史统计数据进行分析或预测未来的数据变化走势，但此方法往往受制于统计数据的时效性。传统统计数据主要是通过开展经济普查、抽样调查、重点调查、典型调查等手段，利用层层报送数据的方式汇总计算相应宏观经济指标，这种方法最明显的缺陷是具有很强的时滞性。在应对重大突发事件和高频度经济震荡时，传统经济监测预测方法很可能会导致政府决策部门后知后觉，容易造成决策失误等严重后果。

二是细分难——统计样本的局限性容易导致分析粒度不足。统计样本的数量和样本获取的成本往往成正比，随着统计样本量的增加，统计过程中的时间成本、人力成本和资金成本等均会相应急速增高，因此统计样本的覆盖范围存在一定的局限性。传统经济监测预测方法高度依赖统计数据样本，一旦样本出现偏差，一方面，很容易导致分析预测结果精度不足，另一方面，很难为细分行业及新兴行业的经济决策提供有效支撑。

三是客观难——人为误报等因素可能会造成结果不够客观。传统统计数据的产生需要大量使用人工进行搜集、加工、上报及汇总，不仅人为参与的程度较深、耗费的时间周期较长，而且统计流程也较为复杂。由于人为参与全过程中过多环节，无论是出于主观考虑或出现客观失误，都极易造成数据迟报、漏报、瞒报、误报等现象，此时往往会导致统计样本真实性偏差的隐患，如果使用这种存在偏差的数据进行经济监测预测，则会进一步扩大误差范围。

四是精准难——经济监测预测尚未与最先进技术紧密结合。以经济学家主导的经济监测预测模型拥有相对成熟的经济理论作为支撑，主要包括结构化计量预测模型、非结构化时间序列预测模型和动态随机一般均衡预测模型三类，其能够较好地解释经济社会运行的关键影响因素。但当今世界，全球发展深层次矛盾突出，保护主义、单边主义思潮抬头，多边贸易体制受到冲击，我国经济也由高速增长阶段转向高质量发展阶段，全球经济整体发展环境面临诸多风险和不确定性，面对这一错综复杂的变化，传统计量方法的种种假设也常常不符合当下的经济现实。同时，传统经验理论往往与现实情况会存在一定偏差，传统经济监测预测模型略显乏力。而目前以 BERT、XLNet、RoBERTa、N-BEATS 等为代表的深度学习技术已经在诸多领域展现出超凡的预测能力和实用价值，但是未能与经济监测预测深度结合。

一 "三库碰撞"总体思路

在上述情形下，有效利用微观数据和新型技术手段改进经济监测预测方法，已经成为政府决策者和学术研究界共同关注的热点问题。以微观经济学权威瓦里安教授为代表的一批顶级科学家指出，以机器学习、深度学习、复杂网络等技术为代表的大数据方法正在改变经济学的研究范式。全球多个顶级期刊也纷纷推出了有关"监测预测"的专题，通过多项研究实践成果解读了新技术对经济社会多方面监测预测的最新研究进展与未来方向，大量理论方法和实践经验已经在一定程度上证明了完全数据驱动化的经济监测预测方法的可能性。完全数据驱动化的经济监测预测方法（"三库碰撞"）的总体思路如图 6 - 2 所示，可概括为："N + 1 + 3"，即汇聚 N 种多源数据、突破 1 个关键环节、沉淀 3 种数据资产。

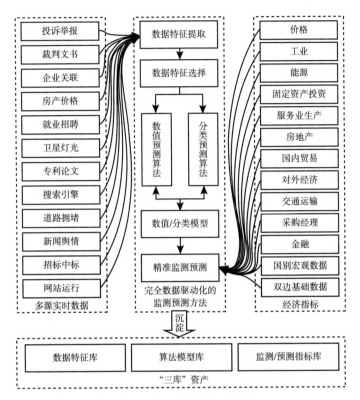

图 6 - 2   "三库碰撞"总体思路

1. 汇聚 N 种多源数据

尽可能大范围引入可持续稳定获取的细粒度数据资源，包括但不限于投诉举报、裁判文书、企业关联、房产价格、就业招聘、卫星灯光、专利论文、搜索引擎、道路拥堵、新闻舆情、招标中标、网站运行等相关数据。

2. 突破1个关键环节

在充分吸收国内外经济监测预测理论基础和模型方法精髓的基础上，大面积应用机器学习、深度学习、复杂网络、自然语言处理等信息技术，一方面可以减少人工假设和人为经验的控制程度，另一方面可以从多源细粒度数据中抽取大量的数据特征，不断尝试数据特征的组合方式，与监测预测目标结果进行自动化碰撞，并根据监测预测效果不断优化调整数据特征及相应算法，最终由机器自动化选择一种最优组合从而达到经济精准监测预测效果。

3.沉淀3种数据资产

以"万物皆数"为指导思想，不断沉淀经济监测预测各环节的过程性数据，利用技术手段加深数据提取的广度和深度，通过实践过程中所沉淀的数据特征库、算法模型库、监测/预测指标库不断倒逼技术方法迭代升级，加快弥合经济监测预测与新技术之间的缝隙。

二 "三库碰撞"进阶过程

目前，"三库碰撞"即利用高频数据和机器学习算法预测统计指标大致分为三个阶段，如图6-3所示：一是二值分类阶段，即预测下月统计指标是增是减或是荣是枯等；二是多值分类阶段，即预测下月统计指标的增减幅度范围（如0~20%或20%~40%等）；三是数值预测阶段，即精准预测下月统计指标的具体数值。三段进阶过程对宏观经济研判的决策支撑作用由低到高，而对其算法设计和预测难度也是由易至难。

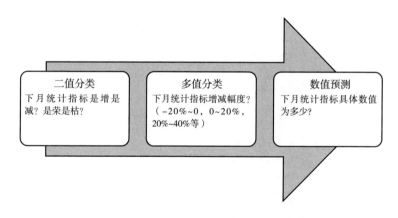

图6-3 "三库碰撞"三段进阶过程

1.算法模型库

常用的算法模型主要有回归算法、正则化算法、基于实例和记忆算法、降维算法、深度学习算法、关联规则算法、集成学习算法、贝叶斯算法、决策树算法、聚类算法、神经网络算法等，具体详见表6-1。

表 6 - 1　算法模型库

算法分类	算法名称
回归算法	普通最小二乘回归（OLSR）
	线性回归
	Logistic 回归
	逐步回归
	多变量自适应回归样条曲线（MARS）
	局部估计散射平滑（LOESS）
	折刀回归
正则化算法	岭回归
	最少的绝对收缩和选择算子（LASSO）
	弹性网
	最小角度回归（LARS）
基于实例和记忆算法	k - 最近邻（kNN）
	学习矢量化（LVQ）
	自组织映射（SOM）
	本地加权学习（LWL）
降维算法	主成分分析（PCA）
	主成分回归（PCR）
	偏最小二乘回归（PLSR）
	Sammon 映射
	多维度缩放（MDS）
	投影追求
	判别分析（LDA,MDA,QDA,FDA）
深度学习算法	深度玻尔兹曼机器（DBM）
	深度置信网络（DBN）
	卷积神经网络（CNN）
	堆叠的自动编码器
	RNN
关联规则算法	Apriori
	Eclat
	FP-Growth
集成学习算法	Logit Boost（Boosting）
	自举聚合（Bagging）
	AdaBoost
	堆叠泛化（混合）
	梯度增压机（GBM）
	梯度增强回归树（GBRT）
	随机森林

算法分类	算法名称
贝叶斯算法	朴素贝叶斯
	高斯朴素贝叶斯
	多项式朴素贝叶斯
	平均独依赖估计（AODE）
	贝叶斯信仰网络（BBN）
	贝叶斯网络（BN）
	隐马尔可夫模型
	条件随机字段（CRF）
决策树算法	分类和回归树（CART）
	迭代 Dickotomiser 3（ID3）
	C4.5 和 C5.0
	卡方自动交互检测（CHAID）
	决策树桩
	M5
	有条件的决策树
聚类算法	单连接集群
	K – 均值
	K – 中位数
	预期最大化（EM）
	分层聚类
	模糊聚类
	DBSCAN
	OPTICS 算法
	非负矩阵分解
	潜在狄利克雷分配（LDA）
神经网络算法	自组织映射
	感知
	径向基函数网络（RBFN）
	反向传播
	自动编码
	Hopfield 网络
	玻尔兹曼机器
	限制玻尔兹曼机器
	Spiking 神经网络
	学习矢量量化（LVQ）

续表

算法分类	算法名称
	支持向量机(SVM)
	进化算法
其他算法	归纳逻辑编程(ILP)
	强化学习
	ANOVA
	信息模糊 Netowkr(干扰素)

2. 监测指标库

为便于开展"三库碰撞"有关实验,笔者从国家统计局官方网站获取月度统计数据并整理构成监测指标库,共 11 类 489 个指标 84034 条数据(见表 6-2),用以作为"三库碰撞"实验的预测目标。

表 6-2 监测指标库

类目名称(11类)	下属指标数(个)	时间跨度	总条数(条)
财政	6	2000 年 1 月至 2019 年 4 月	1320
采购经理指数	23	2005 年 1 月至 2019 年 5 月	3739
房地产	84	2000 年 2 月至 2019 年 5 月	17786
工业(增加值、价格指数、主要产品产量)	128	2000 年 1 月至 2019 年 5 月	22424
固定资产投资	20	2012 年 2 月至 2019 年 5 月	1620
国内贸易	24	2000 年 1 月至 2019 年 5 月	3544
价格指数	52	1995 年 1 月至 2019 年 4 月	10259
交通运输	88	2005 年 1 月至 2019 年 4 月	15104
金融	6	2000 年 1 月至 2019 年 4 月	1392
能源	16	2000 年 1 月至 2019 年 5 月	3300
邮电通信	42	2002 年 1 月至 2019 年 4 月	3546

3. 数据特征库

从国家发展改革委大数据中心掌握的全国企业工商登记注册数据库中抽

取 6 项企业数据①，按地域（31 个省区市）、性质（国企、民企、外企）、行业分类（20 个行业大类②）进行多种数值变换处理③（见表 6 - 3），经过数据抽取维度、数据分类维度和数值加工处理维度等交叉匹配，最终形成共 1296 个数据特征。数据时间跨度为 2000 年 1 月至 2019 年 7 月，共涵盖 235 个月的数据。

表 6 - 3　数据特征库建设逻辑

数据抽取维度	数据分类维度	数值加工处理维度
企业增量	分地域	原始值
企业存量	分性质	标准差
企业注销数量	分行业	同比
企业吊销数量		熵值
企业平均存续时长（月）		
企业登记注册资本比例		

4. 经济指标预测结果

采用"三库碰撞"方法开展经济指标预测的实验结果如表 6 - 4、表 6 - 5 所示④，不难发现，与监测指标的历史上升下降或荣枯背景分布概率相比，该方法对大部分经济指标 T + 1 预测的准确率均有明显提升，从目前实验结果看，"三库碰撞"方式可适用于大部分经济指标的升降预测或荣枯预测。

① 数据抽取维度包括企业增量、企业存量、企业注销数量、企业吊销数量、企业平均存续时长（月）、企业登记注册资本比例等。
② 行业大类包括农、林、牧、渔业，采矿业，制造业，电力、热力、燃气及水生产和供应业，建筑业，批发和零售业，交通运输、仓储和邮政业，住宿和餐饮业，信息传输、软件和信息技术服务业，金融业，房地产业，租赁和商务服务业，科学研究和技术服务业，水利、环境和公共设施管理业，居民服务、修理和其他服务业，教育，卫生和社会工作，文化、体育和娱乐业，公共管理、社会保障和社会组织，国际组织等。
③ 数值加工处理维度主要包括原始值、标准差、同比、熵值等。
④ 本节实验主要包括指标升降预测及荣枯预测实验，数值型预测实验详见本章第三节。

表6-4 经济指标预测结果（预测升降）

单位：%

序号	监测指标名称	算法1（NaiveBayse）	算法2（LibSVM）	算法3（AdaBoostM1）	算法4（J48）	算法5（Random Forest）	历史背景分布概率	准确率提升（最高）	准确率提升（最低）
1	建筑材料及非金属矿类购进价格指数（上年同月=100）	81.39	85.28	77.06	82.25	81.39	51.95	33.33	25.11
2	国家财政支出（不含债务还本）当期值（亿元）	87.45	83.98	74.03	79.22	82.25	55.84	31.60	18.18
3	房地产施工面积累计增长（%）	80.17	72.41	62.50	76.72	77.16	50.65	29.52	11.85
4	制造业采购经理指数（PMI）	78.88	81.03	79.31	83.19	79.31	54.07	29.12	24.81
5	白酒（折65度，商品量）产量当期值（千万升）	85.34	82.76	70.26	84.05	87.07	58.08	28.99	12.18
6	房地产开发计划总投资累计增长（%）	79.74	76.29	67.24	75.86	78.45	51.57	28.17	15.67
7	有色金属材料和电线类购进价格指数（上年同月=100）	79.65	72.73	70.56	72.73	77.92	52.38	27.27	18.18
8	房地产竣工面积累计增长（%）	78.72	76.60	76.60	74.47	74.47	52.81	25.91	21.65
9	国家财政收入当期值（亿元）	84.85	86.15	78.79	82.25	86.15	61.47	24.68	17.32
10	黑色金属材料类购进价格指数（上年同月=100）	78.36	74.46	74.46	72.29	77.92	54.11	24.24	18.18

续表

序号	监测指标名称	算法 1（NaiveBayse）	算法 2（LibSVM）	算法 3（AdaBoostM1）	算法 4（J48）	算法 5（Random Forest）	历史背景分布概率	准确率提升（最高）	准确率提升（最低）
11	商品房销售面积累计增长（%）	74.57	70.69	68.53	71.12	71.12	50.65	23.92	17.89
12	房地产投资累计增长（%）	74.57	71.98	70.26	71.12	75.43	52.38	23.05	17.88
13	化工原料类购进价格指数（上年同月=100）	74.46	72.29	68.83	71.43	72.73	51.52	22.94	17.32
14	木材及纸浆类购进价格指数（上年同月=100）	75.76	66.67	68.83	72.73	75.76	52.81	22.94	13.85
15	原盐产量当期值（万吨）	79.65	81.82	75.76	73.16	81.39	59.13	22.69	14.03
16	纺织原料类购进价格指数（上年同月=100）	77.06	73.59	73.16	77.06	78.79	56.28	22.51	16.88
17	工业生产者出厂价格指数（上年同月=100）	77.06	74.03	74.03	75.76	75.32	54.98	22.08	19.05
18	燃料、动力类购进价格指数（上年同月=100）	72.73	72.29	71.43	71.43	71.43	52.38	20.35	19.05
19	农副产品类购进价格指数（上年同月=100）	72.29	69.26	69.26	70.13	72.29	52.38	19.91	16.88
20	生产资料工业生产者出厂价格指数（上年同月=100）	74.46	71.00	64.94	72.73	74.46	54.55	19.91	10.39
21	房地产业土地购置面积累计增长（%）	66.38	69.83	66.81	69.40	71.12	51.95	19.17	14.43

续表

序号	监测指标名称	算法1（NaiveBayse）	算法2（LibSVM）	算法3（AdaBoostM1）	算法4（J48）	算法5（Random Forest）	历史背景分布概率	准确率提升（最高）	准确率提升（最低）
22	房地产住宅投资累计增长（%）	69.40	68.97	63.36	69.40	69.83	51.08	18.75	12.28
23	货币（M1）供应量同比增长（%）	68.83	68.83	68.83	68.83	69.70	51.08	18.61	17.75
24	生铁产量当期值（万吨）	75.86	73.71	72.41	64.66	74.57	57.58	18.29	7.08
25	工业生产者购进价格指数（上年同月=100）	71.43	67.53	66.23	71.86	72.29	54.11	18.18	12.12
26	房地产开发新增固定资产投资累计增长（%）	71.12	69.40	68.97	70.69	72.41	54.26	18.15	14.71
27	工业增加值累计增长（%）	74.03	74.89	70.56	71.00	75.76	58.70	17.06	11.87
28	生铁产量累计增长（%）	76.29	75.43	68.97	71.98	74.57	60.17	16.12	8.79
29	生活资料工业生产者出厂价格指数（上年同月=100）	77.49	73.59	73.16	74.46	76.62	61.90	15.58	11.26
30	水泥产量累计增长（%）	72.41	71.55	71.55	71.12	71.12	56.71	14.84	14.41
31	纯碱（碳酸钠）产量累计增长（%）	71.98	68.97	63.79	66.38	68.10	57.14	14.84	6.65
32	其他工业原材料及半成品类购进价格指数（上年同月=100）	70.13	69.70	67.53	67.10	67.97	55.41	14.72	11.69
33	房地产商业营业用房投资累计增长（%）	62.93	60.78	60.78	65.09	60.78	50.65	14.44	10.13

续表

序号	监测指标名称	算法1（NaiveBayse）	算法2（LibSVM）	算法3（AdaBoostM1）	算法4（J48）	算法5（Random Forest）	历史背景分布概率	准确率提升（最高）	准确率提升（最低）
34	国家财政收入累计增长（%）	65.80	67.97	67.10	66.67	68.83	53.68	14.29	12.12
35	工业增加值同比增长（%）	67.53	67.53	67.53	67.53	67.53	53.48	14.05	14.05
36	其他房地产投资累计增长（%）	68.97	68.97	60.34	68.97	68.97	54.98	13.99	5.37
37	水泥产量当期值（万吨）	79.31	75.00	75.86	77.16	79.31	65.37	13.94	9.63
38	精炼铜（电解铜）产量同比增长（%）	65.09	65.09	65.09	64.22	65.09	51.53	13.56	12.70
39	白酒（折65度，商品量）产量同比增长（%）	62.07	62.07	61.21	62.07	62.07	50.22	11.85	10.99
40	精炼铜（电解铜）产量当期值（万吨）	72.41	70.26	68.97	68.53	67.67	61.14	11.28	6.54
41	国家财政收入累计值（亿元）	96.54	98.27	97.84	96.54	97.40	88.31	9.96	8.23
42	国家财政支出（不含债务还本）累计值（亿元）	96.54	98.27	97.84	96.54	97.40	88.31	9.96	8.23
43	房地产办公楼投资增长（%）	59.91	58.62	57.33	56.90	59.91	50.22	9.70	6.68
44	铁矿石原矿产量当期值（万吨）	71.43	67.53	70.13	64.50	66.23	61.74	9.69	2.76
45	水泥产量同比增长（%）	65.95	64.22	59.05	65.52	65.95	56.28	9.67	2.77
46	居民消费价格指数（CPI）（上年同月=100）	67.67	66.81	61.64	66.81	67.67	58.19	9.48	3.45

续表

序号	监测指标名称	算法 1（NaiveBayse）	算法 2（LibSVM）	算法 3（AdaBoostM1）	算法 4（J48）	算法 5（Random Forest）	历史背景分布概率	准确率提升（最高）	准确率提升（最低）
47	办公楼施工面积累计值（万平方米）	99.57	99.14	97.41	98.28	98.71	91.03	8.54	6.38
48	办公楼竣工面积累计值（万平方米）	100.00	100.00	98.28	94.83	99.14	91.48	8.52	3.35
49	房地产开发计划总投资累计值（亿元）	97.41	98.28	95.26	92.67	97.84	90.13	8.14	2.54
50	办公楼新开工施工面积累计值（万平方米）	99.57	99.57	99.14	93.97	99.57	91.48	8.09	7.66
51	办公楼销售面积累计值（万平方米）	99.57	99.57	99.14	93.97	99.57	91.48	8.09	2.49
52	房地产开发新增固定资产投资累计值（亿元）	99.57	99.57	97.41	94.83	99.57	91.48	8.09	3.35
53	精炼铜（电解铜）产量累计增长（%）	58.62	58.19	56.03	57.76	58.62	50.66	7.97	5.38
54	铁矿石原矿产量累计值（万吨）	99.57	99.13	98.70	98.27	99.13	91.74	7.83	6.53
55	原盐产量累计值（万吨）	99.57	99.13	98.70	98.27	99.13	91.74	7.83	6.53
56	房地产投资累计值（亿元）	99.57	99.14	99.14	98.28	98.71	91.77	7.79	6.50
57	房地产住宅投资累计值（亿元）	99.57	99.14	99.14	98.28	98.71	91.77	7.79	6.50

序号	监测指标名称	算法 1（NaiveBayse）	算法 2（LibSVM）	算法 3（AdaBoostM1）	算法 4（J48）	算法 5（Random Forest）	历史背景分布概率	准确率提升（最高）	准确率提升（最低）
58	房地产办公楼投资累计值（亿元）	99.57	99.14	99.14	98.28	98.71	91.77	7.79	6.50
59	房地产商业营业用房投资累计值（亿元）	99.57	99.14	99.14	98.28	98.71	91.77	7.79	6.50
60	其他房地产投资累计值（亿元）	99.57	99.14	99.14	98.28	98.71	91.77	7.79	6.50
61	房地产施工面积累计值（万平方米）	99.57	99.14	99.14	98.28	98.71	91.77	7.79	6.50
62	房地产竣工面积累计值（万平方米）	99.57	99.14	99.14	98.28	98.71	91.77	7.79	6.93
63	商品房销售面积累计值（万平方米）	99.57	99.14	99.14	98.28	98.71	91.77	7.79	6.50
64	商品住宅施工面积累计值（万平方米）	99.57	99.14	99.14	98.28	98.71	91.77	7.79	6.50
65	纯碱（碳酸钠）产量累计值（万吨）	99.57	99.14	99.14	98.28	98.71	91.77	7.79	6.50
66	生铁产量累计值（万吨）	99.57	99.14	99.14	98.28	98.71	91.77	7.79	6.50
67	水泥产量累计值（万吨）	99.57	99.14	99.14	98.28	98.71	91.77	7.79	6.50
68	房地产业土地购置面积累计值（万平方米）	99.57	99.14	99.14	98.28	98.71	91.77	6.93	6.50

续表

序号	监测指标名称	算法 1 (NaiveBayse)	算法 2 (LibSVM)	算法 3 (AdaBoostM1)	算法 4 (J48)	算法 5 (Random Forest)	历史背景分布概率	准确率提升（最高）	准确率提升（最低）
69	铁矿石原矿产量累计增长（%）	64.07	63.64	64.50	63.64	63.20	58.26	6.24	4.94
70	纯碱（碳酸钠）产量同比增长（%）	61.21	62.07	56.90	58.19	59.48	55.84	6.22	1.05
71	货币（M1）供应量期末值（亿元）	77.92	78.79	76.19	78.79	81.82	75.76	6.06	0.43
72	纯碱（碳酸钠）产量当期值（万吨）	67.24	67.67	67.24	67.67	67.67	62.34	5.33	5.33
73	白酒（折65度，商品量）产量累计值（万千升）	96.98	94.83	94.83	96.12	96.98	91.70	5.28	3.12
74	精炼铜（电解铜）产量累计值（万吨）	96.98	94.83	94.83	96.12	96.98	91.70	5.28	3.12
75	原盐产量同比增长（%）	61.47	61.47	61.47	61.47	61.47	56.96	4.52	4.52
76	货币和准货币（M2）供应量期末值（亿元）	92.21	89.61	90.04	88.31	92.21	87.88	4.33	0.43
77	生铁产量同比增长（%）	59.48	59.48	59.48	59.48	59.48	55.84	3.64	3.64
78	白酒（折65度，商品量）产量累计增长（%）	61.21	61.21	61.21	61.21	61.21	57.64	3.56	3.56
79	原盐产量累计增长（%）	54.11	52.38	54.11	52.38	51.52	53.91	0.20	-2.40
80	货币和准货币（M2）供应量同比增长（%）	50.65	49.78	50.65	50.65	49.78	50.65	0.00	-0.87

续表

序号	监测指标名称	算法 1（NaiveBayse）	算法 2（LibSVM）	算法 3（AdaBoostM1）	算法 4（J48）	算法 5（Random Forest）	历史背景分布概率	准确率提升（最高）	准确率提升（最低）
81	国家财政支出（不含债务还本）累计增长（%）	52.38	50.22	52.38	52.38	52.38	52.38	0.00	-2.16
82	铁矿石原矿产量同比增长（%）	56.71	56.71	56.71	56.71	56.71	56.96	-0.25	-0.25

表 6-5 经济指标预测结果（预测表格）

单位：%

统计指标类别	统计指标名称	算法 1（NaiveBayse）	算法 2（LibSVM）	算法 3（AdaBoostM1）	算法 4（J48）	算法 5（Random Forest）	历史背景分布概率	准确率提升（最高）	准确率提升（最低）
制造业采购经理指数	制造业采购经理指数	97.66	92.98	92.98	90.64	95.32	86.55	11.11	4.09
	生产指数	98.83	98.83	98.83	96.49	99.42	96.49	2.92	0.00
	新订单指数	95.91	92.40	91.23	90.06	94.74	88.89	7.02	1.17
	采购量指数	92.98	92.40	93.57	90.06	94.74	85.38	9.36	4.68
	进口指数	87.13	87.72	81.87	81.29	87.72	50.29	37.43	30.99
	从业人员指数	94.74	94.74	93.57	91.81	95.91	60.23	35.67	31.58
非制造业采购经理指数	新订单指数	95.27	93.24	95.27	95.27	95.95	91.22	4.73	2.03
	销售价格指数	84.46	84.46	81.76	81.08	87.84	61.49	26.35	19.59
	从业人员指数	94.59	94.59	95.27	91.22	97.97	62.84	35.14	28.38

5. 经济指标时序预测变化趋势分析

为了分析随着时间推移即训练样本不断增加的情况下，利用"三库碰撞"方法开展经济指标预测效果的变化趋势，本研究将实验样本进行了切片处理，共分为 10 个时间切片。分析发现该方法适用于部分经济指标，即随着时间的推移预测准确率能够不断提升，其中，建筑材料及非金属矿类购进价格指数和制造业采购经理指数时序预测结果如图 6-4、图 6-5 所示。

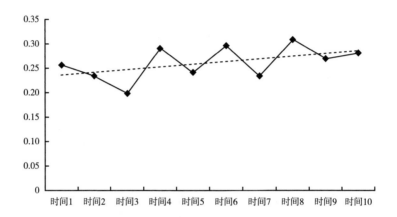

图 6-4　建筑材料及非金属矿类购进价格指数时序预测结果

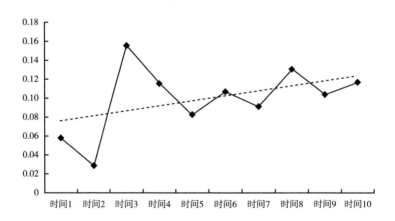

图 6-5　制造业采购经理指数时序预测结果

第二节　监测视角：大数据对传统监测指标的优化

当前，发挥大数据实时、精准、全面的特点，改善传统统计手段所面临的种种瓶颈性问题，已经成为各国统计工作者和研究人员的普遍共识。2019年3月，美国经济研究局（NBER）举办的"面向21世纪的经济统计大数据"（Big Data for 21st Century Economic Statistics）专题研讨会上，与会者集中探讨了利用网络自然语言数据[1]、众包数据[2]、商业扫码数据[3]、交易数据[4]等新型数据归集方式构建失业率等统计指标。瑞士政府也曾提出一项针对CPI统计方法的改革，通过数据采集器来收集瑞士销售市场上的商品价格信息，通过网络传输数据信息，利用网络自动传输销售商品种类和价格数据，最终能达到实时计算过去指定时间段的CPI[5]。美国麻省理工学院推进实施的"10亿价格项目"（Billion Prices Project，BPP），收集世界上来自70个国家300个零售商共500万种在线商品的价格，建立了全球通胀指数的日发布系统。此外，还有研究者基于德国收费站记录的月度重型卡车越境数据建立了收费站指数，试图从交通流量反映经济活跃程度，作为生产指数的先行指标，用以现时预测商业周期，并实证了该指数能有效先行反

---

[1] Turrell A, Speigner B J, Djumalieva J, et al. Transforming naturally occurring text data into economic statistics：The case of online job vacancy postings［R］. National Bureau of Economic Research，2019.

[2] Glaeser E L, Kim H, Luca M. Nowcasting the local economy：Using yelp data to measure economic activity［R］. National Bureau of Economic Research，2017.

[3] Guha R, Ng S. A machine learning analysis of seasonal and cyclical sales in weekly scanner data［R］. National Bureau of Economic Research，2019.

[4] Aladangady A, Aron-Dine S, Dunn W, et al. From transactions data to economic statistics：Constructing real-time, high-frequency, geographic measures of consumer spending［R］. National Bureau of Economic Research，2019.

[5] Müller R, Herren H M, Röthlisberger S, et al. Recent developments in the Swiss CPI：Scanner data, telecommunications and health price collection［C］//9th Ottawa Group Meeting on Prices 14th to 16th May, London. 2006.

映德国统计办公室官方发布的生产指数。[①] 李红艳、汪涛[②]指出，构建大数据时代的新型国民经济核算体系，应当着重实现四个转变：一是从数据的被动核算向数据的主动"智能生产"的转变；二是从目前基于时期的统计核算向基于时点的统计核算的转变；三是从静态体系向动态体系的转变；四是从主要侧重于经济活动扩展到与经济相关各类活动全方位核算的转变。

自 2015 年以来，国家发展改革委大数据中心结合自身业务需求和掌握数据情况，在充分借鉴业内现有研究成果的基础上，探索构建了一批旨在常态化监测分析经济社会运行情况的非统计指标体系。大致而言，目前指标分为三个方面。

一　监测经济动力的指数

主要分析宏观经济"三驾马车"运行情况，核心指数如下。

1. 投资强度指数

基于国家公共资源交易平台所收集的各级政府财政投资工程项目的招中标数据，可以分析不同行业、不同地方政府投资项目的规模、金额、建设进度等信息，从而常态化监测主要固定资产投资领域的投资强度变化。

2. 消费活跃度指数

基于运营商和互联网 GPS 定位数据，分析主要城市核心商圈周边区域的人流变化情况，通过对比研究周末和工作日、白天和夜间人群变动，可以对重点城市消费活力、夜间经济活力等进行分析监测。如笔者牵头开发的"2019 中国居民消费大数据指数"[③]，就对北京、上海、沈阳、武汉等十余个国内重点城市夜间经济活力进行对比，并对重庆观音桥、解放碑等重点商

---

① Cavallo A, Rigobon R. The billion prices project: Using online prices for measurement and research [J]. Journal of Economic Perspectives, 2016, 30 (2): 151 – 178.

② 李红艳, 汪涛. 大数据时代背景下的新型国民经济核算体系研究 [J]. 经济视角（上）, 2013 (08): 24 – 26.

③ 2019 中国居民消费大数据指数发布 [EB/OL]. http://www.sohu.com/a/336754735_266317.

圈消费活跃度进行了分析。

3. 消费升级指数

消费升级指数旨在量化中国消费结构及质量升级状况，通过计算相邻两个月一组相同商品的消费变化情况（消费升级的月度环比），随后将每个月的消费升级指数环比连乘之后得到消费升级指数。其基本数据采集自多家电商平台的注册用户基本信息、购物订单、物流地址等相关数据，包括用户姓名、电话号码、收货地址、订单详情等，以及基于上述信息的用户网络消费行为分析。

4. 贸易活跃度指数

通过广泛采集全球各国贸易进出口数据，可以形成对全球贸易结构和贸易活跃度变化情况的常态化监测指标。如国家信息中心自 2015 年起就联合相关机构每年发布《"一带一路"贸易合作大数据报告》①，其涵盖了全球 144 个国家及地区的贸易统计数据库，占全球贸易总量的 95% 以上。

二　监测产业运行的指数

核心指数如下。

1. 反映产业运行情况的典型实物量指标

如笔者曾基于税务发票数据开发的制造业润滑油指数（类似指数还包括劳保手套指数等），其基本原理是工业企业往往提前 2 ~ 3 个月时间采购润滑油，故润滑油购买量变化在很大程度上反映企业主对未来经营前景的预期。通过提取含润滑油的增值税发票信息，分地区分行业汇总，进行同比、环比分析，从而得到该行业的未来景气预期。

2. 产业用工指数

通过采集并去重全国数百家主流招聘网站发布的招聘需求数据，提取不同岗位的招聘需求人数、岗位薪资待遇水平、应届生薪酬水平和招聘投岗比（计算求职者简历投递量与用人单位招聘岗位数之比），并进行分行业、分

---

①　"一带一路"贸易合作大数据报告［EB/OL］．https：//www.yidaiyilu.gov.cn/mydsjbg.htm.

地区横向比对，进而监测分析产业运行的实际情况。

3. 初创企业活力指数

即将指标计算日之前一年内成立的企业定义为初创企业，考察近一年来这些企业发生过的网络招聘、专利、投融资、招中标等经营活动的占比情况，将有生产经营行为的企业视为"存活"概率较大的企业，从而对不同领域创业活力进行对比分析。

4. 产业运行风险指数

即通过企业发生的一些负面经营行为，如行政处罚、法院裁判文书、被执行等案件的发生数量比重变化来反映产业风险程度，该值越高，一定程度上说明产业风险相对基期增长越快。

5. 产业创新能力指数

将企业信息与专利申请数据精准匹配后，能够挖掘出包括高技术企业、战略性新兴产业在内的各类产业、各地区、不同所有制、不同注册规模、不同生命周期企业的专利申请情况[1]，从而分析各行业、各区域的产业创新能力发展情况。

三 监测区域发展的指数

核心指数如下。

1. 卫星灯光指数

该指数已经在学术界得到广泛应用[2]，其基本原理是通过抓取美国国家海洋和大气管理局 Suomi-NPP 卫星无云影像，匹配地理信息后，形成区域夜间灯光亮度及光斑面积指数，以反映当地经济发展和城镇化建设水平，取值越大代表该地区经济活跃度越高。国家发展改革委大数据中心曾对我国高铁沿线地区卫星灯光指数进行了分析，发现 2012～2016 年，高铁沿线地区灯

---

① 易成岐，郭鑫，童楠楠，等. 基于启发式社团发现模型的创新态势研判算法 [J]. 计算机工程与应用，2020，56（15）：74-79.

② Elvidge C D, Sutton P C, Ghosh T, et al. A global poverty map derived from satellite data [J]. Computers & Geosciences, 2009, 35（8）：1652-1660.

光指数增长了 0.108，比全国平均水平高出 151.16%[①]。

2. 产业集聚度指数

产业集聚度是产业经济学经典指标，但受制于统计数据的颗粒度和时效性，往往效果不佳。通过引入企业工商注册资本信息，可以分地区分行业计算赫芬达尔－赫希曼指数（Herfindahl-Hirschman Index，HHI）。

3. 产业辐射度指数

该指数主要基于工商注册数据进行计算，通过对比分析企业注册地和企业股东的注册地，计算不同地域间产业持股关系变化，从而分析不同地域在不同行业领域中的对外产业辐射能力。如国家发展改革委大数据中心曾对华南某市高技术企业外向辐射度进行的分析。[②]

4. 产业迁移指数

一家企业注销后，其控股股东在之后两年于原省之外设立企业，视为一次产业迁移。通过计算不同行业、不同地区的产业迁移指数，可以较为系统地监测和分析区域和行业的基本运行情况。

5. 重点城市和产业功能区常住人口变动指数

基于常住人口统计指标定义，对重点城市、重点产业功能区移动人群迁移轨迹进行建模分析，析取出符合常住人口迁徙标准的移动终端数量，并推算常住人口数量，从而较好地弥补统计数据不足。如国家发展改革委大数据中心曾对雄安新区成立以来科技人才流入情况[③]和深圳市各区县常住人口变化情况进行的分析。

6. 重点交通枢纽周边人流量变动指数

对机场、车站、海关等周边区域人群变动情况进行分析监测，以对区域间人流和物流变化情况进行推算。

① Sutton P, Roberts D, Elvidge C, et al. Census from Heaven：An estimate of the global human population using night-time satellite imagery ［J］. International Journal of Remote Sensing，2001，22（16）：3061 – 3076.
② 王建冬，童楠楠，易成岐. 大数据时代公共政策评估的变革：理论、方法与实践 ［M］. 北京：社会科学文献出版社，2019：221.
③ 易成岐，郭鑫，郭明军，王建冬. 大数据视角下企业发展瓶颈问题及对策——以 S 市国家高新技术企业为例 ［J］. 中国经贸导刊，2019（13）：54 – 55 + 77.

第三节　预测视角：大数据对传统预测模型的改进

预测视角下，基于大数据改进传统经济预测模型的典型方法就是清华大学刘涛雄、徐晓飞[①]所概括的"两步法"，其基本步骤如下：①仅使用传统统计信息选择初步最优预测模型；②将互联网搜索行为（或其他非统计监测指标）加入选择的模型中，最终确定最优模型。这方面研究很多，前文已有详细介绍，此处不再赘述。但总体而言，上述研究主要还是基于研究者的经济学理论框架，在指数平滑、自回归移动平均（ARIMA）和灰色预测（GM）等传统预测模型中引入一些与预测场景需求密切关联的非统计预测指标。在实际研究中，国家发展改革委大数据中心团队曾尝试在上述方法基础上加以改进，引入机器学习的手段，试图对海量非统计指标的预测效果进行自动筛查，从而实现从机器的角度理解宏观经济运行。以下以2020年4月开展的融合机器学习算法和多因素的禽肉交易量预测方法研究为例加以介绍。

一　研究背景

自2018年8月以来，我国多个省份先后发生非洲猪瘟疫情，导致猪肉供给不足、价格居高不下，增加了城乡居民食品消费开支的压力。国家统计局数据显示，2020年1月全国居民消费价格指数（CPI）同比上涨5.4%。其中，猪肉价格上涨116%，影响CPI上涨约2.76个百分点，是推动CPI同比涨幅扩大的主要因素。为保障肉类供给和价格稳定，缓解生产和消费压力，鸡肉、鸭肉等禽肉对猪肉消费的潜在替代能力受到各方关注，对禽肉产品供需能力进行预测有利于提高畜禽业生产决策和相关政策制定的科学性、前瞻性。然而，供给、需求、价格等因素均会对禽肉产量和交易量产生不同程度的影响，节假日等短期外部冲击也可能使市场发生波动，导致对预测的

---

① 刘涛雄，徐晓飞. 互联网搜索行为能帮助我们预测宏观经济吗？［J］. 经济研究，2015，50（12）：68－83.

及时性和精确度要求也较高，传统预测模型时常无法满足需求。值得注意的是，近年来机器学习成为国内外学者的研究热点之一，由于其在处理多变量、多时相数据时表现出高精度、高时效等优势，为监测预测禽肉产品供需市场提供了新的解决思路。

有鉴于此，笔者所在团队以白条鸡为例，综合考虑市场主体、舆情信息、搜索意愿和相关统计等诸多影响因素的动态变化趋势，利用主流的机器学习算法创新性地提出一种白条鸡日均交易量预测方法，量化评估 2020 年春节假期畜禽市场变化，从而为政府部门预判产业危机、制定产业调控政策提供理论数据支撑。目前，学术界对国民经济和农业生产领域的预测研究大多采用传统趋势预测模型。虽然时间序列方法具有需要的特征数据种类少、计算简单等优势，但对历史数据量要求较高，且难以在预测中引入短期市场变化因素，无法及时反映节假日和重大突发事件等对畜禽行业造成的冲击。同时，考虑到本研究预测对象——白条鸡交易量具有历史数据较缺乏、可获取的影响因素数据较多的特点，自变量多、因变量少的机器学习预测方法为本研究提供了新的解决思路。

目前，主流的机器学习算法主要包括线性回归、弹性网络回归（Elastic Net）、随机森林（Random Forest）和梯度提升回归树（GBRT）等[1]，已成功应用于供应链、能源、卫生、交通等领域，并体现出相对于传统时间序列预测方法的优势。例如，董莉等基于网络搜索数据和 Elastic Net 建立的 CPI 及时预测模型，有效避免了时间序列和灰色预测等方法的时间滞后性。[2] 再如，康传利等的研究表明基于 GBRT 的旅游流量预测模型比指数平滑算法有更高的预测准确性。[3] 特别是近年来得到广泛应用的 GBRT 算法，在处理影响因素

---

① Freund Y, Mason L. The alternating decision tree learning algorithm [C] //Proceeding of International Conference on Machine Learning (ICML), 1999, 99: 124 – 133. Breiman L. Random forests [J]. Machine Learning, 2001, 45 (1): 5 – 32.

② 董莉, 彭凯越, 唐晓彬. 大数据背景下的 CPI 实时预测研究 [J]. 调研世界, 2017 (08): 51 – 54.

③ 康传利, 顾峻峰, 刘兆威. 梯度提升回归树的旅游流量预测模型 [J]. 数学的实践与认识, 2019, 49 (15): 251 – 261.

复杂且历史数据较少的预测中表现尤为突出①，具有较高的预测精度。韩忠明等提出的早期电影票房预测模型对比实验结果显示，与随机森林模型、决策树模型和非线性回归模型相比，GBRT 模型的准确率最高。②

总体来看，目前对畜禽肉产品交易量或产量预测的研究较少，尤其缺乏综合考虑短期影响因素的动态预测方法研究。在影响因素较多、预测值历史数据较少的情况下，机器学习预测算法相较传统方法表现更佳。因此，本研究提出一种融合机器学习算法和广泛特征数据的预测方法，尝试对 2020 年春节期间白条鸡日均交易量做出短期预测，并分析预测效果。考虑到在此期间市场同时受到新冠肺炎疫情影响，在特征选取过程中也纳入相关数据。

二 融合机器学习算法和多重因素的白条鸡日均交易量预测方法

融合机器学习算法和多重因素的白条鸡日均交易量预测方法总体思路如图 6-6 所示，其核心思想是能够综合考虑中国春节假期等短期变化因素对白条鸡交易量的影响，采集并抽取鸡禽类产业、互联网舆情信息、网民需求意愿和相关统计数据等多源数据中可量化数据特征，利用主流机器学习算法预测白条鸡交易量，对比不同算法的预测效果，探索随着时间增长、训练样本增加时各算法的迭代滚动效果，同时分析各算法达到稳定预测所需要的训练样本数量和提前期数。

其中，白条鸡日均交易量预测函数表示为：

$$\Phi_t = f(\Phi_{t-1}, \delta_{t-1}, \xi_{t-1}, \eta_{t-1}) \qquad (6-1)$$

公式（6-1）中，Φ_t 代表白条鸡在第 t 周的每日交易量，Φ_{t-1} 代表鸡禽类上下游行业市场主体及招聘岗位在第 $t-1$ 周的变化数据，δ_{t-1} 代表互联网网民在第 $t-1$ 周的搜索意愿数据，ξ_{t-1} 代表第 $t-1$ 周的相关舆情数据，

---

① 巩晓文，凤思苑，崔壮，高静，李长平，刘媛媛，刘寅，马骏. 基于 SVGD 分类预测的梯度提升机与随机森林的性能比较 [J]. 中国卫生统计，2019，36 (05)：674-677.
② 韩忠明，原碧鸿，陈炎，赵宁，段大高. 一个有效的基于 GBRT 的早期电影票房预测模型 [J]. 计算机应用研究，2018，35 (02)：410-416.

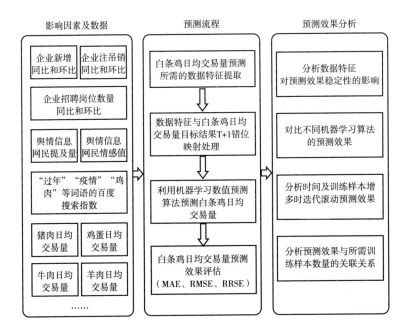

图 6-6 融合机器学习算法和多重因素的白条鸡日均交易量预测方法总体思路

η_{t-1}代表其他渠道公开发布的第 $t-1$ 周相关统计数据，函数 f 拟采用机器学习数值型预测算法。

对白条鸡的日均交易量开展预测前，需要预先设定预测算法所需的数据特征，特征选取的优劣会直接影响预测算法的效果。由于当前及近期白条鸡交易行为已经受到春节假期和新冠肺炎疫情影响，因此，本研究在数据特征选取过程中，兼顾鸡禽类产业、互联网舆情信息、网民需求意愿、白条鸡相关统计数据等多种趋势变化，综合考虑多方面因素对白条鸡交易量的影响。本研究共提取了 50 个可能与白条鸡日均交易量预测有关的变量作为数据特征，包括市场主体特征 30 个、舆情信息特征 2 个、搜索意愿特征 14 个和统计数据特征 4 个，并且利用常见的统计方法对每一类特征进行了细分、量化及逐周提取，白条鸡日均交易量预测特征如表 6-6 所示。

1. 市场主体特征

市场主体特征是指鸡禽类相关上下游产业的企业和个体工商户等市场主

体变化及招聘岗位数量变化情况。主要包括白条鸡相关鸡鸭等家禽养殖类、鸡鸭等家禽饲料类、鸡鸭等家禽屠宰加工类、鸡苗种鸡类、生产禽药类企业和个体工商户的注销及吊销数量、新增数量和招聘岗位数量，并进行相应的同比和环比变换处理。

2. 舆情信息特征

舆情信息特征是指网民对鸡肉等相关信息提及量及情感值变化情况。主要包括：网民提及鸡肉等相关舆情信息的发帖数量和网民的对应情感值等。

3. 搜索意愿特征

搜索意愿特征是指网民对鸡肉、过年和疫情等相关主题的搜索意愿程度。主要包括"过年""鸡肉""鸡肉价格""饲料""扫福""在线办公""返乡""年货""拜年""疾病""买菜""疫情""抢票""鸡苗"等词语的百度指数结果。

4. 统计数据特征

统计数据特征是指与白条鸡日均交易量有关的其他统计数据情况。主要包括农业农村部信息中心发布的猪肉日均交易量、鸡蛋日均交易量、牛肉日均交易量、羊肉日均交易量等。

表 6 - 6　白条鸡日均交易量预测特征（逐周）

	市场主体特征	
F_1	BREEDING_ADD_YOY	鸡鸭等家禽养殖企业和个体工商户新增数量同比值
F_2	BREEDING_CANCEL_REVOKE_YOY	鸡鸭等家禽养殖企业和个体工商户注销及吊销数量同比值
F_3	BREEDING_RECRUIT_YOY	鸡鸭等家禽养殖企业和个体工商户招聘岗位数量同比值
F_4	FEED_ADD_YOY	鸡鸭等家禽饲料企业和个体工商户新增数量同比值
F_5	FEED_CANCEL_REVOKE_YOY	鸡鸭等家禽饲料企业和个体工商户注销及吊销数量同比值
F_6	FEED_RECRUIT_YOY	鸡鸭等家禽饲料企业和个体工商户招聘岗位数量同比值
F_7	SLAUGHTER_ADD_YOY	鸡鸭等家禽屠宰加工企业和个体工商户新增数量同比值

	市场主体特征	
F_8	SLAUGHTER _ CANCEL _ REVOKE _YOY	鸡鸭等家禽屠宰加工企业和个体工商户注销及吊销数量同比值
F_9	SLAUGHTER_RECRUIT_YOY	鸡鸭等家禽屠宰加工企业和个体工商户招聘岗位数量同比值
F_{10}	CHICK_ADD_YOY	鸡苗种鸡企业和个体工商户新增数量同比值
F_{11}	CHICK_CANCEL_REVOKE_YOY	鸡苗种鸡企业和个体工商户注销及吊销数量同比值
F_{12}	CHICK_RECRUIT_YOY	鸡苗种鸡企业和个体工商户招聘岗位数量同比值
F_{13}	MEDICINE_ADD_YOY	生产禽药企业和个体工商户新增数量同比值
F_{14}	MEDICINE_CANCEL_REVOKE_YOY	生产禽药企业和个体工商户注销及吊销数量同比值
F_{15}	MEDICINE_RECRUIT_YOY	生产禽药企业和个体工商户招聘岗位数量同比值
F_{16}	BREEDING_ADD_QOQ	鸡鸭等家禽养殖企业和个体工商户新增数量环比值
F_{17}	BREEDING_CANCEL_REVOKE_QOQ	鸡鸭等家禽养殖企业和个体工商户注销及吊销数量环比值
F_{18}	BREEDING_RECRUIT_QOQ	鸡鸭等家禽养殖企业和个体工商户招聘岗位数量环比值
F_{19}	FEED_ADD_QOQ	鸡鸭等家禽饲料企业和个体工商户新增数量环比值
F_{20}	FEED_CANCEL_REVOKE_QOQ	鸡鸭等家禽饲料企业和个体工商户注销及吊销数量环比值
F_{21}	FEED_RECRUIT_QOQ	鸡鸭等家禽饲料企业和个体工商户招聘岗位数量环比值
F_{22}	SLAUGHTER_ADD_QOQ	鸡鸭等家禽屠宰加工企业和个体工商户新增数量环比值
F_{23}	SLAUGHTER _ CANCEL _ REVOKE _QOQ	鸡鸭等家禽屠宰加工企业和个体工商户注销及吊销数量环比值
F_{24}	SLAUGHTER_RECRUIT_QOQ	鸡鸭等家禽屠宰加工企业和个体工商户招聘岗位数量环比值
F_{25}	CHICK_ADD_QOQ	鸡苗种鸡企业和个体工商户新增数量环比值
F_{26}	CHICK_CANCEL_REVOKE_QOQ	鸡苗种鸡企业和个体工商户注销及吊销数量环比值
F_{27}	CHICK_RECRUIT_QOQ	鸡苗种鸡企业和个体工商户招聘岗位数量环比值
F_{28}	MEDICINE_ADD_QOQ	生产禽药企业和个体工商户新增数量环比值
F_{29}	MEDICINE_CANCEL_REVOKE_QOQ	生产禽药企业和个体工商户注销及吊销数量环比值
F_{30}	MEDICINE_RECRUIT_QOQ	生产禽药企业和个体工商户招聘岗位数量环比值

	舆情信息特征	
F_{31}	CHICKEN_NUMS	网民提及鸡肉等相关舆情信息数量
F_{32}	CHICKEN_ EMOTION	网民提及鸡肉等相关舆情信息情感值
	搜索意愿特征	
F_{33}	SEARCH_ SPRING_FESTIVAL	"过年"一词百度指数结果
F_{34}	SEARCH_ CHICKEN	"鸡肉"一词百度指数结果
F_{35}	SEARCH_ CHICKEN_PRICE	"鸡肉价格"一词百度指数结果
F_{36}	SEARCH_ FEED	"饲料"一词百度指数结果
F_{37}	SEARCH_ BLESS	"扫福"一词百度指数结果
F_{38}	SEARCH_ ONLINE_OFFICE	"在线办公"一词百度指数结果
F_{39}	SEARCH_RETURN	"返乡"一词百度指数结果
F_{40}	SEARCH_NECESSITIES	"年货"一词百度指数结果
F_{41}	SEARCH_GREETINGS	"拜年"一词百度指数结果
F_{42}	SEARCH_DISEASE	"疾病"一词百度指数结果
F_{43}	SEARCH_VEGETABLES	"买菜"一词百度指数结果
F_{44}	SEARCH_EPIDEMIC	"疫情"一词百度指数结果
F_{45}	SEARCH_TICKET	"抢票"一词百度指数结果
F_{46}	SEARCH_ CHICK	"鸡苗"一词百度指数结果
	统计数据特征	
F_{47}	PORK_NUMS	猪肉日均交易量(统计口径)
F_{48}	EGG_NUMS	鸡蛋日均交易量(统计口径)
F_{49}	BEEF_NUMS	牛肉日均交易量(统计口径)
F_{50}	MUTTON_NUMS	羊肉日均交易量(统计口径)

三 机器学习算法

当前主流的机器学习算法包括线性回归(Linear Regression)、弹性网络回归(Elastic Net)、随机森林(Random Forest)和梯度提升回归树(GBRT)等,下面分别对其原理做简要介绍，便于帮助理解其在后续对比实验中的应用。

线性回归假设目标值与特征之间线性相关，即满足一个多元一次方程。通过构建损失函数，来求解损失函数最小时的参数。求解方式有两种：一是基于均方误差最小化的最小二乘法；二是对自变量进行不断地更新，使得目标函数不断逼近最小值的过程的梯度提升法。该算法简单易操作，但在自变量较多时容易过度拟合。

弹性网络回归为了减小过度拟合的程度，用最小二乘法最小化损失函数，并加入权值向量中各元素绝对值之和（L1），与权值向量中各元素平方和的根（L2）正则化，是一种结合岭回归和 Lasso 算法的组合模型。该模型收敛速度较快，尤其适用于在多个特征间存在较强相关性时保持稳定性，但在特征选择时会降低原始数据所包含的信息维度。

随机森林由多棵决策树构成，且森林中的每一棵决策树之间没有关联，模型的最终输出由森林中的决策树共同决定。该模型被广泛应用于分类和回归问题上，主要取决于随机森林的每棵 CART 树是分类树还是回归树。如果是回归树，则 CART 树是回归树，采用的原则是最小均方差。该模型的优点是较好地弥补决策树过拟合和精确度低的不足，适用于高维数据预测，但具有运算效率低的缺点。

梯度提升算法的主要思路：利用最速下降的近似方法，即利用损失函数的负梯度在当前模型的值，作为回归问题中提升树算法的残差的近似值（伪残差），拟合一个回归树。在回归问题中，这被称为梯度提升回归树，分类问题则被称为梯度提升决策树，具体如公式（6-2）所示。给定训练集 $\{(x_1, y_1), \cdots, (x_n, y_n)\}$，梯度提升模型的目标是找到一个函数 $F^*(x)$，使 x 映射到 y 的损失函数 $L[y, F(x)]$ 达到最小：

$$F^*(x) = \arg\min_{F(x)} E_{x,y}\{L[y, F(x)]\} \qquad (6-2)$$

通过多次迭代，最终预测函数 $F(x)$ 为迭代过程中所有子回归树的线性组合。该算法的优点为非线性变换比较多、表达能力强，不需要做复杂的特征工程和特征变换，并且能够防止过拟合。

四 实验数据与评估指标

1. 数据描述

为了有效开展白条鸡日均交易量预测方法实验，本研究抓取了农业农村部信息中心官方网站上公开发布的一年来白条鸡日均交易量（逐周）数据作为预测目标结果，数据时间范围为 2019 年 2 月 25 日（周一）至 2020 年 3 月 1 日（周日），共 53 周。同时，为了有效提取表 6-6 中提到的数据特征，同步抓取了四个方面数据。

（1）2018 年 2 月 25 日至 2020 年 2 月 23 日（104 周）期间鸡鸭等家禽养殖类、鸡鸭等家禽饲料类、鸡鸭等家禽屠宰加工类、鸡苗种鸡类、生产禽药类企业和个体工商户登记注册数据共 522811 条，以及这些市场主体发布的招聘岗位数量共 1147948 条。其中，选取两年作为该数据周期是为了便于同比计算处理。

（2）2019 年 2 月 25 日至 2020 年 2 月 23 日（52 周）期间网民提及鸡肉等相关信息的发帖数据共 1072805 条。

（3）2019 年 2 月 25 日至 2020 年 2 月 23 日（52 周）期间"过年""鸡肉""疫情""抢票"等 14 个关键词的百度指数数据。

（4）2019 年 2 月 25 日至 2020 年 2 月 23 日（52 周）期间农业农村部信息中心官方网站上公开发布的猪肉、鸡蛋、牛肉、羊肉日均交易量统计数据。

此外，为了模拟真实预测场景，本研究将最终提取的 50 项数据特征与白条鸡日均交易量目标结果进行了 T+1 错位映射处理，即利用第 T 周的数据特征映射第 T+1 周的目标值（共映射形成 52 周对应数据），以便开展后续预测实验。

2. 评估指标选取

本研究选取了数值型预测领域较为常用的评估指标进行数据实验效果评估，其中，对于评估预测目标值不变的情况，采用平均绝对误差（MAE）和均方根误差（RMSE）进行效果评估，对于评估预测目标值随着时序不断变化的情况，采用相对平方根误差（RRSE）进行效果评估，其中三种指标数值越小则代表预测效果越好。

（1）平均绝对误差（MAE）

MAE 能更好地反映预测值误差的实际情况，具体如公式（6-3）所示，其中 y_i 和 $y_i{'}$ 分别代表真实值和预测值。

$$MAE = \frac{1}{n} \sum_{i=1}^{n} |y_i - y_i^{'}| \qquad (6-3)$$

（2）均方根误差（RMSE）

RMSE 同样可以用来衡量真实值和预测值之间的偏差，但 RMSE 面对异常值情况时更为敏感，具体如公式（6-4）所示。

$$RMSE = \sqrt{\frac{1}{n} \sum_{i=1}^{n} (y_i - y_i^{'})^2} \qquad (6-4)$$

（3）相对平方根误差（RRSE）

RRSE 更适用于评估预测目标随着评估流程不同或时序演变而不断变化的情况，具体如公式（6-5）所示。

$$RRSE = \sqrt{\frac{\sum_{i=1}^{n} (y_i - y_i^{'})^2}{\sum_{i=1}^{n} (y_i - y_i^{'})}} \qquad (6-5)$$

五 数据实验

1. 数据特征对预测效果稳定性的影响

为了证明数据特征对白条鸡日均交易量预测效果的稳定性，即预测效果不会随着算法的不同和数据集的小部分缺失而大幅度波动，本研究选取了 4 种前文所述常见的数值型预测算法对实验数据进行测试，即 Linear Regression、Elastic Net、Random Forest 和 GBRT，各个模型均采用默认参数设置。同时，从全部实验样本中随机抽样 5 次，每次抽样在上次抽样样本量基础上剔除一周数据样本，最终形成 52 周、51 周、50 周、49 周、48 周共 5 个数据样本，并分别采用十折交叉验证方法测试 4 种预测算法效果，实验结果如图 6 - 7 所示。

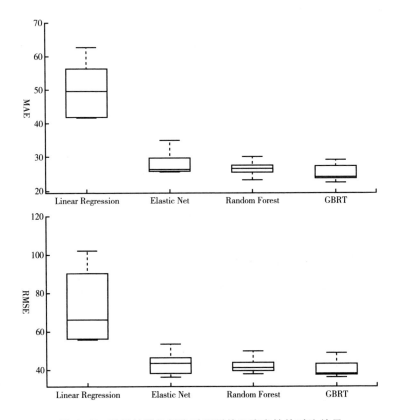

图 6 - 7　随机抽样数据集对预测效果稳定性的对比结果

从图 6 - 7 可以看出，无论从 MAE 还是 RMSE 评估指标看，除线性回归算法在预测效果稳定性上表现不佳外，其余三个算法均证明了预测效果的稳定性，而线性回归算法的实验效果不佳主要是因为白条鸡日均交易量预测的数据特征相对较多，而预测样本量相对较少，容易造成过拟合现象。

2. 不同算法的预测效果分析

为了对比分析不同算法对白条鸡日均交易量的预测效果，本研究分别对比了上述 5 组数据实验中 MAE 和 RMSE 的均值表现，如图 6 - 8 所示。可以看出，从 MAE 和 RMSE 评估结果看，预测效果从优至劣排序分别为：GBRT > Random Forest > Elastic Net > Linear Regression，其中，MAE 分别为 25.30188、26.67456、28.21178、50.06592，RMSE 分别为 40.72684、42.47114、43.32624、73.35752。

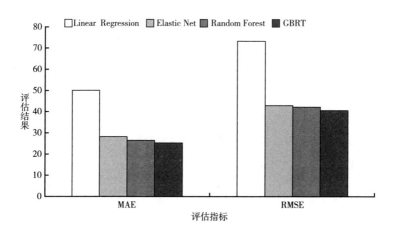

图 6-8   不同算法的预测效果对比分析

3. 迭代滚动预测效果分析

为了分析随着时间推移以及训练样本不断增多时白条鸡日均交易量预测效果的变化情况，本研究将 52 周实验样本进行了切片处理（具体数据集划分方式如表 6-7 所示），并采用迭代滚动预测方式进行实验，该种实验方式会导致预测目标值不断变化，因此该部分采用 RRSE 指标进行评估。

表 6-7   迭代滚动预测实验数据集划分方式

时间切片	训练集时间跨度	测试集时间跨度
1	第 1~44 周	第 45 周
2	第 1~45 周	第 46 周
3	第 1~46 周	第 47 周
4	第 1~47 周	第 48 周
5	第 1~48 周	第 49 周

续表

时间切片	训练集时间跨度	测试集时间跨度
6	第 1～49 周	第 50 周
7	第 1～50 周	第 51 周
8	第 1～51 周	第 52 周

从图 6-9 不难发现，从 RRSE 指标结果看，GBRT、Random Forest 和 Elastic Net 三种算法的 RRSE 结果呈现波动下降趋势，可以表明随着时间不断积累以及训练样本数量不断增加，白条鸡日均交易量预测效果不断提升，以 GBRT 为例，8 个时间切片的 RRSE 分别为 124.4436%、162.7494%、139.4145%、74.9973%、53.3966%、41.4741%、2.8766%、13.3162%。

此外，Elastic Net 算法在早期预测时波动性较大，而 Random Forest 算法在前 4 期的预测效果要优于 GBRT 算法，但随着时间推移，GBRT 算法在后期预测效果更佳。

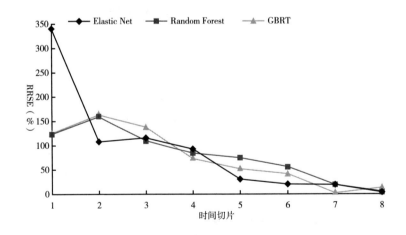

图 6-9　不同算法的预测效果对比分析

4. 预测所需训练样本和提前期数分析

为了分析白条鸡日均交易量预测效果与所需训练样本数量的关联关系，本研究将 52 周实验样本进行了不同策略的切片处理（具体数据集划分方式如表 6-8 所示），即选定同一预测目标，分析所需的样本数量，由于该种实验方式对预测目标值不变，因此该部分采用 MAE 指标进行评估。

表 6-8　预测效果与所需训练样本数量分析实验数据集划分方式

时间切片	训练集时间跨度	测试集时间跨度
1	第 1~44 周	第 52 周
2	第 1~45 周	第 52 周
3	第 1~46 周	第 52 周
4	第 1~47 周	第 52 周
5	第 1~48 周	第 52 周
6	第 1~49 周	第 52 周
7	第 1~50 周	第 52 周
8	第 1~51 周	第 52 周

图 6-10 表明，GBRT、Random Forest 和 Elastic Net 三种算法的 MAE 结果呈现出明显下降趋势，说明训练样本数量越多则对白条鸡日均交易量的预测效果越好。此外，当时间切片为 6 之后，三种算法的预测效果均趋于稳定，可以表明利用第 1~49 周数据进行训练便可通过第 52 周的数据特征预测第 53 周的白条鸡日均交易量，说明该方法具备提前 3 期的预测效果。以 GBRT 为例，8 个时间切片的 MAE 分别为 120.8459、114.4232、116.8219、107.348、59.8887、11.7666、13.6099、16.8542。

六　结论与展望

本研究以白条鸡日均交易量为例，综合考虑春节假期和新冠肺炎疫情背景下诸多因素对白条鸡交易量的动态影响，探索提出一种基于机器学习的白条鸡日均交易量预测方法，对比分析了 Linear Regression、Elastic Net、Random Forest 和 GBRT 四种主流算法的预测效果。实验结果显示，除线性回归算法在预测效果稳定性上表现不佳外，其余三种算法均具有预测效果

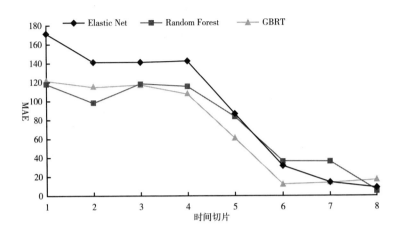

图 6 – 10 预测所需训练样本和提前期数分析

的稳定性，且预测效果从优至劣依次为：GBRT > Random Forest > Elastic Net > Linear Regression（MAE 分别为：25. 30188、26. 67456、28. 21178、50. 06592，RMSE 分别为：40. 72684、42. 47114、43. 32624、73. 35752）；随着时间不断积累以及训练样本数量不断增加，白条鸡日均交易量预测效果不断提升（以 GBRT 为例，8 个时间切片的 RRSE 分别为 124. 4436%、162. 7494%、139. 4145%、74. 9973%、53. 3966%、41. 4741%、2. 8766%、13. 3162%）；GBRT、Random Forest 和 Elastic Net 三种算法具备提前 3 期的稳定预测效果（以 GBRT 为例，8 个时间切片的 MAE 分别为 120. 8459、114. 4232、116. 8219、107. 348、59. 8887、11. 7666、13. 6099、16. 8542）。本研究虽尚有不足之处，但对于量化评估、预测重大突发事件对产业产值的影响具有借鉴意义，下一步将在扩大数据获取渠道、综合考虑畜禽养殖因素等方面展开更加深入的研究，有望为政府部门预判产业危机、制定产业调控政策提供理论数据支撑。

第七章

行为依赖——复杂网络路径的实践探索

行为依赖认为，经济社会主体的行为会潜移默化地受其所处的经济社会关系、结构、机制的影响。正如凡勃伦所说，个人是由社会和制度塑造的，个人从行动以及与他人的社会互动中获取能力和态度，并将其凝结在他或她的习惯当中①，这是一种超越个人主义和集体主义的方法论。国家发展改革委建设的"国家经济大脑"试验平台中，就曾构建了涵盖重大战略、重大政策、重大项目再到企业和个人之间的跨域关联关系，从而奠定了微观经济主体行为网络构建的数据基础。如图7-1所示。

第一节　主要分析方法：复杂网络分析

复杂网络是指由节点及节点之间的连边组成的网络，其中节点用来代表真实系统中不同的个体，而边则用来表示个体间的关系，往往是两个节点之间具有某种特定的关系则连一条边，反之则不连边，有边相连的两个节点在网络中被看作是相邻的。例如，从复杂网络中的一种社会网络的角度出发，社会环境中的相互作用可以表达为基于关系的一种模式或规则，而基于这种关系的有规律模式反映了社会结构，这种结构的量化分析是社会复杂网络分析的出发点。复杂网络分析不仅是一种工具，更是一种关系论的思维方式，可以解释一些社会学、经济学、管理学等领域的问题。近年来，该方法在职业流动、城市化对个体幸福的影响、世界政治和经济体系、国际贸易等领域

---

① Veblen T. The theory of the leisure class: An economic study of institutions [M]. Aakar Books, 2005.

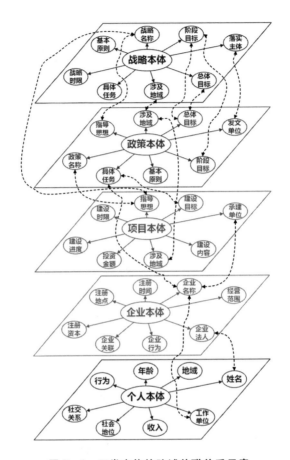

图7-1　五类本体的跨域关联关系示意

广泛应用，并发挥了重要作用。复杂网络分析中常用的方法包括统计特征分析、社团发现、链路预测、重要节点发现和社会网络分析[①]。

一　统计特征分析

统计特征分析立足于复杂网络自身的统计特征。按照复杂网络自身的特性，统计特征分析可以分成：平均路径长度计算、聚集系数测算、度值计

---

① 王建冬，童楠楠，易成岐. 大数据时代公共政策评估的变革：理论、方法与实践［M］. 北京：社会科学文献出版社，2019：104－109.

算、介数分析、小世界效应识别和无标度特性发现①。

平均路径长度计算：在网络中，两点之间的距离为连接两点的最短路径上所包含的边的数目。网络的平均路径长度指网络中所有节点对的平均距离，它表明网络中节点间的分离程度，反映了网络的全局特性。不同的网络结构可赋予平均路径长度不同的含义。

聚集系数测算：在复杂网络中，节点的聚集系数是指与该节点相邻的所有节点之间连边的数目占这些相邻节点之间最大可能连边数目的比例。而网络的聚集系数则是指网络中所有节点聚集系数的平均值，它表明网络中节点的聚集情况即网络的聚集性，也就是说，同一个节点的两个相邻节点仍然是相邻节点的概率有多大，它反映了网络的局部特性。

度值计算：在复杂网络中，节点的度是指与该节点相邻的节点的数目，即连接该节点的边的数目。而复杂网络的度 $<k>$ 指网络中所有节点度的平均值。度分布 $P(k)$ 指网络中一个任意选择的节点，它的度恰好为 k 的概率。

介数分析：介数包括节点介数和边介数。节点介数指复杂网络中所有最短路径中经过该节点的数量比例，边介数则指复杂网络中所有最短路径中经过该边的数量比例。介数反映了相应的节点或边在整个网络中的作用和影响力。

小世界效应识别：复杂网络的小世界效应是指尽管复杂网络的规模很大（网络节点数目 N 很大），但是两个节点之间的距离比我们想象的要小得多，也就是网络的平均路径长度随网络的规模呈对数增长。实证研究表明，真实网络几乎都具有小世界效应。

无标度特性发现：对于复杂网络中的随机网络和规则网络，度分布区间非常狭窄，大多数节点都集中在节点度均值的附近，说明节点具有同质性，因此节点度均值可以被看作是节点度的一个特征标度。而在节点度服从幂律分布的网络中，大多数节点的度都很小，而少数节点的度很大，说明节点具

① 刘建香. 复杂网络及其在国内研究进展的综述 ［J］. 系统科学学报，2009，17（4）：31 – 37.

有异质性，这时特征标度消失。这种节点度的幂律分布为网络的无标度特性。

二 社团发现

许多复杂网络均具有社团结构，即整个网络由若干个社团组成，社团之间的连接相对稀疏，社团内部的连接相对稠密。社团发现则是利用拓扑结构图中所蕴藏的信息从复杂网络中解析出其模块化的社团结构，该问题的深入研究有助于以一种分而治之的方式研究整个网络的模块、功能及其演化，更准确地理解复杂系统的组织原则、拓扑结构与动力学特性，具有十分重要的意义。社团发现主要可以分成非重叠社团发现和重叠社团发现[①]。

非重叠社团发现是指从复杂网络中识别出的社团之间互不重叠，每个节点属于且仅属于一个社团。典型算法有模块度优化算法、谱分析法、信息论方法等。模块度优化算法的核心思想是将社团发现问题定义为优化问题，然后搜索目标值最优的社团结构。谱分析法建立在谱图理论基础上，其主要思想是根据特定图矩阵的特征向量导出对象的特征，利用导出特征来推断对象之间的结构关系。信息论方法把网络的模块化描述看作对网络拓扑结构的一种有损压缩，从而将社团发现问题转换为信息论中的一个基础问题：寻找拓扑结构的有效压缩方式。

重叠社团发现并不将某个节点严格划分到某个社团中，这种现象普遍存在于各种真实网络之中，如社会网络中的人属于多个集体，网络中的网页属于多个主题等。典型算法有团渗透算法、模糊聚类算法、种子拓展算法、边聚类算法等。团渗透算法认为社团是由一系列相互可达的 k - 团（即大小为 k 的完全子图）组成的，即 k - 社团。该算法通过合并相邻的 k - 团来实现社团发现，而那些处于多个 k - 社团中的节点就是社团的"重叠"部分。模糊聚类算法通过计算节点到社团的模糊隶属度来揭示节点的社团关系。这类

---

① 骆志刚，丁凡，蒋晓舟，等. 复杂网络社团发现算法研究新进展 [J]. 国防科技大学学报，2011，33（1）：47 - 52.

算法通常从构建节点距离出发，再结合传统模糊聚类求解隶属度矩阵。种子拓展算法的基本思想是以具有某种特征的子网络为种子，通过合并、扩展等操作向邻接节点扩展，直至获得评价函数最大的社团。边聚类算法以边为研究对象来划分社团。边通常只对应某一特定类型的交互（真实网络中的某种性质或功能），以边为对象使得划分的结果更能真实地反映节点在复杂网络中的角色或功能。

三　链路预测

链路预测通常指通过网络中已知的节点信息、网络结构信息等预测网络中任意两个节点之间产生链接的可能性。链路预测包括对未知链接的预测（网络中实际存在但没有被探测网络的研究者们发现的链接）和对未来链接的预测（当前网络中没有产生链接，但是在未来可能产生链接）。例如，链路预测可以帮助分析社会网络结构中数据不全的问题，还可以用来分析演化网络，某网络可以基于当前已知的网络结构预测未来"可能成为朋友"的用户群，类似于"商品推荐"，我们可以做"朋友推荐"。此外，链路预测在网络重组和结构功能优化方面也有很好的应用价值，例如，很多网络中存在自相矛盾或定义不清晰的数据，可以使用链路预测算法对其进行纠正。链路预测可以分为相似性预测、最大似然估计预测、概率模型预测等①。

相似性预测利用节点的属性（例如人的年龄、性别、职业、兴趣等）或者网络的结构信息进行预测。利用节点属性的相似性的前提是网络中的边本身代表着相似；而基于网络结构相似性的链路预测精度的高低取决于该种结构相似性的定义是否能够很好地抓住目标网络的结构特征。最大似然估计预测认为复杂网络的连接可以看作某种内在的层次结构的反映，基于复杂网络结构可以构建层次结构模型或者随机分块模型。概率模型预测的基本思路是建立一个含有一组可调参数的模型，然后使用优化策略寻找最优的参数值，使得所得到的模型能够更好地再现真实网络的结构和关系特征，网络中

---

① 吕琳媛. 复杂网络链路预测 [J]. 电子科技大学学报，2010，39（5）：651－661.

两个未连边的节点对连边的概率就等于在该组最优参数下它们之间产生连边的条件概率①。

四 重要节点发现

重要节点发现主要是指使用定量分析的方法度量大规模网络中节点重要程度。复杂网络中节点重要性可以是节点的影响力、地位或者其他因素的综合。从网络拓扑结构入手是研究这一问题常用的方法，其中的评估指标包括网络的局部属性、全局属性、网络位置以及随机游走等四个角度。

网络局部属性排序指标主要考虑节点自身信息和其邻居信息，这些指标计算简单、时间复杂度低，可以用于大型网络。全局属性的节点重要性排序指标主要考虑网络全局信息，这些指标一般准确性比较高，但时间复杂度高，不适用于大型网络。网络位置排序指标依赖于其在整个网络中的位置，其利用 k - 核分解获得节点重要性排序指标（k-shell），该指标时间复杂度低，适用于大型网络，而且比度值或介数更能准确识别在疾病传播中最有影响力的节点。随机游走排序方法主要是基于网页之间的链接关系的网页排序技术，由于网页之间的链接关系可以解释为网页之间的相互关联和相互支持，从而判断出网页的重要程度，这类典型的方法有 Page Rank、Leader Rank 和 HITS 算法等②。

五 社会网络分析

社会网络也称为社交网络，都是由英文 Social Network 翻译而来，其属于复杂网络中的一种网络。社会网络是人的集合，网络中的每个人都与其中某个子群体的人有着某种特殊联系。社会网络分析（Social Network Analysis, SNA）研究社会行动者包括人员、集团、组织或者其他信息与知识处理实体之间的关系和流动，并对其进行映射测量。社会网络分析主要可以

---

① 桂春. 复杂网络中的社团发现与链路预测 [D]. 兰州大学, 2018.
② 刘建国, 任卓明, 郭强, 等. 复杂网络中节点重要性排序的研究进展 [J]. 物理学报, 2013, 62 (17): 178901.

分为个体分析、群体分析、事件分析、整体分析等。

个体分析主要是对人物所在的实体关系（具有直接联系的节点）和虚拟关系（人物节点的兴趣团体）进行分析，总结出圈子对人物各项属性的影响与关联，或者对个体圈子演化过程和趋势进行分析。群体分析的核心在于分析群体边界、身份、群内关系、群际关系、群体凝聚力、群体兴趣、群体行为、群体心理、社会地位、群体变化等，从而更深层次洞察群体特性。事件分析聚焦于分析事件在传播过程中的结构、内容、演化、意图、涌现性、行为、心理、受众、广度、深度、态势等。整体分析主要分为热门人物和事件排序、整体统计分析、全局拓扑结构分析和按区域热点事件分析，主要目的是了解和掌握社会网络当前的全局情况，同时预测全局网络的未来状况[1]。

第二节 监测视角：复杂经济现象的社群行为挖掘

基于微观主体的经济社会关联复杂网络，可以进一步借助聚类分析、社群发现等方法，识别复杂网络中的潜在结构，从而实现对经济运行网络中制度涌现的自动发现。如 ŚĆEPANOVIĆ 等[2]基于 Orange 运营商提供的手机用户数据集，分析了科特迪瓦的手机用户通话关系网络数据，识别出用户移动和打电话的典型群体行为模式，发现其与经济活动、贫富程度、发电和能源等普查数据有很强的关联性，甚至可以通过一天中不同时间的通话频率推断出用户的家庭和工作区域。Eagle 等[3]综合运用英国居民收集通信网络记录与人口普查数据，通过将微观层面的通信社交网络与宏观层次的经济状况相耦合，基于主成分分析构建复合测度模型，发现个体的社交网络多样性与国家

---

① 易成岐，鲍媛媛，薛一波. 社会网络大数据分析框架及其关键技术［J］. 中兴通讯技术，2014，20（01）：5-10.

② ŚĆEPANOVIĆ S, Mishkovski I, Hui P, et al. Mobile phone call data as a regional socio-economic proxy indicator［J］. PLoS one, 2015, 10（4）：e0124160.

③ Eagle N, Macy M, Claxton R. Network diversity and economic development［J］. Science, 2010, 328（5981）：1029-1031.

和区域经济发展状况具有很强的关联性。

为了更好地评估"互联网+"政策的实施效果，本评估以我国某城市为例，重点分析了该市重点产业"互联网+"融合情况。在评估方法上，选取了该市 2015 年税务数据作为分析数据源，采用复杂网络方法对税务数据进行了建模，将税务数据构建为有向加权图 $G = \{V, E, W\}$，其中，G 代表该市 2015 年相关企业间交易全景图；V 代表交易数据中的节点（企业），将每个企业抽象成为有向加权图 G 中的一个节点；E 代表交易数据中的有向边（企业之间交易关系），方向为交易过程中的资金流向，并将两个相同企业之间不同时间的交易关系进行去重、合并，即每两个企业之间的边数量保证为不大于 1；W 代表企业之间交易关系中有向边的权重（企业之间交易次数）。经过去重、合并、抽象、建模后，2015 年该市税务数据中共包含 348324 家企业和 1072918 次交易。

利用企业之间真实交易数据对该市重点产业进行划分可以规避分析人员的主观性，使产业划分结果更合理、更真实、更客观。采用 Modularity 算法对 2015 年该市税务数据进行了产业划分，并选取 7 个企业数量最高的重点产业以待后续挖掘。对这 7 个重点产业利用 Yifan Hu 布局算法进行布局及着色处理，该市重点产业分布如图 7 - 2 所示。需要指出的是，此处的产业集群并非传统统计意义上的产业门类，而是通过复杂网络方法自动识别发现产业主体自主活动中涌现的中观产业结构，因此是一种典型的基于行为依赖的中观经济复杂结构分析方法。

为了明确上述 7 个重点产业隶属范围，采用 CRF（条件随机场）算法分别对每个产业中所有企业的经营范围进行分词处理。CRF 代表了新一代的机器学习技术分词，其基本思路是对汉字进行标注，即由字构词（组词），不仅考虑了文字词语出现的频率信息，同时考虑上下文语境，具备较好的学习能力，因此其对歧义词和未登记词的识别都具有良好的效果。并利用 TF - IDF 算法提取每个产业中具有代表性的关键词，TF - IDF 算法是一种统计方法，用以评估一个字词对于一个文件集或一个语料库中的其中一份文件的重要程度。字词的重要性随着它在文件中出现的次数增加而上升，但同时会随着它在语料库中出

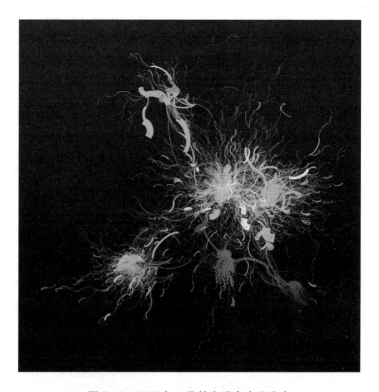

图 7 - 2　2015 年 3 月某市重点产业分布

现的频率增加而下降。基于 CRF 分词及 TF - IDF 关键词提取算法的该市重点
产业自动化标注结果及其词云图如图 7 - 3 至图 7 - 9 所示。

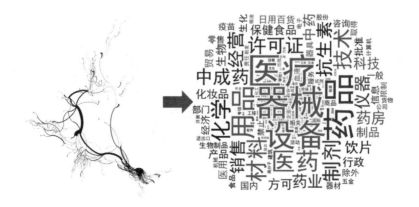

图 7 - 3　某市重点产业之一（医药及医疗器械业）

图 7 - 4　某市重点产业之二（服装进出口业）

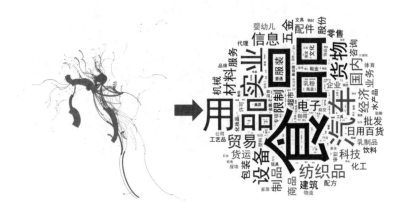

图 7 - 5　某市重点产业之三（食品批发零售业）

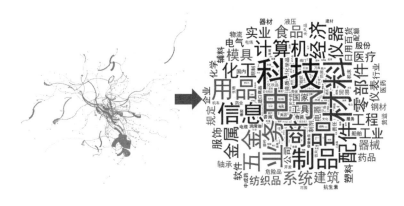

图 7 - 6　某市重点产业之四（电子科技材料业）

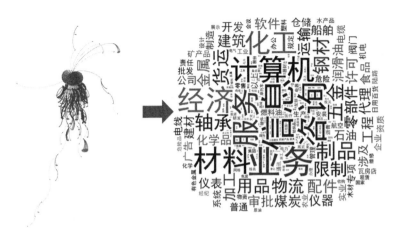

图 7 - 7　某市重点产业之五（计算机信息服务业）

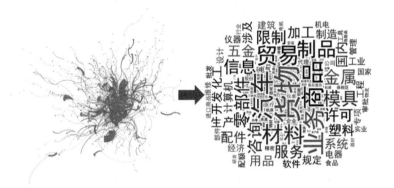

图 7 - 8　某市重点产业之六（汽车机械零部件业）

图 7 - 9　某市重点产业之七（设备制造技术业）

　　由此，可以构建该市重点产业（食品批发零售业、汽车机械零部件业、设备制造技术业、电子科技材料业、服装进出口业、计算机信息服务业、医药及医疗器械业）分布地图（见图 7 – 10）。

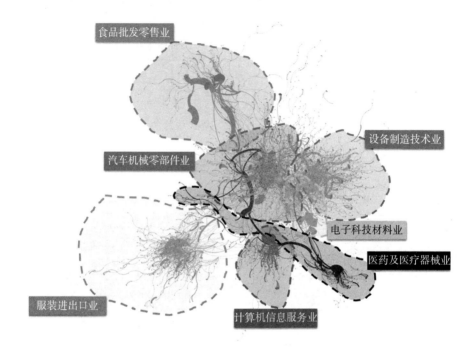

图 7 – 10　某市重点产业分布地图

　　从该市重点产业分布地图可视化结果可以明显看出如下几点。

　　（1）"互联网＋"在医药及医疗器械业融合度最高。计算机信息服务业与医药及医疗器械业在产业分布地图中的交叉程度最高，表明医药及医疗器械业已有部分企业与计算机信息服务业中的部分企业产生了较大范围的交易，"互联网＋"在医药及医疗器械业形成较高程度的融合。

　　（2）汽车机械零部件业、设备制造技术业、电子科技材料业和服装进出口业成为"互联网＋"融合渗透第二梯队。计算机信息服务业与上述汽车机械零部件业、设备制造技术业、电子科技材料业和服装进出口业虽产生了部分交易，但融合交叉程度仍较低。

（3）食品批发零售业"互联网＋"融合度最低。食品批发零售业与计算机信息服务业很少有交易往来，因此在重点产业地图中两者空间距离较大，仍存在较大的"互联网＋"升级改造、融合提升空间。

第三节　预测视角：基于复杂网络的经济预测研究

基于复杂网络中的已知节点信息、网络拓扑结构新消息等，可以预测复杂网络的整体走势，以及部分节点之间链接关系变化的走势。很多研究者基于这一特性，对基于复杂网络的经济预测方法进行了研究。如Holzbauer 等①基于 Gowalla 数据集（美国基于位置的社会网络数据），分析了带有位置标记的社会网络数据，发现使用社会网络的结构特征可以预测美国各州的经济发展状况，特别是不同州人们之间的长程社会连接与国民生产总值、专利和初创公司数量等经济指标有很强的关联性。高见等②通过企业内部员工社会化平台上留下的非干预网络数据，建构了双层雇员网络，分析了雇员网络的结构特征，实现了基于雇员网络的员工绩效分析和离职预测。Bustos 等③在研究国际和本土经济中产业的兴衰时，发现"国家－产品"两部分网络的嵌套结构可以用来预测产业在某个区域的出现和消失。

专利作为国家自主创新成果的重要载体，是全社会科技创新研究成果和新技术产品研发的重要信息来源，通过专利数据分析，研究者不仅可以了解特定领域的技术水平和研发能力，还能对技术创新态势进行全面的研究和评

① Holzbauer B O, Szymanski B K, Nguyen T, et al. Social ties as predictors of economic development [M] //Wierzbicki A, Brandes U, Schweitzer F, et al. Advances in Network Science. Switzerland：Springer International Publishing, 2016：178 – 185.
② 高见，张琳艳，张千明，等. 大数据人力资源：基于雇员网络的绩效分析与升离职预测 [J]. 社会物理学——社会治理, 2014.
③ Bustos S, Gomez C, Hausmann R, et al. The dynamics of nestedness predicts the evolution of industrial ecosystems [J]. PLoS ONE, 2012, 7 (11)：e49393.

估。因此，如何科学有效地开发利用专利数据并提取其背后蕴藏的创新态势，是产业界和学术界共同面临的热点问题。国家发展改革委大数据中心基于专利发明明细数据，利用复杂网络分析手段，构建了基于专利内容关联度的专利创新网络，并基于启发式社团发现模型提出一种创新态势感知算法（PeTIT），该算法主要包括技术专利本体抽取、技术创新树构建、技术创新树社团发现、技术创新趋势预测四个步骤。针对 2000 年 6 月 1 日到 2019 年 5 月 1 日期间申请的中国人工智能领域发明专利数据，研究验证了 PeTIT 方法的有效性，并且发现当前我国人工智能的技术创新方向主要集中在 10 个领域，特别是智能驾驶成为近两年我国发展最迅速的技术创新趋势之一。实验也表明三次指数平滑模型有较好的技术创新趋势预测效果。

一　数据处理与研究方法

基于发明专利题目和摘要等文本数据，结合社团发现模型分析创新态势的基本思路如图 7 - 11 所示，主要分为四个阶段。

第一阶段是专利本体阶段，其中，V 代表发明专利节点，在此初始阶段各发明专利相对独立，每个发明专利节点包含专利申请号、专利标题、专利摘要、申请日期、公开日期、申请人、发明人等相关基本属性信息。

第二阶段为专利创新树构建阶段，利用发明专利标题及其摘要等文本信息，通过测算发明专利之间的文本相似度，可根据专利之间的相似程度构建专利间的相似边 E（下文会详述专利网络构建方法及过程）。同时，相似边 E 的方向可以定义为从旧专利到新专利，同时手工设置一个虚拟根节点以连接现有专利图的所有当前根节点，将其转换为有向加权专利树 T。

第三阶段为技术创新社区检测阶段，在此阶段可利用复杂网络领域的社团发现模型和网络拓扑布局算法对专利树 T 进行社团结构划分，其中，社团发现模型可以更准确地自动化理解专利网络的组织关系、拓扑结构与动力学特性。

第四阶段是技术创新趋势预测阶段。基于所构建的专利技术创新树，应用不同的预测算法对不同领域的技术创新趋势进行预测。

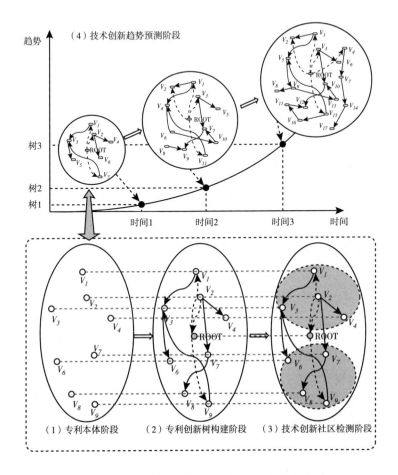

图 7-11　利用社团发现模型分析创新态势的基本思路

二　专利网络自动化构建方法

通过测算发明专利之间的文本相似度，将特定领域的 n 条发明专利数据构建为一个无向加权图 $G = \{V, E, W\}$（$|V| \leq n$）。其中，如果两个发明专利的文本相似度超过一定阈值（阈值选择策略详见下节），则认为两者存在相似性关系，即两条专利之间存在一条无向边，否则无边。G 代表特定领域的发明专利网络图，V 代表专利网络图 G 中的发明专利节点，E 代表发明

专利节点间的无向边；W 代表发明专利之间无向边的权重，权重值为文本相似度，取值归一化至 $0 \sim 1$。

其中，由于将 n 条发明专利转换为无向加权图 G 的时间复杂度为 $O(n^2)$，为了节省运算时间成本，本章只考虑利用发明专利标题和摘要计算文本相似度，为了缓解短文本造成的文本向量稀疏化问题，本章采用一种非监督的稀疏向量稠密化方法进行相似度测算，区别于传统余弦相似度计算方法中将专利标题文本转换为 $x = (x_1, \cdots, x_V)^T$ 和 $y = (y_1, \cdots, y_V)^T$ 两个等长的词向量（V 代表词表长度），本章首先将每条发明专利标题重写为非等长词向量 $x = \{x_{a_1}, \cdots, x_{a_{n_x}}\}$ 和 $y = \{y_{b_1}, \cdots, y_{b_{n_y}}\}$，其中，$a_i$ 和 b_j 代表 x 和 y 向量中非零权重词语的索引项（$1 \leqslant a_i, b_j \leqslant V$），$x_{a_i}$ 和 y_{b_j} 代表词语表中词语的关联权重，另外，假设 x 和 y 向量中分别存在 n_x 和 n_y 个非零权重词语，则余弦相似度计算公式可改写为：

$$sim(x, y) = \frac{\sum_{i=1}^{n_x} \sum_{j=1}^{n_y} x_{a_i} y_{b_j} \phi(a_i, b_j)}{n_x \|x\| \cdot n_y \|y\|} \tag{7-1}$$

其主要思想是，为了计算每个词语之间相似性的平均相似度，可以较大程度地将发明专利标题稀疏向量进行稠密化处理，其中，$\phi(a_i, b_j)$ 代表非零权重词语 a_i 和 b_j 之间的相似度。关于词语稠密化表示方法，本章采用了浅层神经网络模型 word2vec 方法，其中，利用 2016 年 1 月至 2019 年 4 月期间 365.3 万条国内部分高新技术领域发明专利标题及摘要文本数据，采用默认参数即窗口大小为 5 的 CBOW（连续词袋）模型进行训练。对于每个词语，本章统一映射为 200 维的词向量，考虑到 RBF（径向基函数）本质上是一种相似度的测量，而且是在原始空间的相似度测量方式，因此本章使用 RBF 核函数作为后续实验中两个词向量 a 和 b 的相似度计算方法：

$$\exp\{-\|a - b\|^2 / (0.03 \cdot \|a\| \cdot \|b\|)\} \tag{7-2}$$

在构建专利网络的过程中，对发明专利相似度阈值 δ 的选择尤为关键，会直接影响专利网络密集或松散的程度，阈值越小代表符合阈值的专利节点筛选策略越宽松，会导致专利网络拥有更多的节点及边；阈值越大则代表专利节点筛选策略越苛刻，专利网络则会拥有更少的节点及边。但是由于相似度阈值 δ 并不是一个常数，而是会受到专利领域分布范围、专利数量多少等诸多因素影响，因此，本章拟将专利网络的相似度阈值与专利网络中常用统计指标的变化关系进行对比分析，希望能够找到一种统计指标实现最优相似度阈值 δ 的自动化判定，从而满足专利网络构建过程中的实时迭代自反馈效果。

在此阶段，本章通过以数据实验为驱动的方法，对比分析了专利网络相似度阈值 δ 与专利网络平均度、平均路径长度、平均聚类系数、网络密度、介数中心性、紧密中心性、特征向量中心性、同配系数等复杂网络中常用统计指标的变化关系，分析发现专利网络相似度阈值 δ 与平均聚类系数 $|C|$ 的变化呈现线性关系，其中，部分领域专利网络（我国数字中国领域专利网络、北京市西城区专利网络、江苏省高新技术领域专利网络、深圳市高新技术领域专利网络、浙江省高新技术领域专利网络）相似度阈值与平均聚类系数对比关系如图 7 – 12 所示。

因为在复杂网络中，如果节点 V_0 与节点 V_1 相连，节点 V_1 与节点 V_2 相连，那么节点 V_2 有很大概率与 V_0 相连。为了量化该特性，使用聚集系数，聚集系数也称为聚类系数，表示在复杂网络中与同一节点相连的节点们互相连接的程度。节点 V_i 的聚集系数 C_i 可以表示为：

$$C_i = \frac{2e_i}{k_i(k_i - 1)} \qquad (7 – 3)$$

其中，k_i 表示与节点 V_i 相连接的节点数量，e_i 表示节点 V_i 的 k_i 个相连节点集合 $V = \{V_{1_i}, V_{2_i}, \cdots, V_{k_i}\}$ 中存在互相连接的边的数量。由式 7 – 3 可知，对于有向图，k_i 个节点存在互相连接边的数量上限为 $k_i(k_i - 1)$，而对于类似于专利网络的无向图，k_i 个节点存在互相连接边的数量上限为 $k_i(k_i - 1)/2$。

通常平均聚类系数 $|C|$ 能够以全局视角量化复杂网络中节点聚集程

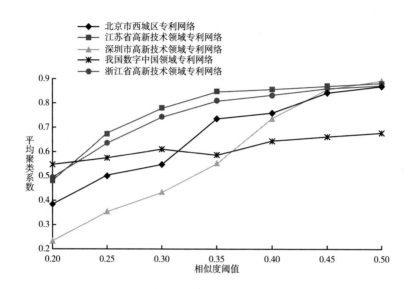

图 7-12　部分领域专利网络相似度阈值与平均聚类系数对比

度。平均聚类系数 | C | 定义为所有节点的聚类系数的平均值，取值范围在 $0 \sim 1$，可表示为：

$$| C | = \frac{1}{N} \sum_{i=1}^{N} C_i \qquad (7-4)$$

其中，N 代表复杂网络中节点的数量，C_i 代表节点 V_i 的聚集系数。

因此，可以在选择相似度阈值过程中实时反馈专利网络的平均聚类系数 | C | 值，将平均聚类系数 | C | 接近平滑时的临界点所对应的相似度阈值作为专利网络的最优阈值 δ。

三　启发式社团发现模型

考虑到 Modularity（模块度）是一种衡量社团发现质量的评价方法[1]，Modularity 会在保证基准网络与现有网络有着相同的度分布的前提下，通过

---

[1]　Newman M E J. Modularity and community structure in networks [J]. Proceedings of the national academy of sciences, 2006, 103 (23): 8577-8582.

对比基准网络与现有网络在相同社团划分后的连接密度来度量社团发现算法的准确程度，具有很强的权威性，但由于计算 Modularity 属于 NP - 完全问题，因此本章采用一种启发式 Modularity 计算方法作为社团发现模型①，具体计算公式为：

$$Q = \left[\frac{\sum inside + 2k_{i,inside}}{2m} - \left(\frac{\sum total + k_i}{2m} \right)^2 \right]$$
$$- \left[\frac{\sum inside}{2m} - \left(\frac{\sum total}{2m} \right)^2 - \left(\frac{k_i}{2m} \right)^2 \right]$$

$$(7 - 5)$$

其物理意义是计算专利网络中同一社团内部边的比例与同样度分布下基准网络内部边的比例的期望值之差。其中，m 代表专利网络中边的数量，$\sum inside$ 代表社团 C 中内部边的数量，$\sum total$ 代表划入社团 C 中节点的边的数量，k_i 代表了与节点 i 相关边的数量，$k_{i,inside}$ 代表从节点 i 连到社团 C 中节点的数量。

该算法主要思想是首先合并社团，并将每个节点单独看作一个社团，基于 Modularity 增量最大化标准决定需要被合并的社团。此外，将上一步骤已发现的所有社团看成单独节点，并且构建新的网络，重复运行上述步骤后直到 Modularity 不再增长，则得到社团发现的近似最优解，专利网络最终形态为 $G = \{V, E, C\}$，其中 C 代表专利节点 V 所属的特定社团。

四　基于启发式社团发现模型的创新态势研判

综合上述分析，本章融合了稀疏向量稠密化文本相似度测算方法、专利相似度阈值选择策略和启发式社团发现模型，提出了一种基于专利数据的创新态势研判算法，如表 7 - 1 所示。

---

① Blondel V D, Guillaume J L, Lambiotte R, et al. Fast un-folding of communities in large networks [J]. Journal of statistical mechanics: theory and experiment, 2008, (10): 10008.

表7-1 基于启发式社团发现模型的创新态势研判算法

输入:特定领域专利明细数据 $V = \{V_1, V_2, \cdots, V_n\}$ 和初始阈值 $\delta = 0.1$

输出:已形成若干社团的专利网络 $G = \{V, E, C\}$

开始

1: *Function patent Network*(V, δ) *do*   //专利网络构建函数

2: *for i* : = 1 *to n do*

3: *for j* : = *i* + 1 *to n do*

4:利用公式(7-1)和公式(7-2)计算 V_i 和 V_j 文本相似度 *sim*(i,j)

5:*if sim*$(i,j) > \delta$ *then*   //判断相似度是否大于阈值

6:$V \leftarrow V_i$, $V \leftarrow V_j$;//将 V_i 和 V_j 添加至专利网络

7:$E \leftarrow E_{ij}$;//将 V_i 和 V_j 之间的边添加至专利网络

8:*end if*

9:*end for*

10:*end for*

11:利用公式(7-4)计算当前专利网络的平均聚集系数|*C*|

12:*if isSmoothing*(|*C*|) *then*   //判断当前|*C*|是否已平滑

13:生成专利网络 $G = \{V, E\}$

14:*break*

15:*else*

16:$\delta += 0.1$

17:*patentNetwork*(V, δ)

18:*end Function patentNetwork*(V, δ)

19:利用公式(7-5)对专利网络进行社团发现测算

20:输出已形成若干社团的专利网络 $G = \{V, E, C\}$

基于上述方法，笔者对2000年以来我国人工智能领域的专利创新网络进行了社群发现分析，并将其分为智能应用（包括机器视觉检测、智能驾驶、智能家居等）和基础研究（包括图像识别技术、深度神经网络模型、机器学习模型等）两大领域10个研究方向（见图7-13）。

进一步分析，通过选择特定的时间表来回顾中国人工智能的发展历史，可以将图7-13按照不同时间节点绘制演化图如图7-14所示。

从图7-14可以看出，2000年前后，我国人工智能领域尚处于萌芽阶段，已经形成了少量研究领域。2005年起，图像识别和语音识别技术开始出现；2010年，图像识别、语音识别和人工智能泛在应用创新不断拓展；2012年，深度神经网络模型和智能家居技术研究逐渐成形；2015年前后，

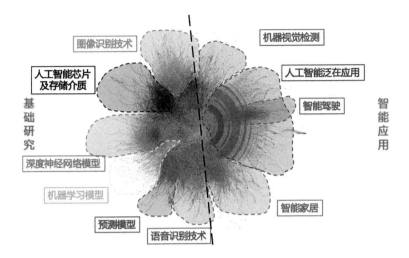

图7-13 我国人工智能领域专利创新图谱

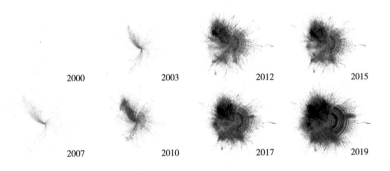

图7-14 不同时间点的人工智能领域专利创新图谱

用于人工智能的芯片和存储介质的创新取得了进展；2017年，智能驾驶领域的创新开始出现爆发性增长。

五 创新趋势的预测

Yi等人①的研究表明，Modularity（模块度）可以用于预测信息传播趋

---

① Yi C, Bao Y, Sun S, et al. A novel method for information propagation model perceiving［C］// The 2014 International Conference on Computing, Networking and Communications（ICNC）. IEEE, 2014：6-10.

势。由于本研究所构建的专利技术创新树与上述文献中提出的信息传播度模型（基于定向加权树）具有相同结构，因此本研究引入 Yi 等人的研究结论，从而将趋势预测问题转化为模块度预测问题。

考虑专利数据的时间特性，本研究选择了 ARIMA 模型和指数平滑模型（包括单指数平滑、双指数平滑和三次指数平滑）两种时间序列模型来预测创新趋势。每月计算专利树的模块度，并使用每月数据的前 2/3 部分拟合模型，使用后 1/3 部分进行预测。由于 ARIMA 模型更适合于具有强周期性的数据，这与本研究的场景有较大差异，因此其预测结果比其他指数平滑模型差，如图 7 – 15 所示。

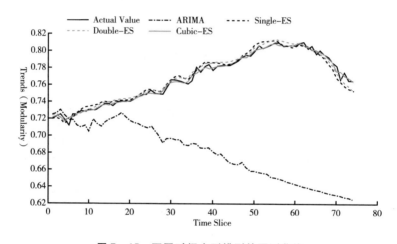

图 7 – 15　不同时间序列模型的预测曲线

从图 7 – 15 可以看出，三个指数平滑模型效果基本接近，因此本研究采用 MSE（均方误差）和 MAPE（均值绝对百分比误差）作为评估模型预测效果的指标，如表 7 – 2 所示。结果表明，三次指数平滑的 MSE（0.00000859）和 MAPE（0.27436148）最低，这意味着模型的预测效果最佳。

表 7 – 2　不同时间序列模型的 MSE 和 MAPE 值表现

	ARIMA	Single-ES	Double-ES	Cubic-ES
MSE	0.01124982	0.00002745	0.00002047	0.00000859
MAPE	11.21142053	0.54299430	0.49100631	0.27436148

第八章

观念依赖——人工智能路径的实践探索

观念依赖认为，经济主体的行为受其预期影响，而主体的预期根源于主体自身的价值判断、观点立场、认知水平和利益抉择等要素，并与其所处的经济社会结构、关系、机制等息息相关。大数据技术的意义在于，其在很大程度上解决了传统经济学对于微观主体的预期、情绪等难以实现大规模实验的难题。在互联网上，每天都有数亿甚至数十亿网民在发表各种言论，这些言论的背后实际上代表着社会群体情绪的变化。因此，与观念依赖分析密切相关的大数据分析技术是以自然语言理解、文本挖掘、语音识别、图像识别、情绪分析等为代表的人工智能技术。

第一节　主要分析方法：自然语言处理

自然语言处理（Natural Language Processing，NLP）是文本信息分析最重要的研究方向之一，自然语言处理包括对字、词、句子以及段落与篇章的处理①。此外语音识别、图像识别等方法同样也用于对观念依赖的分析，但其最终结果是转化为文本，因此，此处不将其作为主要分析方法一一进行罗列。

一　词法与句法分析

词法分析是将输入句子从字序列转化为词和词性序列，句法分析将输入

---

① 李生. 自然语言处理的研究与发展［J］. 燕山大学学报，2013，37（05）：377－384.

句子从词序列形式转化为树状或图状结构，从而刻画句子的词法和句法结构。句法结构的形式化描述方法通常有两种：句法结构树、依存关系图。前者描述了句子的组成成分及各个成分之间的结构关系，后者则描述了句子中词与词的依存关系。句法分析通常有完全句法分析和浅层句法分析两种。

目前，业界主要研究数据驱动的分析方法，即在人工标注的分词、词性语料和树库上自动训练构建词法和句法分析系统。数据驱动方法的主要优势在于给定训练数据，不需要太多的人工干预，就能得到最终的系统。但是给定一个句子，可以产生数量众多符合词法和句法的分析结果。如何从中找到正确的分析结果是主要的研究内容。

词性标注是词法分析的主要任务，是一个非常典型的序列标注问题。词性标注就是在给定句子中判定每个词的语法范畴，确定其词性并加以标注的过程，通常有基于规则和基于统计两种方法。最初采用的方法是隐马尔可夫生成式模型，然后是判别式的最大熵模型、支持向量机模型。目前学术界通常采用结构感知器模型与条件随机场模型。近年来，随着深度学习技术的发展，研究者们也提出了很多有效的基于深层神经网络的词性标注方法。

不同类型的句法分析体现在句法结构的表示形式不同，实现过程的复杂程度也有所不同。因此，一般会采用不同的方法构建符合各个语法特点的句法分析系统。分析方法主要包括深度学习、短语结构和依存句法分析。

二 语义分析

语义分析是指根据句子的句法结构和句子中每个实词的词义推导出能够反映这个句子意义的某种形式化表示，也就是将人类能够理解的自然语言转化为计算机能够理解的形式语言。

词语层面上的语义分析主要体现在如何理解某个词语的含义，主要包含两个方面。一是在自然语言中，一个词具有两种或更多含义的现象非常普遍。如何自动获悉某个词存在多种含义，以及假设已知某个词具有多种含义，如何根据上下文确认其含义，这些都是词语级语义研究的内容。二是如何表示并学习一个词的语义，以便计算机能够有效地计算两个词之间的相似度。

句子级的语义分析试图根据句子的句法结构和句中词的词义等信息，推导出能够反映这个句子意义的某种形式化表示。根据句子级语义分析的深浅，又可以进一步划分为浅层语义分析和深层语义分析，期望能够分析了解语言使用者的真正用意，与语境以及语言使用者的知识状态、言语行为、想法和意图有关，是对自然语言的深层理解。

篇章是指由一系列连续的子句、句子或语段构成的语言整体单位，在一个篇章中，子句、句子或语段间具有一定的层次结构和语义关系，篇章结构分析旨在分析出其中的层次结构和语义关系。具体来说，给定一段文本，其任务是自动识别出该文本中的所有篇章结构，其中每个篇章结构由连接词、两个相应的论元以及篇章关系类别构成。篇章结构可进一步分为显式和隐式，显式篇章关系指连接词存在于文本中，而隐式篇章关系指连接词不存在于文本中，但可以根据上下文语境推导出合适的连接词。对于显式篇章关系类别，连接词为判断篇章关系类别提供了重要依据，关系识别准确率较高；但对于隐式篇章关系，由于连接词未知，关系类别判定较为困难，也是篇章分析中的一个重要研究内容和难点。

除此之外，还需要对词义消歧（确定在给定上下文语境中多义词的词义）、指代消解（确定指代词的先行语的过程）、命名实体识别（人名、地名、组织机构名、数量表达式、时间短语、货币短语和百分比等的识别）等方面进行处理。

三　语篇分析

语篇理论的研究主要集中于 20 世纪 80 年代。对于语篇的判断准则，较具代表性的工作是 Beaugrande 于 1981 年提出的语篇篇章性（textuality）标准，共包括 7 条：衔接性、连贯性、意图性、可接受性、信息性、情境性以及篇际性。Beaugrande 的体系非常大，但具体操作上有些困难，在计算中不太容易把握。

在构建理论模型方面，典型的工作有 Kamp 的语篇表示理论（Discourse

Representation Theory，DRT)，Grosz 的中心理论（Center Theory，CT）以及 Mann 和 Thompson 的修饰结构理论（Rhetorical Structure Theory，RST)。DRT 受到蒙太古（Montague）语法理论的影响，采用了类似模型论的思想，通过谓词演算主要解释回指问题和语义推理关系；CT 则通过句子或语段 (utterance) 的中心以及中心变化的规律来实现指代消解，也为话题（在 CT 中表示中心）的推演分析提供了基础，BFP 算法（Brennan，Friedman 和 Pollard）是 CT 实现的经典算法。RST 则以句子（或语段）为语篇的基本单元，构建语篇的结构关系，这类似于将一个句子以其中的词为基本单元构建句法结构。总体上看，RST 主要考虑的是语篇的整体连贯性，DRT 和 CT 更多地考虑了衔接和局部连贯。

此外，Hallidy 和 Hason 专门针对衔接性问题，提出了五种衔接关系：连接（Conjunction)、指代（Reference)、省略（Ellipsis)、替换（Substitution）和词语衔接（Lexical Cohesion）关系。除了连接（Conjunction）之外，其余的都可以被视为广义词语衔接关系。所谓广义词语衔接，是指通过相同或相关联的词表示上下文的概念关系。衔接性是从词语或短语层面来描述语篇中的话题或概念之间关系的，在计算上相对容易实现。

四 语言认知模型

语言认知模型就是刻画人脑语言认知和理解过程的形式化模型。40 多年来，认知语言学与神经科学、语言心理学和计算语言学等学科交叉，从各种不同的角度、以不同的目的不断探索着人类思维的奥秘，试图将人脑学习、分析和理解语言的思维过程通过形式化的模型描述出来。理想情况下，希望建立可计算的、复杂度可控的数学模型，以便在计算机系统上实现对人脑语言理解过程的模拟。尤其近几年随着人工智能研究的再度兴起，人们在对人脑理解语言的生物过程尚不清楚的情况下，也在尝试通过模拟人脑神经系统的结构和功能，或者借鉴人脑的某些认知行为（记忆、编码、搜索、概念形成、缺省推理、隐喻投射、概念整合等）的表现，或受人脑某些功能和表现的启发，建立实用、有效的自然语言处理模型或方法，实现所谓的

"类脑语言信息处理"。

从事认知语言模型和类脑语言信息处理方法研究具有极其重要的理论意义和应用价值，它不仅可以从本质上揭示人脑进行语言学习、思维和推理的机理，探索大脑实现语义、概念和知识计算的奥秘，而且可以了解人类某些与语言能力相关的疾病形成的原因，对于改善人类的健康、提高计算机信息处理能力、促进社会的发展，都具有非常重要的意义。

五　语言表示与深度学习

语言表示方法大体上可以从两个维度进行区分。一个维度是按不同粒度进行划分，语言具有一定的层次结构，语言表示可以分为字、词、句子、篇章等不同粒度的表示。另一个维度是按表示形式进行划分，可以分为离散表示和连续表示两类。离散表示是将语言看成离散的符号，而将语言表示为连续空间中的一个点，包括分布式表示和分散式表示。

离散表示是将语言看成离散的符号。以词为例，一个词可以表示为One-Hot向量（一维为1、其余维为0的向量），也叫局部表示。离散表示的缺点是词与词之间没有距离的概念，这和事实不符。一种改进的方法是基于聚类的词表示。其中一个经典的方法是 Brown 聚类算法，该算法是一种层次化的聚类算法。在得到层次化结构的词类簇之后，我们可以用根节点到词之间的路径来表示该词。有了词的表示之后，我们可以进一步得到句子或篇章的表示。句子或篇章的离散表示通常采用词袋模型、N 元模型等。

连续表示是将词表示为连续空间中的一个点，即为连续向量。这种表示的优势是词与词之间可以通过欧式距离或余弦距离等方式来计算相似度，可以有效地处理传统离散表示中的"一词多义"和"一义多词"问题。

六　文本分类与聚类

自然语言文本数据是由词构成的序列。文本的词序列中蕴含了复杂的结构信息和丰富的语义信息。经典的文本分类和聚类模型为了简化文本表示，提出词袋模型（Bag of Words Model）假设，将句子看作词的集合，而忽略了词与词之间的序列信息以及句子结构信息。在词袋模型假设的基础上，向量空间模型（Vector Space Model）成为文本的主要表示方法，向量空间的每一维代表一个词项（词语或 N-Gram），然后通过 TF-IDF 等方式就可以计算得到文本在向量空间中的表示。大规模文本中可能出现的词项非常多，但并不是所有词项都可以作为文本特征。为了选取有效文本特征，降低特征空间维度，提高分类聚类的效果与效率，以特征选择、特征转换和话题分析为代表的特征降维方法被广泛研究与使用。

文本分类模型研究层出不穷，特别是随着深度学习的发展，深度神经网络模型也在文本分类任务上取得了巨大进展。我们将文本分类模型划分为以下三类：基于规则的分类模型旨在建立一个规则集合来对数据类别进行判断。这些规则可以从训练样本里自动产生，也可以人工定义。给定一个测试样例，我们可以通过判断它是否满足某些规则的条件，来决定其是否属于该条规则对应的类别。典型的基于规则的分类模型包括决策树、随机森林、RIPPER 算法等。典型的机器学习分类模型包括贝叶斯分类器、线性分类器、支持向量机、最大熵分类器等。以人工神经网络为代表的深度学习技术已经在计算机视觉、语音识别等领域取得了巨大成功，在自然语言处理领域，利用神经网络对自然语言文本信息进行特征学习和文本分类，也成为文本分类的前沿技术。

文本聚类是典型的无监督学习任务，文本聚类的代表算法包括如下两类。基于距离的聚类算法的基本思想是，首先通过相似度函数计算文本间的语义关联度，较为常见的是余弦相似度；其次根据文本间的语义相似度进行聚类。主题模型（Topic Model）是典型的基于概率的文本聚类方法。主题建模的思想是对文本集合学习概率生成模型。与基于距离的聚类方法不同，这种基于概率模型的聚类方法假设每篇文章是所有主题（聚集）上的概率分布，而不是仅属于一个聚集。典型的主题模型包括 PLSA 和 LDA 等。

七　信息抽取

现有信息抽取方法可以从不同的维度进行划分。例如，根据模型的不同，信息抽取方法可以分为基于规则的方法、基于统计模型的方法和基于文本挖掘的方法；根据对监督知识的依赖，信息抽取方法可以划分为无监督方法、弱监督方法、知识监督方法和有监督方法；根据抽取对象的不同，可以划分为实体识别方法、关系抽取方法、事件抽取方法等。

信息抽取系统的规则可以有多种不同的表现形式，如正则表达式、词汇 - 语法规则、面向 HTML 页面抽取的 Dom Tree 规则等。抽取规则可以通过人工编写得到或者使用学习方法自动学习得到。为了方便规则的编写，目前已有许多抽取规则开发平台被开放出来，如由 Apache 基金会推出的 UIMA Ruta 系统。

统计模型一直是信息抽取的主流方法，有非常多的统计方法被用来抽取文本中的目标信息，如最大熵分类模型、基于树核的 SVM 分类模型、隐马尔可夫模型、条件随机场模型等。基于统计模型的方法通常将信息抽取任务形式化为从文本输入到特定目标结构的预测，使用统计模型来建模输入与输出之间的关联，并使用机器学习方法来学习模型的参数。例如，条件随机场模型（CRF）是实体识别的代表性统计模型，它将实体识别问题转化为序列标注问题；基于树核的关系抽取系统则将关系抽取任务形式化为结构化表示的分类问题。

文本挖掘方法的核心是构建从特定结构（如列表、Infobox）到目标语义知识（实体、关系、事件）的映射规则。由于映射规则本身可能带有不确定性和歧义性，同时目标结构可能会有一定的噪声，文本挖掘方法往往基于特定算法来对语义知识进行评分和过滤。

八 情感分析

采用基于规则的方法进行情感分类是一类较为早期和简单的方法。这类方法通常利用情感资源中的词条，结合否定、转折、递进等句法规则，对文本的情感极性进行判别。基于规则的情感分类方法虽然简单，但其在情感资源丰富的一些特定领域上表现得很好。

在情感信息抽取方面，除了许多基于句法、语法规则的情感抽取工作外，最常见的做法是把情感信息抽取当作一个序列标注问题来处理。这一类方法通常基于监督学习算法，因此需要人工标注的数据来训练模型。目前应用最广泛的序列标注算法是隐马尔可夫模型和条件随机场模型。其中所用到的特征包括词形、词性、句法依存关系、词距离、是否为主观句等。

在文本方面，针对不同的文本粒度，也提出一系列的深度学习模型，包括词向量表示学习、句子级表示学习（循环神经网络、递归神经网络、卷积神经网络等）、篇章级表示学习等。在情感分析任务上也不例外，现有的深度学习方法得到广泛的应用。基于深度学习的模型几乎占领了自然语言处理的各个领域和任务，但是有针对性地考虑情感表达的工作还并不多，说明已有研究的重心还停留在通用的文本语义表示和学习上。绝大多数方法把深度学习模型当作一个黑盒子，把学习看成是端到端的处理过程，至于情感表达的内部机制和原理，以及情感表达与一般语义表达的不同则在很大程度上被忽视了，而这正是可以深入开展研究的方向。

九　自动文摘

经过数十年的发展，同时在 DUC 与 TAC 等自动文摘国际评测的推动下，文本摘要技术已经取得长足的进步。国际上自动文摘方面比较著名的几个系统包括 ISI 的 NeATS 系统、哥伦比亚大学的 News Blaster 系统、密歇根大学的 News In Essence 系统等。自动文摘所采用的方法从实现上考虑可以分为抽取式摘要和生成式摘要。抽取式方法相对比较简单，通常利用不同方法对文档结构单元（句子、段落等）进行评价，对每个结构单元赋予一定权重，然后选择最重要的结构单元组成摘要。而生成式方法通常需要利用自然语言理解技术对文本进行语法、语义分析，对信息进行融合，利用自然语言生成技术生成新的摘要句子。目前的自动文摘方法主要基于句子抽取，也就是以原文中的句子作为单位进行评估与选取。抽取式方法的好处是易于实现，能保证摘要中的每个句子具有良好的可读性。

十　机器翻译

机器翻译是指利用计算机将一种自然语言转化为具有完全相同语义的另一种自然语言的过程。自 20 世纪 30 年代初提出用计算机自动进行翻译设想，几十年来机器翻译研究者受到广泛的关注，获得了丰富的研究成果，产生了多种机器翻译系统框架。总体上，机器翻译系统可以分为基于规则的方法、基于实例的方法、基于统计的方法和基于神经网络的方法[①]。

早期机器翻译的主流方法是基于规则的方法。基于规则的机器翻译系统依靠人工编纂的双语词典和专家总结的各种形式的翻译转化规则，使用计算机对词典和翻译规则进行解码，将源语言句子翻译为目标语言。基于规则的方法不需要训练，对于计算机性能要求低；但是，双语词典的收集和翻译转化规则的总结是非常困难和复杂的，需要大量的专家知识；要建立一个高覆盖率的规则系统，势必需要总结大量规则；由于语言本身的歧义性，翻译规则达到一定数量之后，人工编纂的翻译规则很难正确处理规则的歧义性。基于规则的翻译系统在包含一定数量的规则之后，很难再通过增加规则提高性能。随着计算机技术的发展，各种对翻译有帮助的文本语料大量出现，基于规则的系统难以有效利用新的资源自动提高翻译系统的性能。因此，基于规则的机器翻译逐渐地被新的方法取代。

为了从文本语料中自动学习翻译知识，学界率先提出了基于实例的机器翻译方法。这种方法从已有的翻译经验知识出发，通过类比等原理对新的源语言句子进行翻译。基于实例的方法将源语言句子切分为翻译知识中见过的短语片段，然后通过类比等方法，将得到的短语片段与经验知识进行匹配，得出短语片段的翻译，再将翻译后的短语片段拼接成目标语言句子。基于实例的翻译系统的主要任务是通过对已有翻译资源进行自动总结，得出双语对照的实例库，并设计规则处理双语对照实例库中的歧义性等问题。

在基于实例的机器翻译方法提出后，研究者等又进一步提出了基于统计

---

① 杨南 . 基于神经网络学习的统计机器翻译研究［D］. 中国科学技术大学，2014.

的机器方法。统计机器方法将源语言和目标语言之间的对应看成一个概率问题。统计机器翻译方法将任何目标语言句子都看成源语言句子的可能翻译候选，只是不同候选概率不同。统计机器翻译的核心问题就是用统计方法从语料自动学习翻译模型，然后基于此翻译模型，对输入源语言句子寻找一个分数最高的目标语言句子作为翻译结果。基于统计的机器翻译系统在鲁棒性和可扩展性方面明显优于其他两种方法，能够自然地处理语言的歧义性，能从现有语料库中快速构建高性能的翻译系统，并在语料增加时能够自动地提升翻译性能。因此，统计机器翻译已经成为机器翻译研究的主流方法；微软等公司推出的线上翻译服务均是基于统计机器翻译方法。

作为一种全新范式，基于神经网络的机器翻译方法代表着当前机器翻译方法的主流。近年来，特别是 2014 年以来，机器翻译方法相关成果不断涌现，已经取得了巨大成功。与统计法类似，神经网络法在模型训练完毕后亦无须再使用语料库，但借助长短时记忆网络、门限循环单元、注意力机制等，后者在多种翻译任务上性能超越前者，成为当前机器翻译的主流。其核心在于，拥有海量节点的深度神经网络可直接从生数据中学习，且能有效捕获长距离依赖。翻译时，会将源语言句子向量化，经各层网络传递后，逐步转化为计算机可"理解"的表示形式，再经多层复杂传导运算生成译语。与先前各类方法相比，神经网络法更具优势，译文更为流畅。目前，基于注意力的序列到序列模型是神经网络法的主流。该模型可动态计算最相关上下文，相对较好地解决了长句向量化难题，极大地提升了神经机器翻译的性能，对自然语言处理具有重要意义。[①]

第二节 监测视角：基于大数据的社会心态监测

目前，大量研究者尝试基于海量互联网文本数据分析监测社会心态。如

---

① 侯强，侯瑞丽. 机器翻译方法研究与发展综述 [J]. 计算机工程与应用，2019，55（010）：30－35，66.

喻国明[①]基于百度热搜数据库、腾讯浏览器以及安全卫士数据库等来源渠道的文本信息和结构化信息，分析了中国社会舆情的结构特点和演变机制。自2015年起，国家发改委大数据中心在监测分析互联网网民心理预期方面也开展了大量工作，并先后开发了网民消费意愿指数、网民经济预期指数、公共政策网民支持度指数等一批反映网民观点和预期变化的大数据指数。以下以公共政策网民支持度指数为例加以介绍。

作为公共政策的目标群体，人民群众的普遍需求或期望切实得到满足，是检验公共政策含金量的重要标准。互联网的普及和大数据技术的发展，为更全面、客观、及时地搜集社情民意，准确、动态地评估公共政策的实际效果提供了可能。特别是伴随社交媒体的广泛应用，以及自然语言处理等技术的日益成熟，网民自发在社交媒体平台上发布的大量零散的非结构化文本数据，成为解析群体心理状态的重要通道。尤其在涉及经济民生等受到社会广泛关注的重要战略和政策措施上，社交媒体大数据相比传统调查数据的优势更加凸显。相比结果的精确度，大数据分析更关注总体趋势和效率的特点，也更符合公共政策评价发展的需求。本章运用立场分析方法，提出更适用公共政策评价的网民情感分类指标；并选取三个不同领域不同类型重要公共政策作为研究对象，基于新浪微博数据，引入字符级卷积神经网络（Convolutional Neural Network，CNN）技术，研究网民立场的自动化识别和支持度研判问题，以期为进一步优化中国政策评估相关研究工作提供思路。

一　数据处理与研究方法

本研究主要包括三个部分。

一是在调研相关文献的基础上形成适用于公共政策评价的网民情感分类方法，提出网民支持度指标。

二是选取具有代表性的重要公共政策作为研究对象，进行数据采集、清

---

① 喻国明. 当前社会舆情的结构性特点与分析性发现——基于2014年中国社会网络舆情的大数据分析 [J]. 江淮论坛, 2015, 000（005）: 136–143.

洗和标注，形成实验数据集。

三是构建基于字符级 CNN 的深度学习实验模型，并对比检验实验结果的准确率和模型效率。总体思路如图 8 - 1 所示。

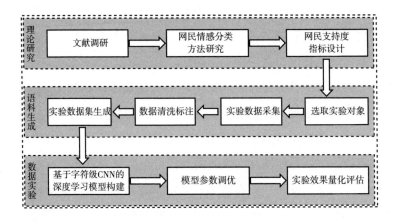

图 8 - 1　本章研究总体思路

二　基于立场分析的政策评价网民支持度指标

基于上述文献研究，以立场分类方法为前提，通过检测网民持支持、反对、中立①态度的情况，并赋予相关权重，构建公共政策的网民支持度指标。调研以往相关分析实践发现，在政策评价场景下，通常将中立情绪划入正面情绪计算总体情绪占比，可能导致实际评价结果的偏差较多。为使指标计算更加合理，本研究采用专家咨询法，对支持和中立情况做了不同赋权。最终，本章提出的网民支持度指标计算公式如公式（8 - 1）所示。

$$\delta = \frac{\lambda + 0.5 \times \beta}{\lambda + 0.5 \times \beta + \gamma + \xi} \times 100 \qquad (8 - 1)$$

其中，δ 是网民支持度指标，λ 代表网民观点中支持目标政策的微博数量，β 代表网民观点中保持中立的微博数量，γ 代表网民观点中反对目标政

---

① 本研究将未明确表现出支持或反对立场的相关评论界定为"中立"。

策的微博数量，ξ代表网民观点中不属于上述几种立场的相关微博数量（即下文中提及的"空值"情况）。

三 实验数据集及预处理

首先，数据情况。为提高研究的实用价值，本章拟定政策对象的选取标准如下：①公共性，研究的政策需要受舆论关注程度较高；②分化性，网民评论存在一定分化，需要进行判别；③丰富性，政策涉及领域和类型有所不同，具有代表性。依据上述标准，挑选了三个研究对象，分别是"湖北新冠肺炎疫情一线医务人员子女中考加 10 分"（简称"政策 A"）、"2019 年劳动节放假安排由 1 天调整为 4 天"（简称"政策 B"），以及《粤港澳大湾区发展规划纲要》（简称"政策 C"）。

在数据时间跨度上，根据新闻传播热度变化规律特点，对于政策 B 和政策 C，通过关键词采集政策发布后 4 天内的原创新浪微博数据；同时，根据重大突发公共事件 4 小时上报制度，以及人民网等基于当下媒体环境提出的政府部门舆情回应"黄金 4 小时"原则，通过关键词采集政策 A 发布后3.5 小时内的原创新浪微博数据。将所采集数据中的重复值和无效值去除后，共得到 39414 条实验数据。其中，政策 A 为 4672 条，政策 B 为 18697条，政策 C 为 16045 条，如表 8 - 1 所示。

表 8 - 1　三组政策实验数据基本情况

政策编号	政策名称	发布级别	政策类型	发布时间	采集时间	数据量
A	湖北新冠肺炎疫情一线医务人员子女中考加 10 分	地方	突发性政策应急管理领域	2020 - 02 - 18	发布后3.5 小时内	4672 条
B	2019 年劳动节放假安排由 1 天调整为 4 天	国家	短期政策民生领域	2019 - 03 - 22	发布后4 天内	18697 条
C	《粤港澳大湾区发展规划纲要》	国家	中长期重大政策经济领域	2019 - 02 - 18	发布后4 天内	16045 条

其次，标注结果。为提高数据标注的科学性，采取同一组数据由三名研究人员同时标注的数据标注策略，数据最终标注类别由统计结果综合评定。使用的数据标签包括以下 4 类：支持、反对、中立、不相关。标注结果的评定包括以下两类情况：①三人中有两人及以上标签一致，则将该标签计作标注结果；②三人的标签均不一致，则标注结果为空值。

标注和分析结果如表 8 - 2 所示，政策 A 的网民支持度为 15.85%（反对 71.92%、支持 9.12%、中立 9.50%）；政策 B 的网民支持度为 78.17%（支持 58.23%、中立 16.24%、反对 8.92%）；政策 C 的网民支持度为 81.02%（中立 45.39%、支持 24.19%、反对 0.55%）。值得注意的是，三组数据空值的情况（即三名研究人员标记结果全部不一致）均在较低区间，甚至政策 A 的标注结果空值情况仅为 1.73%，体现出本研究采用基于立场的分类方法的有效性。

表 8 - 2　三组政策实验数据集标注分析结果

单位：份，%

类别	政策 A		政策 B		政策 C	
	计数	占比	计数	占比	计数	占比
支持	426	9.12	10888	58.23	3882	24.19
反对	3360	71.92	1668	8.92	88	0.55
中立	444	9.50	3036	16.24	7283	45.39
不相关	361	7.73	1309	7.00	3118	19.43
空值	81	1.73	1796	9.61	1674	10.43
网民支持度	15.85		78.17		81.02	

最后，模型设计情况。本章提出的利用字符级 CNN 技术实现公共政策评价网民情感分类的模型设计如图 8 - 2 所示，主要包含数据输入表示、数据特征提取和分类结果输出三个环节。主要思路是利用 CNN 技术从字符级表示的文本信息中自动化抽取特征向量，并将特征向量经过卷积和池化处理操作后由全连接层输出分类结果。

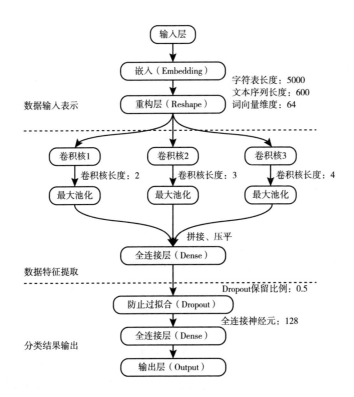

图 8 - 2　基于字符级 CNN 的公共政策评价情感分类模型设计

　　模型各层的具体参数设置如表 8 - 3 所示。在重构层中，字符表长度设置为 5000，文本序列长度设置为 600，重构后词向量维度设置为 64；在卷积层中，卷积核数量设置为 256，步长设置为 1，补零位设置为 1，另外，三层的卷积核长度分别设置为 2、3、4；在最大池化层中，池化层过滤器长度设置为 1，步长设置为 all（表示文本长度）；在 Dropout 层中，丢失节点值的概率设置为 0.5；在全连接层中，神经元数量设置为 128。

表 8 - 3　模型各层的参数配置概览

层数	类型	参数名称	参数设置
第 1 层	重构层（映射）	字符表长度	5000
		文本序列长度	600
		词向量维度	64

层数	类型	参数名称	参数设置
第2层	卷积层	卷积核数量	256
		卷积核长度	2
		步长	1
		补零位设置	1
第3层	最大池化层	池化层过滤器长度	1
		步长	all(文本长度)
第4层	卷积层	卷积核数量	256
		卷积核长度	3
		步长	1
		补零位设置	1
第5层	最大池化层	池化层过滤器长度	1
		步长	all(文本长度)
第6层	卷积层	卷积核数量	256
		卷积核长度	4
		步长	1
		补零位设置	1
第7层	最大池化层	池化层过滤器长度	1
		步长	all(文本长度)
第8层	全连接层	神经元数量	128
第9层	Dropout层	丢失节点值的概率	0.5
第10层	全连接层	神经元数量	128

①数据输入表示

文本信息输入表示是进行文本语义特征向量表示的首要步骤，也是卷积神经网络进行特征抽取和融合的重要前提。由于卷积神经网络的输入是二维数据格式，因此需要将文本信息转换为二维矩阵。考虑到模型的输入符合连续型字符特征，则需要先将字符转化为可处理的信息序列，构建字符表。

以政策C数据集为例，提取训练数据中出现的所有不重复字符（共包含4072个字符），并对其使用独热编码（One-Hot）方式进行处理。对于上述字符表中不存在的字符均采用全零向量方式进行处理，最终得到4073个字符。输入训练文本中的字符序列，将每个字符均转化为4073维的稀疏向量，并将字符序列变换为固定长度 4073 的等长序列，在重构层进行词向量映射处理，映射至 64 维。

②数据特征提取

卷积神经网络具有优异的特征自提取能力，相较于人工选取特征具有明显的效率优势。本章进行特征提取的主要思路是通过三个不同大小的卷积核对输入文本信息进行一维卷积，完成卷积操作后能够得到三个特征映射，其中特征映射的宽度为 1，卷积核的大小为 $1 \times K$（K 为不同的卷积核尺寸）。通过选用不同大小的卷积核，可以检测多个相邻字符尺寸模式，例如，"好""很好""特别好"分别属于 1、2、3 级相邻字符，因此在训练模型过程中可以不需要考虑字符所在位置。

此外，模型中池化层的作用是保证无论输入数据的维度如何变化，都可以输出一个固定维度的矩阵。池化层主要分为均值池化层和最大池化层两种方式，为获得最具代表性的局部特征，本章选取最大池化方法，即从一维的特征映射中提取最大值。最大池化方式可以解决可变长度句子的输入问题，不同长度句子经过池化层之后都能变为定长的表示。最终池化层的输出为特征映射中的最大值。

③分类结果输出

本章所设计的模型将池化层的一维向量输出，并通过全连接的方式连接 Softmax 层。考虑到这种方式可能会产生过拟合问题，在模型的设计过程中对于全连接部分使用 Dropout 技术，尽可能降低过拟合的发生概率。此外对全连接层中的权值参数进行 L2 正则化的限制，也是为了防止隐藏层单元自适应，从而减轻过拟合的程度。

四 研究结果

为评估实验效果，同时选择深度学习技术中比较常用的字符级循环神经网络（Recurrent Neural Network，RNN）模型作为参照对比，评估指标采用 F1 值和 AUC 值。其中，F1 值是一种常见的可以综合准确率和召回率的机器学习评价指标，如公式（8-2）所示；AUC 值是 ROC 的曲线面积，该指标能较好地衡量机器学习模型的性能优劣。

$$F1 = 2 \times \frac{precision \times recall}{precision + recall} \qquad (8-2)$$

本章对比不同模型的训练迭代次数对公共政策评价情感分类效果（F1值）的影响，结果如图 8-3 所示。对于政策 A 和政策 B，无论是应用字符级 CNN 模型还是应用 RNN 模型，迭代次数在 200 次之前 F1 值均有快速上升趋势（从 0.3 左右上升至 0.8 左右）。当迭代次数达到 100 次，F1 值会上升至 0.76 左右，而当迭代次数达到 200 次左右，F1 值接近模型最优训练效果并且趋于平稳，此后随着迭代次数的增加，F1 值变化不明显。对于政策 C，F1 值在迭代次数达到 100 次左右时达到峰值效果，随后开始出现波动下滑态势（从 0.7 左右下滑至 0.5 左右），说明很有可能出现了过拟合情况。综上，选取各政策数据集在训练过程中效果最好的模型状态，用于后续的测试集实验。

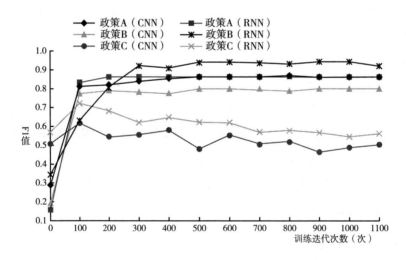

图 8-3 不同训练迭代次数对公共政策评价情感分类效果影响对比

在模型最终应用效果方面，本章采用训练过程中表现效果最好的模型在测试集上进行测试实验。其中，F1 值实验效果如图 8-4 所示，字符级 CNN 模型在政策 A、政策 B 和政策 C 测试集上的 F1 值表现分别为 0.8814、

0.8287、0.6368，而 RNN 模型在政策 A、政策 B 和政策 C 测试集上的 F1 值表现分别为 0.8632、0.8712、0.6709。可以看出，在政策 A 中，字符级 CNN 模型分类准确率和召回率的综合表现略高于 RNN 模型，F1 值提高了 0.0182；但对于政策 B 和政策 C 而言，RNN 模型的应用效果表现则略高于 CNN 模型，分别相差了 0.0425 和 0.0341，二者应用效果差距相对较小。

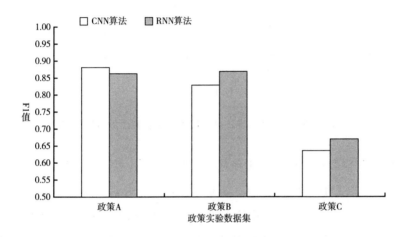

图 8 - 4　CNN 和 RNN 在三个政策实验数据集上的 F1 值对比

AUC 值实验效果如图 8 - 5 所示，字符级 CNN 模型在政策 A、政策 B 和政策 C 测试集上的 AUC 值表现分别为 0.9276、0.8574、0.7283，而 RNN 模型在政策 A、政策 B 和政策 C 测试集上的 AUC 值表现分别为 0.8964、0.8867 和 0.7643，与 F1 值表现情况基本类似。从上述实验的 F1 值和 AUC 值均处于较高水平可以看出，字符级 CNN 和 RNN 模型在公共政策评价情感分类问题上均有较好的表现，RNN 模型在政策 B 和政策 C 测试集上的应用效果略好于字符级 CNN 模型，但在政策 A 数据集上，字符级 CNN 模型反而呈现一定优势。

模型训练消耗时间对比结果如图 8 - 6 所示，在政策 A 数据集上，由于数据量相对较小，因此整体耗时相对较少，字符级 CNN 模型耗时 1 分 47 秒，RNN 模型耗时 28 分 24 秒。在政策 B 数据集上，字符级 CNN 模型耗时 4 分 32 秒，而 RNN 模型耗时高达 2 小时 43 分 11 秒。在政策 C 数据集上，

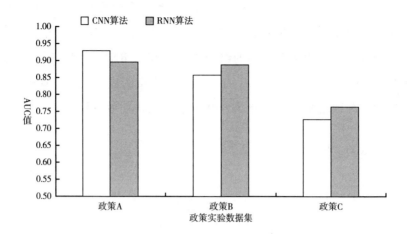

图 8 – 5　CNN 和 RNN 在三个政策实验数据集上的 AUC 值对比

字符级 CNN 模型训练迭代 9 轮停止，耗时 3 分 38 秒，而 RNN 模型在该训练集上耗时为 1 小时 56 分 4 秒。不难发现，字符级 CNN 模型在时间成本方面具有显著优势。这是由于 RNN 的序列依赖问题，而不存在序列依赖问题的 CNN，在每个时间步骤的操作可以并行计算，因此在训练时间上会存在巨大优势。

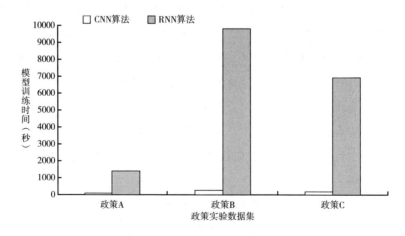

图 8 – 6　CNN 和 RNN 在三个政策实验数据集上的模型训练时间对比

综上所述，字符级 CNN 模型在三个政策数据集训练的准确率和召回率上均获得优秀表现。尽管三个政策中有两个使用 RNN 模型的准确率和召回率比字符级 CNN 模型更优，但差距并不明显。而与此同时，从模型的执行效率来看，三个数据集字符级 CNN 模型的训练时间均在 5 分钟以内，而 RNN 模型的训练时间则会超过字符级 CNN 模型训练时间的数十倍。因此，利用字符级 CNN 技术开展公共政策评价情感分类的综合实验效果优势更为明显。值得注意的是，政策 A 数据集仅使用 1 分 47 秒即完成训练，并在准确率和召回率上均取得相比 RNN 模型更好的表现，对于开展应急管理领域突发性政策评价工作或许能够提供有益启示。

综上，本研究基于微博数据开展公共政策评价研究，主要取得三方面创新性结果。一是在指标算法上，运用立场倾向分析，取代情绪倾向分析，提出更适合公共政策评价场景的网民支持度指标。二是在技术模型上，将字符级 CNN 技术引入公共政策大数据分析评价，模型实验结果在准确率和召回率上表现优秀，且耗时比目前深度学习中较常用的 RNN 模型明显更短。三是在分析应用上，完成了三个不同领域不同类型的重要公共政策的网民支持度测算，为下一步相关政策改进和舆论引导，以及该领域新政策的推出提供网络民意参考。

第三节　预测视角：基于认知模型的经济预测研究

一般而言，微观经济主体大致可以分为法人（企业）和自然人两类，其都存在基于认知规律预测其行为（企业投资决策、个人消费行为等）的可能性。如本书第三章所总结的，当前大量研究已经开始聚焦上述两类微观经济主体的观点依赖分析。一类是从人类经济行为链条的角度，基于对用户观点、情绪、需求等的热分析挖掘来进一步推测用户的消费、购房、股票、就业、选举等各种行为的发生概率；另一类则是从经济学理论的角度，发现并构建能够超前反映企业主对于经济运行走势态度的先行性指标。

2020 年，国家发展改革委大数据中心在其最新上线的国家公共数据开放网站大数据决策支持系统中，整合此前针对不同群体经济预期相关指数的研究成果，构建了经济信心预期指数（针对消费者、企业家和经济学家）、市场价格预期指数（包括农产品、工业品、消费品和通胀四个方面）、高新技术产业预期指数（涵盖投资性、产出性、成长性、效益性、规模性五个方面）和金融市场预期指数（包括股票舆情指数和人民币汇率舆情指数两方面）四类预期性指数常态化监测系统，可以作为经济运行走势的先行性指标。如图 8 - 7 所示。

图 8 - 7 大数据决策支持系统预期监测分析模块界面

一 经济信心预期指数计算方法

从消费者行为学的角度来说，民众、消费者、企业家或经济学家的信心（或情绪）归根结底是他们根据宏观经济变化，对其家庭收入水平、企业经营状况、宏观经济走势等评估和预期的反映，这种估价和预期建立在经济微观主体对各种制约个人、家庭、企业、行业和区域经济发展水平的客观因素的主观认识之上。这些客观因素的变动必然使微观主体的信心或情绪产生相应的变化，而后者的变化又会导致其消费决策的改变，从而最终影响宏观的经济发展。

图 8 - 8 经济信心预期指数模块

其基本测算方法：从两微一端、新闻、博客、论坛、贴吧等社交媒体渠道抓取金融机构经济学家、企业家和普通网民关于宏观经济的报告与言论，进行情感分析，指数化网络群体情绪逐日分布。其计算规则是：利用语义识别、情感判断等自然语言处理技术对所抓取的文本数据进行分析，统计出不同情绪倾向的某一关键词的逐日出现频次，统计的结果根据情绪倾向差异分为正面、中立、负面三类，用正面和中性情绪倾向的关键词出现频次之和除以该关键词出现的总频次就得到该关键词的情绪逐日分布，将关键词按月逐日求和，得到逐月评价。则网民经济信心指数 = （正面情绪值 + 中立情绪值）/（正面情绪值 + 中立情绪值 + 负面情绪值），经济学家经济信心指数、企业家经济信心指数定义同此。网民、经济学家、企业家信心指数指标体现了网民、经济学家、企业家对未来经济形势的判断，其范围在 0～100，该指标越大，表示该群体对未来经济形势越看好。

二 市场价格预期指数计算方法

农产品、工业品和消费品市场价格预期指数计算方法，是根据中国价格网、行业网站、电商网站的农产品、工业品和消费品价格，对价格变化指数化得出。市场价格预期指数体现了农产品、工业品和消费品的整体价格变化情况，其范围为 0～1000，当该指标大于 100 时，表示农产品价格整体上升，该指标小于 100 时，表示农产品价格整体下降。计算公式：农产品、工业品和消费品价格指数 = 本期价格/上期价格 × 100。

通货膨胀指数，主要通过价格指数变化（物价上涨率）计算得出，通过各种价格指数综合得来。通货膨胀指标体现了商品的整体价格变化情况，其范围在 0～1000，当该指标大于 100 时，表示商品价格整体上升，该指标

图 8 - 9　市场价格预期指数模块

小于 100 时，表示商品价格整体下降。计算公式：通货膨胀率 = a × 消费品价格指数 + b × 工业品价格指数 + c × 农产品价格指数。

三　高新技术产业预期指数计算方法

高新技术产业预期从高新技术行业的投资性、产出性、成长性、效益性、规模性五个方面分别加以考察。数据来源主要包括国家知识产权局、投资中国网、BOSS 直聘、前程无忧、赶集、猎聘、拉勾、58 同城、智联、企信网、清科研究网等渠道。

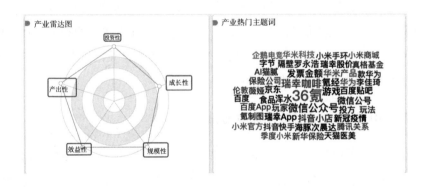

图 8 - 10　高新技术产业预期指数模块

其中，投资性指数以新设企业数量、新注册企业的资本额为指标，加权平均环比指数化分析投资情况。投资性指数指标体现了企业的投资情况，其范围为 0 ~ 1000，当该指标大于 100 时，表示企业投资活跃度上升，该指标小于 100 时，表示企业投资活跃下降。计算公式：指数 = a × 本期新设企业数量/上期新设企业数量 × 100 + b × 本期新设企业注册资本额总和/上期新设企业注册资本额总和×100。

产出性指数以企业招聘人数为指标，环比指数化分析产出情况。产出性指数指标体现了企业的产出情况，其范围在 0 ~ 1000，当该指标大于 100 时，表示企业产出活跃度上升，该指标小于 100 时，表示企业产出活跃度下降。

计算公式：指数 = 本月招聘总人数/上月招聘总人数×100。

成长性指数以企业融资额为指标，环比指数化分析成长性情况。成长性指数指标体现了企业的成长情况，其范围在 0 ~ 1000，当该指标大于 100 时，表示企业加快成长速度，该指标小于 100 时，表示企业减慢成长速度。计算公式：指数 = 本月融资额/上月融资额×100。

效益性指数以企业新申请专利数为指标，环比指数化分析效益性情况。效益性指数指标体现了企业的效益情况，其范围在 0 ~ 1000，当该指标大于 100 时，表示企业效益改善，该指标小于 100 时，表示企业效益下滑。计算公式：指数 = 本月新申请专利数/上月新申请专利数×100。

规模性指数以存量企业数为指标，环比指数化分析规模情况。规模性指数指标体现了企业的规模情况，其范围在 0 ~ 1000，当该指标大于 100 时，表示存量企业数增加，该指标小于 100 时，表示存量企业数减少。计算公式：指数 = 本月底的存量企业总数/上月底的存量企业总数×100。

通过高新技术产业重点企业的招聘、招标、专利申请、融资等互联网行为数据，对产业链各环节经营效益、发展规模与成长性进行指数化计算。产业预期指数指标体现了企业的整体预期情况，其范围在 0 ~ 1000，当该指标大于 100 时，表示企业整体预期情况改善，该指标小于 100 时，表示企业整体预期情况恶化。计算公式：产业预期指数 = a×成长性指数 + b×规模性指数 + c×效益性指数 + d×产出性指数 + e×投资性指数。

四　金融市场预期指数计算方法

金融市场预期指数主要包括股票舆情指数和人民币汇率舆情指数两个方面（见图 8 - 11）。

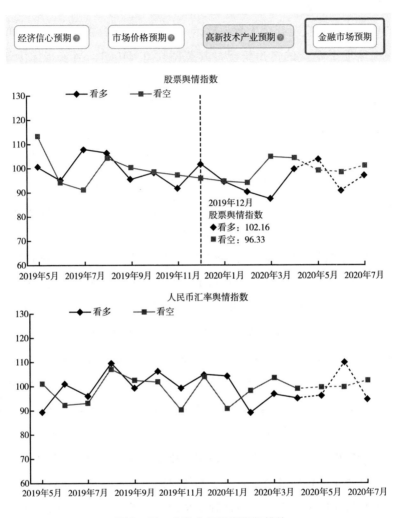

图 8-11　金融市场预期指数模块

①股票舆情指数：通过网络舆情信息抓取、两微一端获取普通网民的报告与言论，进行情感分析，判断广大股民对股票看涨看跌的态度。股票舆情指数指标体现了股民对股票涨跌的态度，其范围在 0~100，当股票舆情指数看多增加时，表示股民更加看好股票上涨，当股票舆情指数看多减少时，表示股民对未来股市更加悲观。

计算公式：

$$股票舆情指数看多 = 投资者信心指数:大盘乐观(LCOI)$$
$$股票舆情指数看空 = 100 - 投资者信心指数:总指数$$

模型指标：

投资者信心指数：大盘乐观（LCOI）：指数来自中国证券。

投资者信心指数：总指数：指数来自中国证券。

资料来源：中国证券投资者保护基金公司。

②人民币汇率舆情指数：通过网络舆情信息抓取、两微一端获取普通网民的报告与言论，进行情感分析，判断广大网民对外汇看涨看跌的态度。人民币汇率舆情指数指标体现了网民对汇率涨跌的态度，其范围在 0 ~ 100，当人民币舆情指数看多增加时，表示人们对未来人民币升值更乐观，当人民币舆情指数看多减少时，表示人们对未来人民币升值更悲观。

计算公式：

$$人民币舆情指数看多 = 100 + 美国:Sentix 投资信心指数:机构投资者现状指数 \times a$$
$$+ 欧元区:Sentix 投资信心指数:机构投资者现状指数 \times b$$
$$人民币舆情指数看空 = 100 - 美国:Sentix 投资信心指数:机构投资者现状指数 \times a$$
$$- 欧元区:Sentix 投资信心指数:机构投资者现状指数 \times b$$

模型指标：

欧元区：Sentix 投资信心指数：机构投资者现状指数：指数来自 Sentix。

美国：Sentix 投资信心指数：机构投资者现状指数：指数来自 Sentix。

资料来源：Sentix。

第九章
时空依赖——空间地理路径的实践探索

时空数据是同时具有时间和空间维度的数据，现实世界中的数据超过80%与地理位置有关。一般来说，时空大数据包括时间、空间、专题属性三维信息（见图9-1），具有多源、海量、更新快速的综合特点。随着大数据的飞速发展，空间大数据的来源广泛、种类多样、数量巨大、更新迅速、服务多元等特点对传统的空间数据组织管理方式提出了更高的要求，同时也为下一代 GIS 的诞生带来了机遇。在时空依赖路径下，经济学开始打破新古典经济学沿用牛顿力学还原论思维而不考虑时间和空间演变问题的局限，从而将时空聚类、遥感图像识别、遥感特征抽取、时空数据可视化等新的分析手段引入宏观经济研究中。

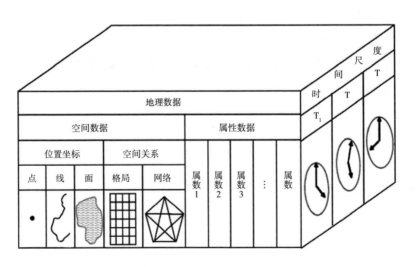

图 9 - 1　时空大数据的三维属性

第一节　主要分析方法：时空大数据分析

朱庆、付萧①将目前的时空大数据分析方法划分为三大类。

表 9 - 1　时空大数据分析方法分类

分类	驱动因素及主要任务	适用范围	实例
描述性分析	数据驱动,可视表达时空数据的分布、异常和聚集等一般性特征	时序数据可视分析 轨迹数据可视分析 高维数据可视分析 场景可视分析	 场景特征统计
解释性分析	模型驱动 + 数据驱动,深度挖掘分析多模态时空数据隐含的规律和模式	可视化关联分析 可视化聚类分析 可视化降维分析	 房价与可视域的关联关系分析
探索性分析	交互驱动 + 模型驱动 + 数据驱动,电脑与人脑协同进行联想、假设与推理	多粒度时空对象复杂关联关系 网络可视推理 复杂时空过程模拟预测	 复杂建筑物室内外物理环境分析

一　描述性分析

所谓描述性分析，主要是指通过不同类型时空数据（场景数据、时序数据、轨迹数据、多变元网络数据等）符号化或真实感的专题地图或逼真动态场景等形式表达直观展现多模态时空数据的分布、异常、聚集、演化等多维动态特征。典型分析方法包括时序数据可视分析、轨迹数据可视分析、网络数据可视分析等。

二　解释性分析

解释性分析则是数据驱动与模型驱动结合，通过示意性与沉浸式协同的

---

① 朱庆，付萧. 多模态时空大数据可视分析方法综述 [J]. 测绘学报，2017，46（10）：1672 - 1677.

增强现实可视化表达，进行深度挖掘分析，以实现对数据蕴含的规律和模式的分析与解释，如可视化方式实现数据挖掘过程及空间分析过程中参数调整和特征选择等。主要分析方法包括交互式降维分析、关联分析、聚类分析等。

三 探索性分析

探索性分析方法是交互驱动、模型驱动与数据驱动的有机结合，通过将抽象事物如数据、空间布局等进行增强现实表达，结合人的思维能力进行感知认知、联想假设，探索发现多源多模态数据间隐含的关联关系等知识规律，揭示城市或区域运行规律、驱动力、影响因子以及相互作用机制，如多粒度时空对象复杂关联关系、网络可视推理等。

未来，随着大数据的飞速发展，新一代时空大数据平台正面临和传统地理信息系统完全不同的数据处理需求和应用场景，其需要解决的是海量数据的集中部署和分布存储、松散耦合和集成应用、快速更新和模型训练的矛盾和统一。这就要求平台具有数据和功能的容器化、基于互联网技术特征的微服务化、机器学习模块化、轻量级 Web 和移动端高效可视化的技术特点。为了让平台的各级使用者具有良好的用户体验，所有的数据内容要做到"可用即可见"，尤其是在超大数据集的地理可视化上要采用"矢量瓦片动态渲染"技术，告别传统费时费力的"切片发布"，要轻量灵活，实时渲染，客户端定制地图样式。底层支撑平台采用"分布式""集群化"部署方案，支持离线私有环境部署，软件授权用户数量无限制，系统扩展性强。数据资源、专题图资源和全部功能模块均支持以 REST API 的形式对外提供服务，使基于平台的扩展应用搭建更加便捷。

第二节 监测视角：经济现象的时空演化分析

目前，基于地理信息系统的经济时空演化分析研究已经有很多，并大致可以划分为三个层面。一是个体层面的时空演化研究。如 Chetty 等①使用美国税务记录数据，基于 4000 多万儿童及其父母的收入统计数据来描绘美国代际流动与区域流动的特征差异。《21 世纪资本论》一书的作者托马斯·皮凯蒂②基于欧洲和美国的税务记录数据，计算不同时间段、不同地区、不同学历等特征对收入和财富不平等现象的影响，并特别对比了欧美之间的财富不平等现象。二是企业层面的时空演化研究。如 Neffke③ 等分析了瑞典 70 个地区超过 30 年的工厂级别经济演化数据，发现瑞典长时间的经济版图演化有很强的路径依赖：与之前产业在技术上接近的产业更容易进入这个区域；与区域内产业在技术上关联性小的产业将逐渐被淘汰；区域内的产业具有高度的技术聚集现象。高见④以沪深 A 股上市企业数据为基础，计算了不同产业的接近性，并以此建模刻画了中国区域产业结构，即 "产业空间"，发现其具有 "哑铃形" 结构和 "中心 – 边缘" 结构：劳动密集型和技术密集型产业分别占据两个核心位置；复杂程度高和低的产业分别占据 "产业空间" 的中心和边缘位置。三是区域层面的时空演化研究。如很多学者基于卫星灯光数据，对国家和区域层面的人均收入分布⑤、劳动生产率⑥、贫困指数⑦等进行的分析。

---

① Chetty R, Hendren N, Kline P, et al. Where is the land of opportunity? The geography of intergenerational mobility in the United States [J]. The Quarterly Journal of Economics, 2014, 129 (4): 1553 – 1623.

② Pidetty T, Saez E. Inequality in the long run [J]. Science, 2014, 344 (6186): 838 – 843.

③ Neffke F, Henning M, BOSCHMA R. How do regions diversify over time? Industry relatedness and the development of new growth paths in regions [J]. Economic Geography, 2011, 87 (3): 237 – 265.

④ Gao Jian. Quantifying local industry structure of China [EB/OL]. (2015 – 11 – 18). http://gaocn.net/project.html#industry.

⑤ Ebener S, Murray C, Tandon A, et al. From wealth to health: Modelling the distribution of income per capita at the sub-national level using night-time light imagery [J]. International Journal of Health Geographics, 2005, 4 (1): 1.

⑥ Doll C N H, Muller J P, Morley J G. Mapping regional economic activity from night-time light satellite imagery [J]. Ecological Economics, 2006, 57 (1): 75 – 92.

⑦ Elvidge C D, Sutton P C, Ghosh T, et al. A global poverty map derived from satellite data [J]. Computers & Geosciences, 2009, 35 (8): 1652 – 1660.

自 2018 年起，国家发展改革委大数据中心与深圳市政府合作成立了深圳分中心，并共同推动建设粤港澳大湾区大数据中心工程。作为该项目前期研究成果之一，笔者所在团队对粤港澳大湾区"9 + 2"城市间的产业、资本、人才、技术等要素资源配置流通情况进行了系统时空演化分析，现简要介绍如下。

一 研究背景

当前，破除要素资源市场化配置和自由流通的壁垒与瓶颈问题，已成为当前推动经济体制改革、实现高质量发展的关键环节。十九届四中全会通过的《中共中央关于坚持和完善中国特色社会主义制度、推进国家治理体系和治理能力现代化若干重大问题的决定》专门提出实现"价格市场决定、流动自主有序、配置高效公平"的要素市场建设目标。长期以来，围绕要素资源配置和流通评价问题，学术界开展了大量研究，主要集中在资源配置效率[①]评价、配置扭曲现象测度[②]、要素流动障碍评估[③]等方面，使用的评价方法以计量经济学方法为主，包括生产函数法、市场化指数法、数据包络分

---

① Buera F J, Kaboski J P, Shin Y. Finance and development: A tale of two sectors [J]. The American Economic Review Vol, 2011, 101 (5): 1964 – 2002. Banerjee A V, Moll B. Why Does Misallocation Persist? [J]. American Economic Journal Macroeconomics, 2010, 2 (1): 189 – 206. Restuccia D, Rogerson R. Policy distortions and aggregate productivity with heterogeneous establishments [J]. Review of Economic Dynamics, 2008, 11 (4): 707 – 720.

② Skoorka B M. Measuring market distortion: International comparisons, policy and competitiveness [J]. Applied Economics, 2000, 32 (3): 253 – 264. Loren Brandt, Trevor Tombe, Xiaodong Zhu. Factor market distortions across time, space and sectors in china [J]. Review of Economic Dynamics, 2013, 16 (1): 39 – 58. Gabler A, Poschke M. Experimentation by firms, distortions, and aggregate productivity [J]. Review of Economic Dynamics, 2013, 16 (1): 26 – 38. Ranasinghe A. Impact of policy distortions on firm-level innovation, productivity dynamics and TFP [J]. Journal of Economic Dynamics & Control, 2011, (46): 114 – 129.

③ Doeringer P B, Piore M J. Unemployment and the dual labor market [J]. The Public Interest, 1975, 38 (4): 792 – 805. Dickens W T, Lang K. A test of dual labor market theory [J]. American Economic Review, 1985, 75 (4): 792 – 805.

析法（DEA）① 及其衍生方法（如基于投入的 Fare-Grosskopf- Lovell 方法②、基于生产前沿面的新 DEA 方法③）等。总体而言，传统经济学中要素资源配置流动评价方法主要针对统计数据，而对于近年来兴起的大数据方法如何应用于区域要素资源配置评价，目前尚未见到较为成熟的研究成果。

自 2019 年 2 月中共中央、国务院正式印发《粤港澳大湾区发展规划纲要》（以下简称《规划》）以来，粤港澳大湾区建设受到各界广泛关注。与美国纽约湾区、旧金山湾区、日本东京湾区等世界著名湾区均处于同一政治经济体制之下不同，粤港澳大湾区内同时存在自由港、特别行政区、经济特区、自由贸易试验区等多种政治经济制度，不仅有香港和澳门两个特别行政区，还有深圳、珠海两个经济特区和广东自贸区南沙、前海蛇口、横琴三个片区。建设粤港澳大湾区，首要任务是破除要素资源流动的各类瓶颈性问题。因此，《规划》明确提出要探索"一国两制"框架下"有利于人才、资本、信息、技术等创新要素跨境流动和区域融通的政策举措"。近两年来，针对湾区内金融④、创新⑤、物资⑥等要素配置水平的评价性研究开始大量出现，但这些研究同样主要基于统计数据开展，研究深度和系统性均有待

① R. Fare and S. Grosskopf. Measuring congestion in production ［J］. Journal of Economics, 1983, 43（3）：257 – 271.
② Rolf F, Shawna G, C. A. Knox Lovell. The measurement of efficiency of production ［J］. Kiuwer-Nijhoff Publishing, 1985, 1 – 19.
③ W. W. Cooper, R. M. Thrall. Introduction：extensions and new developments in dEA ［J］. Annals of Operations Research, 1996, 66（1）：3 – 45.
④ 徐芳燕，郑健涛. 粤港澳大湾区金融集聚对经济增长影响的空间计量分析 ［J］. 统计与决策, 2020, 544（04）：111 – 114.
⑤ 段杰. 粤港澳大湾区创新生态系统演进路径及创新能力：基于与旧金山湾区比较的视角 ［J］. 深圳大学学报（人文社会科学版）, 2020, 37（02）：91 – 99. 李晓莉，陈健. 粤港澳大湾区高校创新能力评价研究 ［J］. 城市观察, 2019（06）：26 – 34. 韩兆洲，操晓慧，方泽润. 区域创新水平综合评价及空间相关性研究——以粤港澳大湾区为例 ［J］. 统计与决策, 2019, 35（23）：128 – 133. 谭晓丽. 粤港澳大湾区九地市区域创新生态系统构建及评价 ［J］. 现代经济信息, 2019（14）：472 – 474.
⑥ 万艳春，何昱廷，胡雨鋆. 粤港澳大湾区区域经济与物流的协同度评价——对粤港澳大湾区物流投入的启示 ［J］. 科技管理研究, 2019, 39（20）：45 – 52. 汪瑞琪，陈建均. 基于潜能模型的粤港澳大湾区民用机场公路交通网络可达性研究 ［J/OL］. 公路, 2020（04）：225 – 231.

加强。

基于此，研究拟以粤港澳大湾区为实证分析对象，通过广泛归集大湾区"9 + 2"城市围绕产业、资金、人才、创新等方面要素资源流通配置相关的数据资源，尝试构建区域要素资源配置流通的大数据综合评价体系，充分发挥大数据分析时效性强、颗粒度细的优势①，构建以多源数据融合为基础的多层次主体（涵盖宏观层面产业、区域和微观层面创新主体和产品）的时空演化分析框架。

二　数据汇集与预处理

作为本书研究团队正在牵头推进的粤港澳大湾区大数据中心规划建设前期成果，本书通过政府共享、企业合作、社会购买、互联网公开采集等多种渠道，初步构建了满足本书研究所需的数据体系，具体如表 9 - 2 所示。

表 9 - 2　粤港澳大湾区城市首位度分析数据体系

数据项	时间覆盖度	地域覆盖度	数据来源	数据规模
企业登记注册	迄今为止全量	大湾区 9 市	国家企业信用信息公示系统	650 万家企业
企业股东关系	迄今为止全量	大湾区 9 市	国家企业信用信息公示系统	1030 对股东关系信息
公共资源交易	2016 年至今	大湾区 9 市	全国各省市政府采购网、公共资源交易平台等	32 万条招标信息
创业投资	2016 年至今	大湾区 9 市	清科研究中心旗下私募通	3000 条投资信息
专利申请	2015 年至今	大湾区 9 市	国家知识产权局和万方专利数据库	180 万项专利
论文发表	2018 年全年	"9 + 2"	Web of Science	5.2 万篇
就业招聘	2016 年至今	大湾区 9 市	58 同城、赶集网、智联招聘、前程无忧等招聘网站	2350 万条招聘信息
裁判文书	2015 年至今	大湾区 9 市	中国裁判文书网	270 万条文书信息

---

① 王建冬. 大数据在经济监测预测研究中的应用进展 [J]. 数据分析与知识发现，2020，4 (01)：12 - 25.

建立数据体系后，需要对所汇聚数据进行预处理，常规的数据预处理内容包括缺失值处理、重复值剔除、数据集成、格式规范化等。本研究所汇聚数据除开展基本的数据预处理操作外，针对企业这一主体，以企业统一社会信用代码字段为主键，对公共资源交易、创业投资、专利申请等数据所涉及的企业信息进行关联匹配，贯通各项数据资源库，支撑以大湾区企业为主体的多维度综合分析。

三　产业链要素配置流动分析

《规划》指出，"加快发展先进制造业和现代服务业，构建具有国际竞争力的现代产业体系"。本书在城市首位度公式基础上进行扩展，采用区域内 N 城市首位度来量化区域内各城市之间的差异性和要素聚集度，公式为：

$$S_{ij} = P1_{ij} / (P2_{ij} + P3_{ij} + \cdots + PN_{ij}) \qquad (9-1)$$

其中，S 表示第 i 个链条的第 j 个指标下的城市首位度，$P1_{ij}$、$P2_{ij}$、$\cdots$、PN_{ij} 分别表示首位城市、第二位城市……第 N 位城市在相应指标下的量化值。

本书主要关注粤港澳大湾区城市的重点产业空间集聚度及其演化态势。本书基于企业注册数据分析了 1990～2020 年广东省 9 个城市的先进制造业和现代服务业企业分布与变化情况，发现上述两个重点产业在近十年发展迅猛。将 9 个城市的企业密度代入公式（9-1），得到城市首位度。

先进制造业方面，1990 年、2000 年广州是先进制造业企业聚集的首位城市，首位度分别为 1.33、0.88；2010 年、2020 年深圳成为首位城市，首位度分别为 0.71、1.20。

现代服务业方面，1990～2010 年广州一直是现代服务业企业聚集的首位城市，1990 年、2000 年、2010 年首位度分别为 0.86、0.83、0.49，聚集力逐渐减弱；2020 年深圳跃升为首位城市，首位度达 1.31。

以上两个重点行业均呈现产业重心逐步由广州向深圳转移的现象，尤其以深圳市内深港交界附近的企业密度为最盛。除此之外，东莞中心城区、珠海与澳门接壤的香洲区、惠州中心城区形成了湾区内企业密度的第二梯队。

214 宏观经济大数据分析

从深圳和珠海的情况可以判断，澳门和香港两个特别行政区在粤港澳大湾区的建设，特别是企业注册的带动方面，扮演着重要的角色。

四 创新链要素配置流动分析

《规划》将"协同创新环境更加优化"作为湾区发展目标之一，强调了"新兴技术原创能力和科技成果转化能力"对打造全球科技创新高地和新兴产业重要策源地的重要性。

将大湾区 9 个城市内企业 2018~2019 年的专利申请数量，代入公式（9－1）计算发现：深圳市连续两年居于首位，首位度依次为 0.53、0.67，与湾区内其他城市的差距不断拉大，广州市和东莞市分列二、三位。深圳市作为广东省的创新密集区，专利分布密度很高，远超其他城市水平，该趋势与《规划》中将深圳打造为"具有世界影响力的创新创意之都"的定位相契合。进一步将专利申请数量与增速关联（见图 9－2）后发现，深圳市专利申请数量年增幅达到 32%，在大湾区各城市中也排在第一位；珠海市虽然 2019 年专利申请数量不多，但增速同样超过 30%，具有较大的发展潜力。

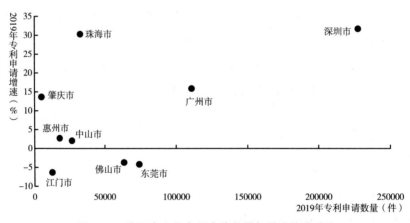

图 9－2 湾区内企业专利申请数量与增速关联对比

进一步利用启发式社团发现模型，将 2019 年 11~12 月两个月的粤港澳大湾区区域内相关单位申请的国内发明专利数据构建技术创新网络，发现：2019 年底两个月粤港澳大湾区申请的发明专利主要集中于信息系统、通信网

络、新一代信息技术、移动终端、智能硬件和电子芯片等领域（见图9-3），
其中深圳市申请的发明专利最多，在信息系统、通信网络、电子芯片等领域
优势明显，技术创新大多集中在腾讯、华为、平安、中兴等公司。而东莞市
与深圳市存在一定互补关系（见图9-4），主要集中在 OPPO 和 VIVO 等公
司，在移动终端领域存在一定技术创新优势。

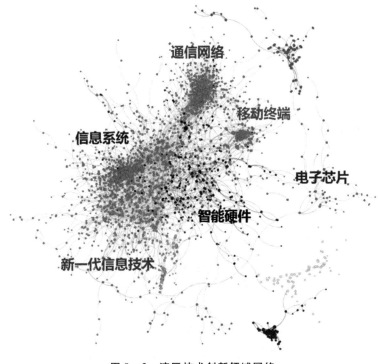

图9-3 湾区技术创新领域网络

科研合作方面，依托 2018～2019 年 Web of Science 数据库检索到的粤港
澳三地发表的英文论文数据，构建粤港澳大湾区高校创新合作网络。如图9-
5所示，合作网络中的节点代表高校院所，节点之间的连线代表高校合作紧密
程度，若两所高校合作发表的论文数量大于30篇，则存在连线。合作网络中
节点越大代表该高校与其他高校合作论文数量越多，连线越粗代表连线两端
的两所高校合作论文数量越多。从图9-5中不难发现，中山大学和香港大学
分处粤港两地创新合作网络的核心位置，与本地及外地高校均有较为紧密的

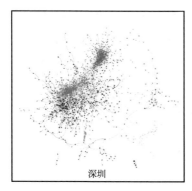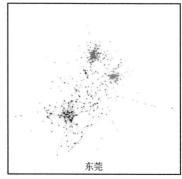

图 9 - 4　深莞两地技术创新领域的互补性特征

论文合作，澳门大学则相对于香港地区高校联系更为紧密。此外，深圳大学处于粤港两地创新合作网络的中间地带，代表深圳大学成为粤港高校交流的重要桥梁，与广东及香港两地的高校合作数量及论文合作数量基本持平。

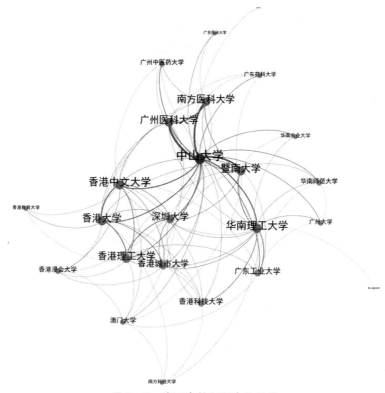

图 9 - 5　湾区高校创新合作网络

五 人才链要素配置流动分析

工作人口分布情况和职住关系，是评估城市群的两个重要指标，也是划定都市圈的重要依据。利用手机信令数据分析湾区的职住人口分布及通勤联系，从而反映各城市人才聚集情况。2018 年至今的网络招聘数据显示，湾区人才需求主要集中在深圳市和广州市，两个城市招聘岗位数均超过 2000 万个，远远高于其他城市，位于湾区人才需求第一梯队。位于第二梯队的是东莞和佛山，招聘岗位数在 300 万~400 万个。中山、珠海、惠州位列第三梯队，招聘岗位数在 100 万~200 万个。第四梯队是江门和肇庆，2018 年以来网络招聘岗位数不足 50 万个（见图 9-6）。

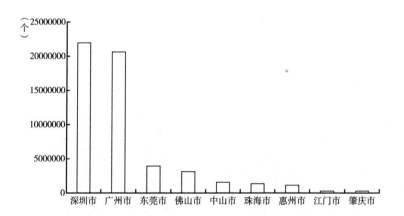

图 9-6 湾区 9 座城市网络招聘岗位数

首先筛选出 2018 年 9 月信令数据中不同个体在工作时段的停留位置作为工作地，再以工作地为基准对信令数据覆盖人数以 500 米网格为单元进行格网统计，得到粤港澳大湾区工作人口分布情况。湾区在人才聚集方面呈现"广佛-深港"双中心模式，并逐渐以沿途国道线为中轴向外扩散；湾区中部的广州、佛山、中山、东莞、深圳、香港和澳门 7 座城市整体人才分布密度较大，周边的肇庆、江门、珠海和惠州 4 座城市基本只在市中心有少量工作人口聚集，与其他 7 市差距巨大。

运用与"获取工作地"相同的手段可以获取到不同个体的"居住地"信息，将居住地位于 A 市、工作地位于 B 市和居住地位于 B 市、工作地位于 A 市的数据量加总，得到 A、B 两市之间的职住联系度。广佛两地的职住联系达到 174 万人次，比其他任何两地间的职住联系度均高出两个数量级，说明广佛同城化的进展卓有成效。总的来说，除广佛紧紧抱团发展外，湾区内已形成"珠海—中山—佛山—广州—东莞—深圳—香港—惠州"职住链条。值得注意的是，西部的肇庆和江门两市依旧游离在核心城市群之外，与湾区的整体融入程度不足。

六　资金链要素配置流动分析

资本投入是促进区域经济协调发展的关键因素。通过分析全国范围内的企业股东关系数据可以发现，深圳和广州是湾区吸引投资的两大核心，两个城市的非本地股东数超过 2 万个，远多于数量在千级的其他城市。同时，深圳是对外投资的主要出口（见图 9 - 7）。

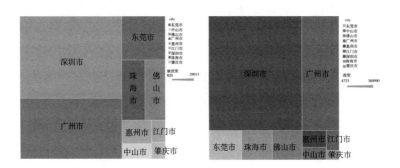

图 9 - 7　湾区 9 座城市被投资（左）和投资（右）热点

分析湾区内 9 市之间的投资联系可知，深圳市与其他城市之间的联系最为密切，现已形成"广东—东莞—深圳"和"珠海—深圳—惠州"两条资金流通链，深圳的资本枢纽地位极为显著。

分析企业在湾区内其他地市设立分支部门或子公司的情况。若某地产公司总部位于广州，在珠海、佛山和中山分别设立了分公司，那么该地产公司对"广珠""广佛""广中"的总部分支联系均贡献1点数值。湾区内部形成了以广、佛、深、惠为关键节点的"Z字形"总部分支联系链,4市之间企业资本交流较频繁。

七　讨论与总结

结合上述实验,粤港澳大湾区要素资源配置流动的现状可以从两个角度加以概况。一是主体性角度。大湾区过去30年间要素集聚态势的最大变化是深圳的快速崛起,使得湾区要素资源配置结构实现从香港—广州"双峰并立"向广佛—深港"双核联动"转变。从整个湾区内部来看,在珠江东岸,要素配置呈现"海向"特点,即越靠近香港、深圳一侧,要素资源越为密集;在珠江西岸,要素配置则呈现"陆向"特点,即越靠近广州一侧要素资源越为密集,而澳门、珠海经济体量和辐射能力相对有限,位置更靠西的江门、肇庆等地市要素集聚则更加不足。二是主体间性角度。创新要素方面,珠江东岸的香港—深圳—东莞三市已经初步形成了从原始创新(在港高校)到技术研发(深圳)再到工程实施(东莞)的联动链条,但珠江西岸目前尚未看到类似区域创新链条的出现;人才要素方面,以广佛同城化为核心,湾区内已经形成珠海—中山—佛山—广州—东莞—深圳—香港—惠州的"U形"职住链条,未来"深中"通道的建立,将进一步密切湾区内部人才流动,逐步推动形成三角形人才要素流动格局;资金要素方面,湾区内部形成了以广、佛、深、惠为关键节点的"Z字形"产业投资链条。

第三节　预测视角:基于时空演化的经济预测研究

时空数据预测的基本原理是将各种非传统数据(如消费行为、地理位置、通话行为、空气质量、交通流量等)与统计指标(如GDP、人均收入、房价、地区产值等)在统一的时空平台中进行集中展现和一体化分析,其主要预测方法大致可以分为统计预测模型(如多元线性回归预测、UC模型、AIDS 模型、ARIMA 模型、BP 模型等）和深度学习算法（如目前有大量研究运用卷积神经网络方法对交通流量①、大气污染②、贫困走势③等进行预测）两大类。

2016 年，斯坦福大学的尼尔·吉恩（Neal Jean）等人④在 *Science* 杂志上发表论文，利用高清卫星图像和卷积神经网络（Convolutional Neural Network）预测特定地区贫困状况，是该领域的代表性著作。研究者基于迁移学习的方式来训练模型，使用图像识别数据库 Image Net 构建并训练其卷积神经网络模型，用大量经过分类的图像让模型学会最基本的特征识别（比如边缘、转角），并建立了屋顶材料、城镇分布等图像特征与相关区域消费能力、资产水平等的关联关系。结果表明，在尼日利亚、坦桑尼亚、乌干达、马拉维和卢旺达等 5 个国家的数据验证中均取得良好成绩。

---

① 何龙庆，陈伦，蒋金勇. 基于时空数据驱动的交通流预测 [J]. 交通与运输，2019，32 (S1)：75 – 80.
② 黄伟政. 基于卷积神经网络的雾霾时空演化预测方法研究 [D]. 电子科技大学，2018.
③ Jean N，Burke M，Xie M，et al. Combining satellite imagery and machine learning to predict poverty [J]. Science，2016，353 (6301)：790 – 794.
④ Jean N，Burke M，Xie M，et al. Combining satellite imagery and machine learning to predict poverty [J]. Science，2016，353 (6301)：790 – 794.

第十章
构建国家经济大脑的初步设想

如前所述，大数据在打通经济学"均衡范式"与"演化范式"，形成宏中微观经济一体化分析框架，有效衔接经济学艺术（the art of economics）、实证经济学（positive economics）与规范经济学（normative economics）方面①具有独特作用。本章拟从大数据经济学的上述特点出发，论述在国家层面发挥我国独特制度优势，构建政企一体化的数据归集和治理体系，建设支撑宏中微观经济运行分析的"国家经济大脑"的基本思路。

第一节　构建国家经济大脑的基本思路

吸收借鉴美国、澳大利亚、新加坡等国通过归集数据开展宏观决策的成功经验，充分发挥我国独特的制度优势，有效归集和开发利用全社会范围内经济运行相关数据，建设集宏中微观经济运行分析于一体的"国家经济大脑"，是当前推进国家治理体系和治理能力现代化的重要抓手。其总体设计思路应遵循以下几个原则。

一　在数据基础上，坚持政府数据与社会数据相统一

当前，随着互联网、物联网、移动通信等社会化数据源渠道的飞速发展，全社会数据资源正在从过去政府掌握80%的全社会公共数据资源快速

---

① 哈里·兰德雷斯，大卫·C. 柯南德尔. 经济思想史：第四版 [M]. 北京：人民邮电出版社，2011：11 – 12.

转变为社会化数据资源占绝大多数的新格局。梅宏院士指出①，在当前万物互联化、数据泛在化的大背景下，越来越多物理实体的实时状态被采集、传输和汇聚，从而使数字化的范围蔓延到整个物理世界，物联网数据将成为人类掌握的数据集中最主要的组成部分。正因如此，习近平总书记在中共中央政治局第二次集体学习时指出，要加快公共服务领域数据集中和共享，推进同企业积累的社会数据进行平台对接，形成社会治理强大合力②。要想尽可能全面系统地描述刻画全社会经济运行全貌，就应当形成覆盖政府、企业、社会机构、个人和海外相关信息，跨层级、跨地域、跨系统、跨部门、跨业务的数据采集汇聚机制，强化陆海空天电网数据资源全领域、全要素统筹，实现对全国范围内信息化、网络化、可视化和智能化的数字集成创新，实现"一人一档、一物一档、一事一档、一机一档"的国家一体化数据资源体系框架，有效增强国家数据资源的纵横联动和协同管理能力。通过各类数据的深度整合和关联应用，突破时间和空间的限制描述国家治理，深度刻画国家政治、经济、文化等各方面发展状况，揭示宏观经济结构和微观社会状况。

二　在分析手段上，坚持均衡范式与演化范式相统一

过去百余年来，经济学研究领域的均衡范式和演化范式正在呈现逐渐融合的态势。一方面，主流经济学近年来发展出的博弈论、行为经济学、实验经济学、信息经济学、新制度学派等分支已经吸收借鉴了演化范式下对部分理性、创新扩散、路径依赖等的论述；另一方面，复杂经济学、演化经济学等则将新古典（均衡）经济学看作演化经济学（或非均衡经济学）的一个特例③。目前，大数据在均衡和演化两个方向上都在发挥重要作用：在均衡范式下，大数据在分析时效性、颗粒度、热点识别等方面的优势，正使主流

---

① 梅宏. 建设数字中国：把握信息化发展新阶段的机遇 [J]. 网信军民融合, 2018, 000 (008)：11－13.

② 习近平在中共中央政治局第二次集体学习时强调审时度势精心谋划超前布局力争主动　实施国家大数据战略加快建设数字中国 [EB/OL]. http：//news. xinhuanet. com/video/2017－12/09/c_ 129761345. htm

③ 范如国. 制度演化及其复杂性 [M]. 北京：科学出版社, 2011：6－7.

经济学界大量尝试基于大数据的计量经济学方法创新；在演化范式下，通过将主体建模（ABM）、演化博弈论、机器学习等新技术方法与大数据相结合，形成人类真实主体（HS）数据和计算虚拟主体（CA）数据之间的对比，有效支撑宏观经济风险识别和趋势预测。因此，在构建国家经济大脑时，应当力图将演化分析和均衡分析方法融为一体。从前期对国内外宏观经济大数据监测预测领域研究方法的梳理也可以看到，目前经济运行大数据分析所使用的方法大致也可以分为四类。一是统计分析方法，如 ARMA 模型、LASSO 算法、向量自回归（VAR）、灰度关联分析、协整检验、主成分分析、多元线性回归、时序分析等，主要是将利用大数据手段构建的各种新指标与传统计量经济学的分析模型相结合，实际上是均衡范式在大数据环境下的进一步延续。二是复杂网络方法，如社会网络分析（SNA）、图模式识别、网络特征空间、二部图分析等，这类方法主要侧重于对微观经济主体的行为关联性进行分析挖掘，识别其中的潜在模式和演化趋势，大致可以对应于演化范式下的行为依赖分析。三是人工智能方法，如潜在语义分析、支持向量机、贝叶斯分类、观点识别、新词发现、情感分析、回归树、随机森林、卷积神经网络等，这类方法目前在宏观经济中主要应用场景是对微观行为主体的观点性文本进行分析挖掘，大致对应于演化范式下的观念依赖分析。四是时空分析方法，如时空分布、位置分布、行为轨迹分析、区域关联网络分析等，这类方法大致可以对应于演化范式下的时空依赖分析。

表 10 - 1　大数据经济学的主要分析方法

研究范式		方法类型	代表性成果
均衡范式		统计分析	Müller 等，2006；Cavallo 等，2016；Askitas 等，2013；Kholodilin 等，2009；Schneider 等，2016；Artola 等，2015
演化范式	行为依赖	复杂网络	Justin A 等，2016；Bustos S 等，2012；Tacchella A 等，2012；Cristelli M 等,2015；Hidalgo C A 等，2007；Gao J，2015
	观念依赖	人工智能	Liu Y 等，2007；Askitas N 等，2009；Levenberg A 等，2013；Llorente A 等，2015；Bermingham 等，2011；Schumaker R P 等，2009
	时空依赖	时空分析	Chetty R 等，2014；Neffke F 等，2011；Gao J，2015；Doll C N H 等，2006；Elvidge C D 等，2009；Salesses P 等，2013；杨振山等，2015

三 在应用方向上，坚持监测预测与风险监管相统一

从应用方向上看，当前国家经济大脑建设的主要用途包括两个方面。一是运用大数据手段改进经济监测预测的效果。在经济监测方面，应用大数据手段可以提高经济运行监测的时效性、精准性和客观性，如通过开展经济现时预测（Nowcasting）研究帮助人们相比过去更快应对经济运行可能出现的趋势性、苗头性问题，通过应用异常检验、新事件探测等技术手段发现海量经济数据中隐藏的新业态、新模式等。在经济预测方面，大数据不仅可以改进传统统计预测模型的预测表现，还可以运用多主体复杂性建模、时空演化预测、行为预测、基于机器学习自动识别先行性指标等手段建立全新经济预测模型。二是近年来随着中国贸易争端等不断升级，国际国内经济形势日趋复杂，加之中央政府大力推进"放管服"改革，各级政府在防范化解重大风险、加强重大政策重大项目事中事后监管等方面面临的挑战日益增加，亟待利用大数据手段强化监管手段，提升风险识别与防范能力。2017年12月8日，习近平总书记在中共中央政治局就实施国家大数据战略进行第二次集体学习时指出①，要充分利用大数据平台，综合分析风险因素，提高对风险因素的感知、预测、防范能力。传统经济学理论模型对于风险的识别与应对一直是一个软肋。正如著名经济学家布莱恩·阿瑟指出的，经济学理论本身存在一个根本性弱点，即"缺乏一种能够在政策实施之前找到可能的失败模式的系统方法"。② 未来，通过运用新技术手段，对经济运行过程中的异常点、突变点、奇异点进行识别预测，对涉及重大政策、重大项目的风险领域开展预测预警，将成为宏观经济运行分析的又一理论和应用"蓝海"。

从大数据视角看待经济运行，可以构建一个以中观层面的规则、结构、机制及其突现性分析为切入，向上向下统筹宏观和微观经济分析的新框架。

---

① 习近平在中共中央政治局第二次集体学习时强调审时度势精心谋划超前布局力争主动 实施国家大数据战略加快建设数字中国［EB/OL］．http://news.xinhuanet.com/video/2017-12/09/c_129761345.htm.

② 布莱恩·阿瑟．复杂经济学：经济思想的新框架［M］．杭州：浙江人民出版社，2018.

正如多普菲（K Dopfer）① 所指出的，"在经济演化过程中，无论是微观角度（复杂的规则结构构成系统，如公司）还是宏观角度（规则总体的复杂结构，如工业和经济），它们都建立在中观视角之上"。从这一角度，我们可以分别从微观、中观和宏观三个层面思考和规划国家经济大脑的技术框架（见图 10 – 1）。

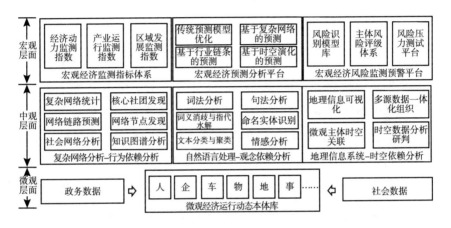

图 10 – 1　国家经济大脑的总体框架

第二节　微观层面：构建微观经济运行动态本体库

在大数据时代，构成各种复杂经济现象的微观主体（企业、机构、个人、商品等）的行为数据、关联关系、基本属性等信息可以通过多种方法进行全面及时地收集和整理，从而为客观描述这些复杂现象提供了坚实的数据基础。正如维克托·迈尔 – 舍恩伯格所说②，"有了大数据的帮助，我们不会再将世界看作是一连串我们认为或是自然或是社会现象的事件，我们会

---

① Dopfer K, Potts J. Micro-Meso-Macro: A new framework for evolutionary economic analysis [J]. Evolution and Economic Complexity, Cheltenham: Edward Elgar, 2004.

② 维克托·迈尔 – 舍恩伯格，肯尼思·库克耶. 大数据时代：生活、工作与思维的大变革 [M]. 杭州：浙江人民出版社，2013：125.

意识到本质上世界是由信息构成的。"基于此，在国家经济大脑建设的微观层面，应当着眼于利用大数据手段快速构建领域本体和通用本体，形成对海量微观主体行为演变和关系网络的快速挖掘能力。具体而言，其主要任务包括几个方面。

一 建立政企一体化数据归集汇聚体系

应当综合考虑政府、企业、个人、海外、互联网、物联网等多种数据来源，形成与国家经济运行相关各方面数据源的统一汇聚机制。其中，政府数据来源主要指国家平台（如全国信用信息共享平台、全国公共资源交易平台、全国投资项目在线审批监管平台等）、各部委平台（如公安、人社、税务、市场监管、民政、教育等）和各地方政务数据整合共享平台；企业数据来源是指企业生产经营全生命周期各类数据（如工商登记注册、税务、海关、就业社保、投融资、专利软著等）；个人数据来源主要是指自然人工作生活中产生的各类行为数据（如移动位置、出行、教育、消费、通信等）；海外数据来源是指共建"一带一路"等重点国家基本概况、经济产业、政策法规、规划计划、项目工程、投资贸易、科研机构、企业组织、旅游及文化交流、社会舆情等各方面信息；互联网数据来源是指互联网上的公开信息（如新闻、微博微信、学术智库、电商评论、房产等）；物联网数据来源是指从智能硬件设备中获取数据资源（如可穿戴设备、车辆、智能家居、工业控制等）。开展覆盖政务数据和社会化数据资源的数据标准化稽查、清洗、消减、转换、去重、打标、校验、修复、聚合、分级分类、血缘分析等数据治理和质量提升，不断提升大数据分析挖掘的可靠性。

二 建立主题数据库和数据特征库相结合的数据资源池

在数据采集方式上，由于政府内部公共数据和社会数据的权属各有不同，需要采用不同方式进行数据资源化沉淀。一是对于政府内部数据，可以通过政务数据共享交换平台、实时业务流数据调用接口库、前置数据处理采集终端、嵌入式行为数据采集等方式实现针对不同系统、不同层级部门政务数据的汇聚。围绕"三大攻坚战"、"放管服"改革、高质量发展、供给侧结构性改革、"一带一路"倡议等重大战略、重大任务，构建面向主体行为规律、业务逻辑的特征知识和规则方法集合，形成支撑各级政府决策履职和服务社会相关机构的结构化数据库。二是对于社会化数据，由于其数据权属问题，不宜直接对企业所有的原始数据进行采集，可通过搭建国家数据本体特征库平台，鼓励政府机构和社会机构建立数据本体特征层面合作机制，在保留各方原始数据的同时实现数据资源价值共享，具体包括：①数据特征定制化智能合约，平台方与数据方可实现可信合约自动化签署、合约动态追加、合约可追踪及不可逆转等功能；②数据特征前置生成，围绕数字、文本、图像、音频、视频五种数据形态，通过集成 PCA、LDA、Filter、Wrapper、Embedded 等一系列特征生成及特征选择方法，尽可能在保留原始数据规律的基础上将原始数据进行特征编码表示，并利用前置机进行特征信息交换；③数据特征分布式采集，采用分布式采集及实时消息队列等多种技术手段，实现可跨异构数据存储系统的安全可控的、可弹性扩展的数据特征同步机制，满足不同网络环境下的数据特征采集需求；④数据特征汇聚整合，将分布式采集到的离散化数据特征进行汇聚整合，并进行数据特征全局透明化处理和任务逐级分发（见图 10－2）。

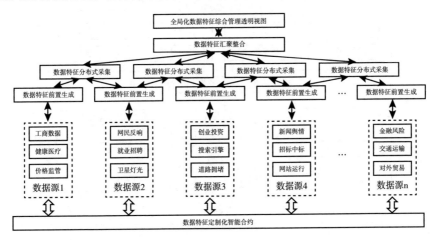

图 10－2　数据特征库综合管理体系示意

三 建立面向微观经济主体的动态本体库体系

在归集汇聚相关原始数据库和特征数据的基础上，构建人、企、车、物、事、地等微观经济对象的动态本体库（见图10-3）。以企业工商注册信息、个人证件号、车牌号等个体唯一ID为主线，依托统一编码对接相关数据资源，对本体对象（Objects）、属性（Properties）和关系（Relationships）进行抽象化处理，依托复杂网络分析方法及大规模图计算技术，实现动态本体图谱的展现、布局、搜索、统计、分析、推理、演绎和学习，支持动态本体混合检索、路径发现、频繁子图挖掘、关键节点识别、社团发现等功能，形成多维度分析、多视角监测、多领域应用的动态本体图谱分析能力。目前，国家发展改革委大数据中心已经联合业内相关企业开发了微观经济主体的动态本体（Dynamic Ontology）管理系统，关联打通工商企业注册信息库、投资项目在线审批监管平台、全国信用信息共享平台和国家公共资源交易平台等若干国家级大数据平台数据资源，初步实现了"重大战略-重大政策-重大项目-企业-自然人"五类本体的关联关系构建。例如，通过重大政策和项目招标文本的自然语言处理，自动关联识别"重大战略落实政策""重大政策配套项目"等本体关联关系；通过重大项目招

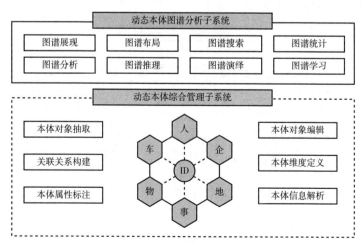

图10-3 数据资源动态本体组织管理系统

投标和空间位置数据，自动识别关联"重大项目招中标企业""重大项目建设地点人流变动"等本体关联关系；通过企业工商注册信息关联识别"企业交叉持股关系""企业股东和高管组成"等本体关联关系。

第三节　中观层面：构建中观经济大数据仿真分析平台

正如前文所论述的，从经济社会运行的中观层面来看，复杂经济系统突现的行为依赖、观念依赖和时空依赖等三个基本特征，既可以基于微观层面的经济动态本体进行仿真模拟，又可以归总并呈现为宏观层面经济运行监测预测的基本规律。因此，构建国家经济大脑的中观系统，就是要整合复杂网络、自然语言理解和时空分析三大类算法模型，将其作为模拟仿真中观经济现象的技术支撑。

一　以复杂网络分析为核心的行为依赖仿真分析

通过归集政府、企业、个人等各类微观经济主体的行为数据，可以刻画政企之间（如工程项目招投标）、企业之间（如企业间持股关系、商业合同、创新合作等）、企业与个人之间（企业招聘、消费记录等）、个人与个人之间（如社交关系、亲友关系、位置关联等）的主体关系，从而构建以微观主体为节点、以主体间关联关系为边的经济社会运行复杂网络，并运用图计算、网络社群挖掘、复杂网络演化分析、社会网络等分析方法识别经济运行主体的行为依赖突现现象和演化规律。这方面的技术方法和应用已十分成熟，如布莱恩·阿瑟[①]基于复杂网络演化模型，对资本市场中资产价格变动的自我强化、集群波动（clusted volatility）和突然渗透（sudden percolation）三种涌现现象进行了预测模拟。Hidalgo 和 Hausmann[②] 基于国别间贸易数据构建了"国家－产品"二部图网络，并基于网络拓扑结构刻画国家经济复杂

① 布莱恩·阿瑟. 复杂经济学：经济思想的新框架 ［M］. 杭州：浙江人民出版社, 2018.
② Hidalgo C A, Hausmann R. The building blocks of economic complexity ［J］. Proceedings of the National Academy of Sciences, USA, 2009, 106 （26）：10570－10575.

性，并实现对国家发展潜力的预测。Tacchella 等[①]基于"国家 - 产品"矩阵关系，利用非线性迭代算法刻画国家发展潜力和产品复杂性，较好地解释了不同国家的经济竞争力变化趋势。笔者曾基于专利文本数据构建企业技术创新网络[②]、基于税务发票进销项数据构建某市企业发票网络，并基于启发式社团发现模型对相关领域演化态势进行预测分析。

该子系统的基本分析功能应当包括如下几个。①统计特征分析。即对复杂网络基本拓扑指标的统计分析，如平均路径长度、聚集系数、度值、小世界和无标度特性等。②社团发现。典型算法如模块度优化算法、谱分析法、k - 社团算法、模糊聚类算法等。③链路预测。包括相似性预测、最大似然估计预测、概率模型预测等[③]。④重要节点发现。结合网络局部属性、全局属性、网络位置等指标，基于 PageRank、LeaderRank 和 HITS 等算法度量超大规模网络中节点重要程度[④]。⑤社会网络分析。研究社会行动者包括人员、集团、组织或者其他信息与知识处理实体之间的关系和流动，并对其进行映射测量[⑤]。⑥知识图谱分析。基于"实体 - 关系 - 实体"三元组以及实体相关属性的键值对，通过实体相互联结从而构成网状的知识结构[⑥]；等等。

二 以自然语言处理为基础的观念依赖仿真分析

当前，随着互联网的飞速发展，互联网上动辄数千万甚至数亿的社交媒体工具层出不穷。人们越来越习惯于将自己对经济、社会、文化等各方面的

① Tacchella A, Cristelli M, Caldarelli G, et al. A new metrics for countries' fitness and products' complexity [J]. Scientific reports, 2012, 2 (1): 1 - 7.

② 易成岐，郭鑫，童楠楠，等. 基于启发式社团发现模型的创新态势研判算法 [J]. 计算机工程与应用，2020，56 (15): 74 - 79.

③ 吕琳媛. 复杂网络链路预测 [J]. 电子科技大学学报，2010，39 (5): 651 - 661.

④ 刘建国，任卓明，郭强，等. 复杂网络中节点重要性排序的研究进展 [J]. 物理学报，2013，62 (17): 178901.

⑤ 易成岐，鲍媛媛，薛一波. 社会网络大数据分析框架及其关键技术 [J]. 中兴通讯技术，2014，20 (01): 5 - 10.

⑥ 刘峤，李杨，段宏，等. 知识图谱构建技术综述 [J]. 计算机研究与发展，2016，53 (3): 582 - 600.

观点和看法通过互联网社交媒体渠道与他人分享，这为利用大数据手段开展社会群体观点和社会心态研究提供了便利途径。自 2015 年以来，国家发展改革委大数据中心基于所归集的海量互联网社交媒体数据，构建了网民针对经济社会运行和特定政策的社会心理预期监测指标，如网民信心指数、政策满意度、政策关注度等，并对网民消费心理预期和满意度①，以及双创、供给侧结构性改革、数字经济等领域重大政策的满意度等②进行了评估分析。除了开展社会心态监测分析之外，利用自然语言处理等技术，还可以进一步构建微观经济社会主体的大数据认知模型。如国家发展改革委大数据中心基于 12358 网上价格举报系统的网民投诉举报数据，通过构建行为特征集和深度学习等手段，建立"职业举报人"行为自动识别模型③。基于不同微观主体行为模型，可以基于行为链条开展主体经济行为预测。

　　该子系统的基本分析功能应当涵盖面向互联网超大规模文本的字、词、句子以及段落与篇章等各层面的分析处理功能④。具体而言，主要包括如下几点。①词法分析。负责将输入句子从字序列转化为词和词性序列。②句法分析。负责基于句法结构树、依存关系图等手段将输入句子从词序列形式转化为树状或图状结构。③词义消歧与指代消解。确定在给定上下文语境中多义词的词义和指代词的先行语等。④命名实体识别。负责完成人名、地名、组织机构名、数量表达式、时间短语、货币短语和百分比等的识别。⑤文本分类与聚类。基于词袋模型（Bag of Words Model）、向量空间模型（Vector Space Model）、特征选择、特征转换和话题分析等技术实现对自然语言文本的自动分类和聚类，并整合决策树、随机森林、RIPPER 算法、贝叶斯分类器、线性分类器、支持向量机、最大熵分类器、神经网络等多种经典算法。⑥情感分析。实现在词向量表示学习、句子级表示学习（循环神经网络、

---

① 国家发展改革委. 2017 年中国居民消费发展报告［M］. 北京：人民出版社，2018.
② 王建冬，童楠楠，易成岐. 大数据时代公共政策评估的变革：理论、方法与实践［M］. 北京：社会科学文献出版社，2019：119 - 220.
③ 易成岐，黄倩倩，王从余等. 面向类不平衡问题的"职业举报人"识别方法［J］. 计算机工程与应用，2019，55（14）：1 - 7 + 23.
④ 李生. 自然语言处理的研究与发展［J］. 燕山大学学报，2013，37（05）：377 - 384.

递归神经网络、卷积神经网络等）和篇章级表示学习层面，利用深度学习算法实现文本情感分类。

三　以地理信息系统为依托的时空依赖仿真分析

现实世界中，超过 80% 的数据都与地理位置有关[①]，对于经济研究而言，个体、企业、产业、工程项目等研究对象等都有十分明确的时空分布特征。正因如此，时空大数据研究是当前大数据领域十分热门的一个分支。构建以地理信息系统为依托的时空依赖仿真分析平台，大致包含三方面技术功能。一是传统意义上的地理信息技术在宏观经济分析中的应用，利用可见光、热红外等多波段卫星遥感数据，开展数据融合、变化检测、目标特征提取等技术研究，在识别违法违规工程建筑、监测项目施工进度、灾害应急响应、评估社会治理成效等应用中辅助分析决策。二是将各种经济社会运行相关数据在一个地理信息平台上实现时空叠加和比对分析。如国家发展改革委大数据中心近期尝试针对部分中央预算内投资的重大工程项目，基于项目位置信息叠加卫星高分遥感图片、项目用电量、周边人流密集度、路网拥堵情况等多重图层，就可以实现对重大投资项目建设进度和实施效果的精准分析。三是从时空关联的角度开展分析挖掘。如笔者在牵头规划粤港澳大湾区大数据中心时，就提出以时空为背景，建立区域"9 + 2"城市间的人流、物流、资金流、创新流、信息流"五流合一"大数据监测体系（见图 10 – 4）。

该子系统的基本分析功能应当包括四个层面。①在原有传统地理信息系统技术的基础上，整合深度学习等人工智能算法，采用"矢量瓦片动态渲染"等技术实现对城市群、地市、区县、街镇、自然街区、500 米网格等多个层面超大数据集地理可视化。②实现对多源数据的一体化组织，在地理图层上整合手机信令、土地利用分类地图、POI、统计指标数据、企业注册信息、专利、投资项目等具有空间区位（区域范围和位置）和时间属性的结

---

① 屈晓晖，袁武，袁文，等．时空大数据分析技术在传染病预测预警中的应用［J］．中国数字医学，2015，10（08）：36 – 39.

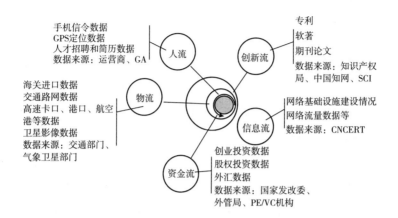

构化和非结构化数据源，以"空间 + 时间"作为数据统一组织主键。③对经济运行微观主体的商业合同、消费记录、创新合作、股权关联、投资项目等多源数据背后蕴含的线索信息建立关联，在个人、企业、区域等不同层面上实现关联分析，实现对复杂时空经济现象背后运行机制的深度挖掘。④综合运用数据和功能的容器化、基于互联网技术特征的微服务化、机器学习模块化、轻量级 Web 和移动端高效可视化等时空大数据新技术优势，构建"可用即可见"的轻量、灵活、实时的时空大数据分析研判平台，有效支撑描述分析、解释分析和探索分析等不同维度的宏观决策需求①。

第四节　宏观层面：构建宏观经济监测预测大数据平台

基于微观层面经济动态本体和中观层面经济涌现仿真分析平台的坚实基础，在宏观层面，可以进一步围绕经济运行和重大风险防范等需求，构建经济运行监测、经济预测和风险识别"三位一体"的宏观经济监测预测大数据平台。

---

① 朱庆，付萧. 多模态时空大数据可视分析方法综述 [J]. 测绘学报，2017，46（10）：1672 – 1677.

一　建立宏观经济监测指标库

大数据技术的飞速发展和普及，使得人们可以在采集经济运行某一剖面全样本数据的基础上，通过整合多源数据，形成一些具有一定经济学含义的监测指标体系。结合上一章的论述，可以将这些监测指标划分为监测经济动力的指数（即反映宏观经济运行投资、消费、进出口等"三驾马车"运行情况的非统计指标）、监测产业运行的指数（如产业活力、产业用工、产业风险、产业创新能力等方面的非统计指标）、监测区域运行的指数（如区域产业集聚度、产业辐射度、产业迁移、人口迁移等）等几个方面，从而形成常态化监测分析经济社会运行情况的指标体系。

二　建立宏观经济预测分析平台

当前，大数据手段已经与商业化场景紧密结合，通过运用基于大数据的分析和挖掘技术手段，商业智能从过去的报告和决策支持模式跃升到预测和未来决策（next-move decision making）模式[①]。在宏观经济领域，研究者正在试图通过大数据手段，从各种实时、交互、离散化、非结构化的海量数据中，发现经济社会运行的各种先行指标信号[②]，并形成多种预测模型。结合前文的论述，我们可以将这些预测模型大致分为两大方向，一是对传统预测模型的优化改进，二是围绕中观层面经济涌现的三个依赖性，分别从复杂网络、行为链条和时空演化三条路径对复杂的宏观经济现象进行预测。具体包括如下几点。

1. 对传统预测模型的优化改进

通过将大数据指标整合进传统统计预测模型，实现对传统预测效果的提升。其基本原理就是基于清华大学刘涛雄、徐晓飞[③]提出的"两步法"，实

---

① Ohlhorst F J. Big data analytics: turning big data into big money [M]. John Wiley & Sons, 2012.

② 姜疆. 基于大数据的宏观经济预测和分析 [J]. 新经济导刊, 2018 (09): 62–66.

③ 刘涛雄, 徐晓飞. 互联网搜索行为能帮助我们预测宏观经济吗？[J]. 经济研究, 2015, 50 (12): 68–83.

现"三库碰撞":一是传统预测模型库,即基于传统统计信息,通过机器自动学习和验证,确定最优经济预测模型;二是统计指标库,构建面向不同层级、不同颗粒度和不同时间的传统统计指标库;三是非统计监测指标库,将各类非统计监测指标(或具有时序特征的数据集合)加入经济预测模型,通过与传统统计指标拟合,综合比对确定最优模型。

2. 基于复杂网络的预测模型

目前,复杂网络中的链路预测方法已经成为该领域研究的一个重要热点,即通过网络中已知的节点信息、网络结构信息等预测网络中任意两个节点之间产生链接的可能性[①]。在构建经济主体关联网络的基础上,可以综合运用相似性预测、最大似然估计预测、概率模型预测等方法开展复杂网络链路预测,从而实现对经济运行复杂网络未来走势的预测。

3. 基于行为链条的预测模型

其基本原理,是通过自然语言理解等手段分析微观经济主体的心理认知规律,进而基于行为链条对经济主体的行为概率进行判断,从而形成宏观层面的预测模型。这方面研究很多,较为常见的分析逻辑如:主体产生消费意愿—搜索—下单—产生消费行为[②];主体感受到通胀压力—社交媒体讨论—调整消费行为[③];主体感受到失业压力—搜索或社交媒体讨论—投简历—调整就业[④];主体产生购房意愿—搜索或社交媒体讨论—看房

---

① 桂春. 复杂网络中的社团发现与链路预测 [D]. 兰州大学, 2018.

② Vosen S, Schmidt T. A monthly consumption indicator for Germany based on Internet search query data [J]. Applied Economics Letters, 2012, 19 (7): 683 – 687. Goel S, Hofman J M, Lahaie S, et al. Predicting consumer behavior with Web search [J]. Proceedings of the National Academy of Sciences, USA, 2010, 107 (41): 17486 – 17490. Choi H, Varian H. Predicting initial claims for unemployment benefits [J]. Google Inc, 2009: 1 – 5.

③ Guzman G. Internet search behavior as an economic forecasting tool: The case of inflation expectations [J]. Journal of economic and social measurement, 2011, 36 (3): 119 – 167.

④ Askitas N, Zimmermann K F. Google econometrics and unemployment forecasting [J]. 2009. Ettredge M, Gerdes J, Karuga G. Using web-based search data to predict macroeconomic statistics [J]. Communications of the ACM, 2005, 48 (11): 87 – 92. 王勇, 董恒新. 大数据背景下中国季度失业率的预测研究——基于网络搜索数据的分析 [J]. 系统科学与数学, 2017, 37 (2): 460 – 472.

—购房①；主体看空/看多股市—在社交媒体讨论—产生交易—股价波动②；等等。

4.基于时空演化的预测模型

通过将各种非传统数据（如消费行为、地理位置、通话行为、空气质量、交通流量等）与统计指标（如 GDP、人均收入、房价、地区产值等）整合并叠加到统一图层和时空挖掘平台中，集成 ARIMA 模型、BP 模型、多元线性回归预测等统计预测算法和卷积神经网络等深度学习算法，实现基于多粒度时空数据的演化预测功能。

三 构建宏观经济风险监测预警平台

当前，随着国际国内经济形势的日趋复杂，现代西方经济学在识别和预测风险方面的理论缺陷越来越明显。布莱恩·阿瑟曾指出，均衡范式下的经济学理论从根本上缺乏对重大风险的预测预警能力，因为其"坚持均衡分析，假定系统会快速地向一个没有任何行为主体有动机偏离其当前行为的地方收敛，并且会稳定在那里，因此剥削行为不可能发生。基于这种认识，我们经济学家的普遍倾向是，设计政策并对其结果进行一些模拟，但是不会充分地探讨行为假设的稳健性，不能将那些因系统性的剥削而可能失败的地方识别出来"。③ 大数据方法则可以较好地弥补传统均衡经济学的这一缺陷。

1.风险识别模型库的构建

针对自然人方面，重点围绕犯罪热点预测、疫情传播预测、人群聚集点

① Wu L, Brynjolfsson E. The future of prediction: How Google searches foreshadow housing prices and sales [M] //Economic analysis of the digital economy. University of Chicago Press, 2015: 89 – 118. Kulkarni R, Haynes K E, Stough R R, et al. Forecasting housing prices with Google econometrics [J]. GMU School of public policy research paper, 2009 (2009 – 10).

② Dzielinski M. News sensitivity and the cross-section of stock returns [J]. Nccr Finrisk, 2011 (719). Moat H S, Curme C, Stanley H E, et al. Anticipating stock market movements with Google and Wikipedia [M] //Nonlinear phenomena in complex systems: From nano to macro scale. Springer, Dordrecht, 2014: 47 – 59. Bollen J, Mao H, Zeng X. Twitter mood predicts the stock market [J]. Journal of computational science, 2011, 2 (1): 1 – 8.

③ 布莱恩·阿瑟. 复杂经济学：经济思想的新框架 [M]. 杭州：浙江人民出版社，2018.

风险、互联网金融、网络诈骗、非法传销等问题进行风险识别建模。针对法人方面，重点围绕涉及重大政策、重大项目的违法违规、社会纠纷、实施进度、金融杠杆率、流动性风险、社会信用风险、影子银行、违法犯罪、外部冲击等重点风险领域开展建模分析。例如，在互联网金融领域，可以重点围绕非法集资企业精准画像、非法集资关联特征抽取、核心控制人捕捉、异常风险事件发现、虚设项目空壳公司预警、欺诈风险识别等显性风险点，以及企业投资网络、自然人股东多处投资、多家公司兼任高管、多层次隐性控制等隐性风险点进行综合建模，开展金融风险模型训练、数据测试集校验建模，形成分区域、分领域、分行业金融风险预测预警体系，不断强化宏观经济风险识别和应对处置能力，切实防范潜在运行风险。通过构建两类微观主体的行为风险识别模型库，实现对中观层面异常点、突变点、奇异点的及时识别和定位，从而帮助人们提前分析发现经济运行的重大风险点。

2. 风险评级体系的构建

利用机器学习、风险模型、专家评分等多种手段，构建覆盖自然人和法人的风险识别特征库，在整合归集多种数据源的基础上，对不同行业、不同层级的评估对象进行风险评级，以实现更加精准、超前的风险识别与预测预警。例如，国家信息中心联合成都数联铭品等企业，探索从企业工商变更、关联关系演变、招聘行为变化等数据中抽取非法集资样本企业的行为特征，结合深度学习等算法形成企业经营风险评估模型，并研发了企业静态风险特征指数和企业动态风险特征指数。其中，企业静态风险特征指数考虑了企业股权结构合理度、高管业务专注度、企业投资行为、人才结构变化、关联网络存续时间等静态特征。企业动态风险特征指数则侧重描述企业行为变化的稳定性和趋势性，从核心企业群关联度、关联企业行业/地域扩散特征、关联方增长构成等方面出发，刻画时间演化规律，用以评估企业的动态风险行为及泡沫化风险。

3. 风险压力测试平台的构建

未来，面对日趋复杂的宏观经济环境，需要坚持底线思维，形成对重大宏观经济政策成效和风险层级的测试仿真环境。布莱恩·阿瑟曾指出："设计一个政策体系并简单地分析是远远不够的，即便是相当细致深入地模拟政策结果也是不够的。我们不能把社会系统和经济系统视为一组没有改变动机的行为，而必须把它们视为一种总会引发进一步的行为、诱致进一步的策略、导致系统性改变的激励网络。我们需要仿效结构工程学、流行病学或加密科学等学科中的做法，预测我们所研究的系统中可能被剥削的地方。我们需要对我们的政策设计进行压力测试，来找出它们的弱点，看看我们能否'打破'它们。"[1] 在宏观经济分析中，通过归集各方面数据资源，构建重大外部事件对宏观经济运行情况的"极限测试环境"，具有重要现实意义。2018 年上半年，中美经贸摩擦期间，国家发展改革委大数据中心曾基于企业招聘数据、上市企业数据、海关进出口数据、美国进出口数据、中美相互制裁的行业类别等数据，估算中美贸易摩擦对我国不同行业、不同地区的就业岗位影响，并提醒相关行业部门和地方政府提前应对，取得了较好效果。

2012 年，诺贝尔经济学奖获得者罗斯（Alvin Roth）曾把经济学理论划分为三类，即"与理论经济学家对话"（Speaking to Theorists）、"寻找事实"（Searching for Facts）和"在王子耳边低语"（Whispering in the Ears of Princes）[2]。按照这一分类，大数据经济学主要专注于政策应用领域，具有很浓厚的工具色彩[3]，可以算作比较典型的第三类经济学理论，即通过对政策制定者所关心的主题加以实证考察，实现学界与政界的直接对话，并含有直接或间接的政策目的，其更接近于政策科学的视角[4]。本章按照均衡范式与演化范式相统一的基本思路，探讨构建了在宏、中、微观三个层面相互打通的一体化经济运行分析框架，并将其命名为"国家经济决策大脑"，希望能够为后续国家宏观决策部门和高校科研机构开展相关领域研究提供有益借鉴。

① 布莱恩·阿瑟. 复杂经济学：经济思想的新框架 [M]. 杭州：浙江人民出版社, 2018.

② 约翰·H. 卡格尔，埃尔文·E. 罗斯. 实验经济学手册 [M]. 北京：中国人民大学出版社, 2015.

③ 汪毅霖. 大数据预测与大数据时代的经济学预测 [J]. 学术界, 2016 (11)：77 – 90 + 325.

④ Keynes J N. The scope and method of political economy [M]. Macmillan, 1904.

后　记

　　十年时间转瞬即逝，笔者所在的团队从数据、平台、技术一无所有的"小白"，发展到今天拥有40多位专职研究人员和近百人外部协作团队，建立了拥有自主知识产权的宏观经济大数据分析平台，期间得到太多领导、同事和朋友的无私帮助。

　　国家发展改革委历届党组均十分重视国家信息中心的大数据工作，委综合司、高技术司、就业司、价格司、评督司等相关司局在业务上对我们悉心指导，还通过委托课题等方式给予支持。国家信息中心历任领导对大数据工作倾注了大量心血。犹记得十年前，杜平主任大胆创新，鼓励笔者以事企合作平台的方式"体制内创业"，点亮了大数据支撑宏观决策的第一把"燎原之火"；四年前，程晓波主任力排众议，大刀阔斧推进改革，支持笔者牵头组建了各部委中第一个正局级大数据部门，初步奠定了今天的团队规模和工作基础；刘宇南同志担任中心主任后，坚持归核化发展理念，将大数据业务作为国家信息中心的核心业务进行布局，在分析技术、数据资源等方面继续做深做实，形成了一批有分量的研究成果，使国家信息中心大数据分析品牌影响力不断提升，在中央各部委中位居前列。

　　我们的大数据事业还得到了地方发改、大数据和经信等部门的大力支持。2011年，我们的第一个地方政府网站数据分析试点，就得到了成都市经济信息中心的大力支持。这十年来，我们在海南、重庆、深圳、甘肃、山东、贵州、湖北等地与当地政府合作开展了大量研究，并共同发起成立了海南省南海大数据应用研究院、重庆西部大数据前沿应用研究院和深圳粤港澳大湾区大数据研究院等一批新型研发机构。这些地方合作的开展，不仅为我们的研究提供了鲜活的应用场景和稳定的人才队伍支持，也为地方政府开展宏观经济决策提供了助力，取得了良好的央地联动效果。

国家行政学院汪玉凯教授，南方科技大学张东晓副校长，北京大学陈建龙教授、王继民教授、张久珍教授、吴玺宏教授，清华大学薛一波研究员、郑方研究员，中国人民大学卢小宾教授、闫慧副教授，复旦大学郑磊教授等均对本书的研究提供了宝贵意见。本研究在开展过程中，还得到了华为公司、成都数联铭品（BBD）、每日互动（个推）、极海大数据、佰职数据等一批大数据领域优秀企业的技术支持。在此一并表示感谢！

在这十年里，笔者有幸遇到了一群志同道合的同事。大家共同努力，将国家信息中心大数据发展部打造成为国内宏观经济大数据决策分析领域的知名团队。在此，笔者要特别感谢一直以来默契配合、风雨同舟的两位部门副主任陈强、魏颖同志！感谢部门和南海院、西部院、深圳院一群朝气蓬勃的年轻人的共同努力！

最后，特别感谢社会科学文献出版社皮书分社邓泳红社长、宋静老师的无私帮助！过去十年里，社会科学文献出版社一直对笔者所在团队的研究提供大力支持，他们是我们事业最坚定的伙伴。

于施洋

2021 年 7 月于北京

图书在版编目（CIP）数据

宏观经济大数据分析／于施洋，王建冬，易成岐著
. -- 北京：社会科学文献出版社，2021.8（2022.10 重印）
（大数据发展丛书）
ISBN 978 - 7 - 5201 - 8610 - 0

Ⅰ. ①宏…　Ⅱ. ①于…②王…③易…　Ⅲ. ①宏观经
济分析　Ⅳ. ①F015

中国版本图书馆 CIP 数据核字（2021）第 124977 号

大数据发展丛书
宏观经济大数据分析

著　　者／于施洋　王建冬　易成岐

出 版 人／王利民
组稿编辑／邓泳红
责任编辑／宋　静
责任印制／王京美

出　　版／社会科学文献出版社·皮书出版分社（010）59367127
　　　　　　地址：北京市北三环中路甲 29 号院华龙大厦　邮编：100029
　　　　　　网址：www.ssap.com.cn
发　　行／社会科学文献出版社（010）59367028
印　　装／三河市尚艺印装有限公司

规　　格／开　本：787mm × 1092mm　1/16
　　　　　　印　张：15.75　字　数：238 千字
版　　次／2021 年 8 月第 1 版　2022 年 10 月第 4 次印刷
书　　号／ISBN 978 - 7 - 5201 - 8610 - 0
定　　价／89.00 元

读者服务电话：4008918866